法思想史

中山竜一・浅野有紀・松島裕一・近藤圭介[著]

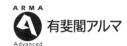

はじめに

　本書は，法思想史の教科書である。ひとまず法学部や法科大学院で学ぶ学生諸君を，主たる読者として念頭に置いているが，すでに法律や政治に関連する仕事に就いている人たちや，法をめぐる思想という観点から歴史を振り返ってみたいと思っている人たちにも，是非とも手にとっていただきたいと考えている。

　また，本書は，ある特定の時代を扱うのではなく，古代ギリシャ・ローマから 21 世紀の今日に至る，法の思想をめぐる長い歴史をその対象とする「通史」の試みである。だが，この点については若干の釈明が必要であるだろう。

　まず，「法思想の長い歴史をどう扱うか」という問題がある。歴史学の世界では，政治史をモデルとする短いスパンの歴史記述ではなく，物の生産と交流の歴史や，人々の嗜好や感情の歴史など，いわゆる「長期持続」の歴史が提唱されて久しい。法をめぐる思想の歴史についても，たとえば「正義」や「公平」といったものをめぐる一般の人々の理解や感覚を対象とするなどして，そのような試みが可能であるかもしれない。しかし，本書ではそのような方法は取らず，基本的に，思想家や法学者たちを時代順に取りあげ，そこで提唱される思想や考え方について説明を加えていくといった，思想史における一般的なスタイルを踏襲している。

　しかし，このような記述スタイルには，次のような問題もある。各々の思想家や学者たちの思想が互いに切り離された上で，まるでみたらし団子のように時代順に並べられるといった，単調な記述となってしまう危険があるからである。そこで，本書では，次のような点に注意を払うこととした。

i

思想家や法学者は，いわば「時代の子」として，彼女／彼が生きる時代状況のただ中で物を考えている。それと同時に，思想や学問を対象とする専門家として，自分よりも前の時代から引き継がれてきた議論や問題設定を引き受けて，それらと格闘しながら自らの思想を紡ぎ出してゆく。言い換えれば，一方の議論や問題設定の連続する流れ，そして，もう一方の時代や社会の状況——これら二つの交点において，思想や学問は生み出されると言うことができる。それゆえ，本書では個々の思想家や法学者を扱うにあたり，そこで主張される思想や議論の内容だけでなく，それらが生まれた時代背景や社会状況についても可能な限り説明を行うとともに，時代を超えた議論や問題設定の連続性やつながりについても明示されるよう，種々の工夫を試みている（本文に挿入される相互レファレンスの指示も，そうした工夫の一つである）。

　読者の方々に釈明しておくべきもう一つの点は，「法思想史」と銘打っているにもかかわらず，本書の対象のほとんどは「西洋」の法思想であり，実質的には「西洋法思想史」であるということである。これは，明治維新からこのかた，日本の法システムが継受ないしは移植された西洋法にほかならないこと，さらには，それを学問的に扱う「法学」もまた，西洋における諸学の圧倒的な影響の下にあるということを理由としている。しかし，最終章でも少し触れておいたように，経済システムや情報のグローバル化に伴い，いまや法や文化も相互に浸透・融合しつつある時代である。法思想史の通史記述として現時点で可能なことは限られてはいるが，コラムで東アジアの法文化やイスラム法を取りあげたのも，いわゆる「グローバル・ヒストリー」に接近していくかもしれない将来の法思想史の姿を意識してのことである。

本書は，原典やその邦訳のみならず，これまでに国内外で出版されてきた数多くの概説書や研究文献の助けを借りながら，執筆されている。これら先行する業績の数々がなければ，本書は到底，完成へとたどりつけなかっただろう。その多くは参考文献表に掲載しているが，外国語文献にかんしては，紙幅の都合上，掲載を断念せざるを得なかった（ただし，本文中で引用を行った未邦訳の外国語文献については，「未邦訳」として掲載しているものもある）。

　そもそも本書の企画は，2000 年前後にまでさかのぼる。恩師である田中成明教授からのご推薦により，有斐閣編集部の奥村邦男さんが執筆陣の一人である中山へとお声かけくださった。しかし，中山の怠慢のため企画は前に進まないまま，担当も一村大輔さんにバトンタッチされることとなった。その後，田中先生のご助言もあり，浅野，松島，近藤という信頼できる執筆陣に加わってもらえることとなり，2015 年頃，ようやく本格的に執筆作業が動き出したのである。大阪大学大学院法学研究科博士課程の宮田賢人君と山本展彰君の二人には，人名・事項索引の作成と全体を通しての用語の確認をお願いした。

　最後に，本書の刊行を長い間お待ち下さった奥村さん，刊行にたどりつくまで辛抱強く，そして様々な側面で暖かくご配慮くださった一村さんに，この場を借りて心よりお礼を申し上げたい。

　2019 年　晩秋

執筆者を代表して
中山　竜一

目　　次

第 1 部　古代から中世へ　1

第 1 章　古代ギリシアの法思想　2

I　神話的世界観における法的なもの……………………………2

前 8 世紀のギリシア (2)　ホメロスの叙事詩 (2)　ヘシ
オドス『神統記』(3)　ヘシオドス『仕事と日』(3)
立法者ソロン (4)　正義と力 (4)　テスモスの登場 (5)

II　ソフィストとソクラテス……………………………………5

哲学の誕生 (5)　アテナイの民主制 (6)　ソフィストの
登場 (7)　プロタゴラスとゴルギアス (7)　ノモスとピ
ュシス (8)　ソクラテスとは誰か (8)　ソクラテス裁判
(8)　遵法的正義と悪法問題 (9)

III　プラトンの法思想………………………………………………10

プラトンの生涯 (10)　プラトンの対話篇 (10)　『国家』
のテーマ (10)　国家と魂の 3 区分 (11)　国家と魂の正
義 (12)　哲人王の思想とイデア論 (12)　『国家』に対す
る後世の評価 (13)　後期の著作──『政治家』と『法律』
(13)

IV　アリストテレスの法思想………………………………………14

アリストテレスの生涯 (14)　アリストテレスの著作 (15)
論理学と弁論術 (15)　諸学の分類 (16)　一般的正義
(17)　分配的正義 (18)　匡正的正義 (19)　自然的正
義と人為的正義 (19)　『政治学』(20)　ギリシアからロ
ーマへ (21)

iv

第2章　古代ローマから中世へ　　23

I　ローマの興亡とローマ法学 ……………………………………23
ローマの建国と十二表法（23）　　ローマ法の起源（23）
市民法と万民法（24）　　法務官と法学者（25）　　ローマ法
学の最盛期（25）　　法・法学・正義の定義（26）　　ローマ
法学の衰退と西ローマ帝国の滅亡（27）

II　自然法思想の展開──ストア派とキリスト教 …………27
ギリシア哲学の影響（27）　　キケロの生涯（27）　　ストア
派の法思想（28）　　キケロの自然法の定義（28）　　ガイウ
スの自然法と万民法（29）　　ウルビアヌスの自然法と万民
法（30）　　キリスト教の成立と普及（30）　　アウグスティ
ヌスの生涯（31）　　アウグスティヌスの永遠法と人定法
（31）　　アウグスティヌスの自然法（32）

III　ユスティニアヌス法典の成立とその復活 ……………32
東ローマ帝国とユスティニアヌス帝（32）　　ユスティニア
ヌス法典の編纂（33）　　ローマ法の復活（34）　　註釈学派
の系譜（34）　　註釈学派の特徴（35）　　註解学派（35）
カノン法学（36）

IV　トマス・アクィナスの法思想 ……………………………37
12世紀ルネサンス（37）　　ギリシア語古典の流入と翻訳
（38）　　トマスの生涯と作品（39）　　『神学大全』と法の定
義（39）　　法の歪曲（40）　　暴君放伐論（41）正戦論（41）
主知主義と主意主義（42）　　スコトゥスとオッカムの法思
想（42）　　中世から近代へ（43）

第2部　近代法思想の揺籃　45

第3章　自然法論の新たな展開　　46

I　近代の胎動 ……………………………………………………46

人文主義の隆盛（46）　マキャベリの2つの著作（47）
宗教改革の勃発（47）　ルターからカルヴァンへ（48）
近代国家の形成（49）　ボダンとアルトゥジウス（49）

Ⅱ　自然法・万民法・正戦論 ……………………………………………50
戦争と平和的秩序（50）　インディオ征服の正当性（51）
インディオ征服とサラマンカ学派（51）　サラマンカ学派
における統治の問題（52）　サラマンカ学派における自然
法と万民法（53）　サラマンカ学派の正戦論（54）　宗教
戦争と懐疑主義（54）　宗教戦争とグロティウス（55）
グロティウスの自然法論（55）　グロティウスにおける自
然法の世俗化（56）　グロティウスの万民法論（57）
グロティウスの正戦論（57）

Ⅲ　自然法・自然権・社会契約論 ………………………………………59
市民革命と政治体制の問題（59）　コモン・ローの伝統
（59）　自然権思想の萌芽（60）　清教徒革命とホッブズ
（60）　ホッブズの自然状態論（61）　ホッブズにおける自
然権（62）　ホッブズの自然法論（62）　ホッブズの社会
契約論（63）　名誉革命とロック（64）　ロックの自然状
態論（65）　ロックの社会契約論（65）　ロックにおける
抵抗権（66）　ロックにおける宗教的寛容（67）

第4章　啓蒙の法思想　　69

Ⅰ　ドイツ啓蒙の法思想 ……………………………………………69
ドイツ啓蒙の時代背景（69）　グロティウスからプーフェ
ンドルフへ（70）プーフェンドルフの自然法論（70）　プー
フェンドルフの社会契約論（71）　ライプニッツの自然法
論（72）　トマジウスの自然法論（73）　ヴォルフの自然
法論（74）

Ⅱ　スコットランド啓蒙の法思想 ………………………………………75
スコットランド啓蒙の時代背景（75）　大陸からの影響
（76）　スコットランド啓蒙の父ハチスン（77）　道徳感覚

vi

学派としてのヒューム（78）　ヒュームにおける正義（79）
ヒュームの社会契約論批判（79）　道徳感覚学派としての
スミス（80）　スミスの法学講義（81）　スミスにおける
商業社会と統治（81）

Ⅲ　フランス啓蒙の法思想……………………………………………82
フランス啓蒙の時代背景（82）　ヴォルテールの啓蒙と革
命（83）　フランス啓蒙のなかのモンテスキュー（83）
『法の精神』（84）　モンテスキューの権力分立論（85）
重農主義者の自然法論（85）　百科全書派の自然法論（86）
フランス啓蒙のなかのルソー（87）　ルソーの自然状態論
（87）　ルソーの社会契約論（88）　フランス革命の法思想
（89）

第3部　近代法思想の展開　93

第5章　ドイツ観念論と歴史法学　94

Ⅰ　カントの法思想 ……………………………………………………94
カントが生きた町（94）　理性批判（95）　人間の認識能
力（95）　理論理性と科学の限界（96）　道徳と実践理性
（96）　普遍的道徳法則としての定言命法（97）　自律とし
ての自由（98）　カントにおける法と道徳（98）　法の定
義とその普遍的原則（99）　私法・根源契約・公法（100）
理想の統治形態としての共和主義（101）　永久平和論と国
際法（102）　世界市民法，理性の公共的使用（102）

Ⅱ　ヘーゲルの『法の哲学』…………………………………………104
ヘーゲルの哲学観（104）　ヘーゲルの青年時代（105）
『精神現象学』（105）　弁証法と学問の体系（106）　『法の
哲学』（107）　抽象的権利・道徳・人倫（107）　家族——
人倫の最初の段階（109）　市民社会——人倫の中間段階
（109）　国家——人倫の最終段階（110）　ヘーゲルの国家
構想（111）　学派の形成とその後の影響（111）

目　次　vii

Ⅲ　サヴィニーと歴史法学 ……………………………………112
　　サヴィニーの生い立ち（112）　　法典論争の時代背景（113）
　　法・言語・歴史（113）　　歴史と体系（114）　　概念法学の
　　萌芽（115）　　ヘーゲルとの確執（115）　　歴史法学派とし
　　ての活躍（116）　　ドイツにおけるローマ法の継受（117）
　　歴史的方法（117）　　『現代ローマ法体系』の概要（118）
　　内的で有機的な法体系（118）

第6章　近代イギリスの法思想　　121

Ⅰ　ベンサムの功利主義と立法の思想 ……………………………121
　　ベンサムが目指したもの（121）　　コモン・ロー批判（121）
　　エルヴェシウスとベッカリーア（123）　　功利の原理（123）
　　完全法典（124）　　パノプティコン構想と急進的改革論
　　（125）　　世界の立法者（126）　　ベンサムの影響——法実証
　　主義と功利主義（127）

Ⅱ　ミルと自由の哲学 ………………………………………………128
　　社会改革の時代（128）　　ミル『功利主義論』（129）　　ミル
　　『自由論』（130）　　ヴィクトリア朝の思想家ミル（131）

Ⅲ　オースティンの分析法理学とメインの歴史法学 …………131
　　オースティンの法理学講義（131）　　法理学の対象（132）
　　法実証主義と主権者命令説（133）　　オースティンの遺産
　　（134）　　メインの歴史法学（135）　　法の発展段階論（135）
　　歴史法学と進化論（136）　　メインの遺産（137）

第7章　アメリカ建国　　138

Ⅰ　アメリカ法のはじまり ……………………………………………138
　　「新大陸発見」から（138）　　植民地時代のアメリカ法（139）
　　アメリカ独立戦争の背景（139）　　アメリカ独立宣言の思想
　　（140）　　アメリカ合衆国憲法の制定（141）　　連邦主義と反

連邦主義（142）　連邦党と共和党（142）　マーベリー対
マディソン事件（143）　司法審査制度の確立（144）
アメリカ法の創成期（144）　アメリカのコモン・ロー（145）
「グランド・スタイル」の時代（146）

II　ロースクールの成立とケース・メソッド ･････････････････147

南北戦争後のアメリカ（147）　ラングデルという人物
（148）　「科学としての法」（149）　法曹教育方法論として
のケース・メソッド（150）　「科学としての法」の実態
（150）　形式主義の必要性（151）

第4部　近代法から現代法へ　155

第8章　ドイツ法学の展開　156

I　パンデクテン法学とドイツ民法典の編纂 ････････････････････156

ドイツの政治的統一（156）　ロマニステン（156）　歴史
的法学からパンデクテン法学へ（157）　パンデクテン教科
書とプフタ（157）　グリムのゲルマン法研究（158）
ロマニステンとゲルマニステンの対立（159）　ゲルマン法
の素材（159）　ヴィントシャイトと第一草案（160）　第
一草案への批判（160）　BGBの公布・施行（161）

II　イェーリングと概念法学批判 ･･････････････････････････････161

法律学の無価値性（161）　法律学と自然科学（162）
イェーリングの経歴（162）　イェーリングの転向（163）
法学の概念天国（164）　概念法学のイメージと実像（164）
権利利益説と目的法学（165）　『権利のための闘争』（165）

III　自由法運動から利益法学へ ･･････････････････････････････166

エールリッヒの経歴（166）　フランス註釈学派と科学学派
（167）　自由な科学的探究（168）　自由な法発見（168）
『法学のための闘争』（169）　自由法運動の終焉（170）
利益法学（170）　増額評価問題と一般条項（171）

IV　ドイツ公法実証主義の成立 ･･････････････････････････････172

近代公法学の前史（172）　　ゲルバー　私法学から公法学へ
（173）　　ラーバントと憲法闘争時代（174）　　ラーバント
『予算法論』（174）　　ラーバント『ドイツ帝国国法』（175）
イェリネック『一般国家学』（175）　　法学的考察と社会学
的考察（176）　　マイヤーの行政法学（177）

第9章　革命から2つの大戦へ　　179

I　マルクス主義とロシア革命 ……………………………………179
産業化と社会主義の出現（179）　　マルクスの生涯と業績
（180）　　史的唯物論のなかの法（181）　　法と国家の消滅
（182）　　アナーキズム（182）　　社会民主主義（183）
ロシア革命（184）　　ソヴィエト＝ロシアの法理論（185）
マルクス主義法理論のその後（186）

II　ホームズ判事とリアリズム法学 ……………………………186
自由放任主義とロックナー判決（186）　　ホームズ判事の反
対意見（187）　　ホームズのプラグマティズム法学（188）
統一法とリステイトメント（189）　　カードーゾとリアリズ
ムのはじまり（189）　　ルウェリンの新しいケース・ブック
（190）　　フランクの「法の神話」（191）　　リアリズムと社
会改革（192）　　ニューディール政策（193）

III　ワイマール期の法思想 ………………………………………194
ウェーバーという人物（194）　　ウェーバーの問題関心
（195）　　ウェーバーの法社会学（196）　　晩年のウェーバー
とワイマール体制（197）　　ケルゼンという人物（198）
ケルゼンの純粋法学（199）　　法の静態的理論（200）
法の動態的理論（200）　　国家法と国際法（202）　　自然法
論批判（202）　　民主主義の擁護（203）　　ケルゼンの批判
者シュミット（204）　　シュミットの決断主義（204）
シュミットの民主主義論（205）　ナチスの台頭と法思想（205）

第5部　現代の法思想　209

第10章　戦後の法理論　210

I　ラートブルフ・再生自然法論・人権……………………………210

第二次世界大戦の終結と戦争裁判 (210)　法実証主義者ラートブルフと価値相対主義 (211)　ラートブルフと戦後ドイツ (212)　法的安定性・合目的性・正義 (213)　自然法論の再生 (213)　人権概念小史 (214)　人権概念への攻撃 (214)　人権概念の復活と世界化 (215)

II　ハートと現代分析法理学…………………………………………216

ハート＝フラー論争 (216)　ハートが生きた時代と新たな哲学 (218)　法理論における言語論的転回 (218)　社会的ルールと内的視点・外的視点 (219)　一時的ルールと二次的ルール (221)　承認のルール (221)　開かれた構造と司法裁量 (222)　法と道徳 (223)　自然法の最小限の内容 (224)

III　フラーとプロセス学派……………………………………………226

フラーの人柄と業績 (226)　リアリズム法学から自然法論へ (227)　法の内在道徳 (227)　法の制度＝手続研究とプロセス学派 (229)　フラー理論の全体像 (230)　ハート＝フラー論争がもたらしたもの (230)

第11章　現代法理論の展開　232

I　ドゥオーキンの「解釈としての法」…………………………232

ドゥオーキンとその時代 (232)　ハートの法実証主義批判 (233)　法の原理と「唯一の正しい解答」 (233)　解釈的実践としての法 (234)　法解釈における3つの態度 (234)　インテグリティとしての法 (234)　政策と原理・権利テー

ゼ・インテグリティ（235）　批判と意義（236）

II 「法と経済学」 ………………………………………………………237
ポスト・リアリズム（237）　「法と経済学」の始まり（237）
ポズナーによる法の経済分析（238）

III 批判法学 ……………………………………………………………239
批判法学の時代的背景（239）　法の不確定性と法の政治性
（240）　アンガーとケネディー（240）　フェミニズム法
学・批判的人種理論へ（241）

IV フェミニズム法学…………………………………………………241
前史としての女性参政権運動（241）　第二波フェミニズム
（243）　ラディカル・フェミニズムとカルチュラル・フェ
ミニズム（244）　ポストモダン・フェミニズム（246）

V 戦後ドイツの法思想 ………………………………………………247
東西ドイツの分裂（247）　自然法論と法実証主義のかなた
（247）　法律学的ヘルメノイティク（248）　トピクとレト
リック（249）　ルーマンの経歴と著作（249）　ルーマン
の法理論（250）　ハーバーマスの経歴と著作（251）
コミュニケーション的行為の理論（251）　ハーバーマスと
アレクシー（252）　アレクシー『法的議論の理論』（253）
東西ドイツの統一（253）

第12章　現代正義論の展開　　　　　　　　　　　　　　　255

I ロールズの正義論………………………………………………255
アメリカ社会の動揺と学問の停滞（255）　ロールズという
人物（255）　ロールズ『正義論』の主題（256）　原初状
態での選択（257）　正義の二原理（257）　功利主義との
対決（259）　正義の二原理の制度化（259）　正義にかな
った貯蓄原理（260）　市民的不服従の位置付け（261）

II リバタリアニズム………………………………………………262
リバタリアニズムとは（262）　ハイエク『隷従への道』
（263）　作られた秩序と自生的秩序（264）　市場の擁護

xii

（264）　ノージック『アナーキー・国家・ユートピア』
（265）　最小国家（265）　拡大国家の否定（266）　ノー
ジックの正義論（266）　リバタリアニズムの現在（267）

Ⅲ　共同体主義と多文化主義……………………………………268
共同体主義とは（268）　リベラリズムの人間像に対する批
判（269）　リベラリズムの社会像に対する批判（269）
共同体主義に対する批判と評価（270）　多文化主義とは
（270）　多文化主義をめぐる諸問題（271）　多文化主義と
法制度（272）

Ⅳ　ロールズ以降の平等主義リベラリズム ……………………274
『正義論』に対する批判（274）　政治的リベラリズム（274）
公共的理性と宥和（275）　運平等主義（275）　ドゥオー
キンの「資源の平等」論（276）　十分主義（277）　潜在
能力アプローチ（278）

おわりに　グローバル化のなかの法思想　　　　　　280

21世紀とグローバル化（280）　9.11と「安全対自由」（280）
リスク社会と法の変容（281）　国境を越えた正義の可能性
（282）　法圏の解体と法文化の融合（283）　法多元主義の
再生（283）　グローバル化がもたらす法思想史の視座
（284）

読書案内（287）
引用・参考文献（294）
事項索引（311）
人名索引（322）

Column 目　次

*Column*①ギリシア悲劇と法思想 ……………………………………14
*Column*②儒家と法家 ……………………………………………………22
*Column*③人文主義法学 …………………………………………………37
*Column*④イスラム法（シャリーア） …………………………………44
*Column*⑤ウェストファリアの神話？ …………………………………58
*Column*⑥スピノザの社会契約論 ………………………………………67
*Column*⑦啓蒙専制君主と法典編纂 ……………………………………75
*Column*⑧スコットランド法の独自性 …………………………………76
*Column*⑨フィヒテと国民国家 …………………………………………103
*Column*⑩法典論争 ………………………………………………………119
*Column*⑪ベンサムの遺言 ………………………………………………127
*Column*⑫トクヴィルの見たアメリカ …………………………………147
*Column*⑬イギリスとアメリカの法曹教育 ……………………………152
*Column*⑭日本の法解釈論争 ……………………………………………172
*Column*⑮明治憲法と天皇機関説事件 …………………………………178
*Column*⑯もうひとつのリアリズム ……………………………………193
*Column*⑰支配の三類型 …………………………………………………197
*Column*⑱ワイマール憲法と緊急事態条項 ……………………………206
*Column*⑲ハート＝デヴリン論争 ………………………………………224
*Column*⑳現代法実証主義のその後 ……………………………………225
*Column*㉑日本のフェミニズム――戦前 ………………………………242
*Column*㉒日本のフェミニズム――戦後 ………………………………245
*Column*㉓公民権運動と市民的不服従 …………………………………261
*Column*㉔集団の権利 ……………………………………………………273
*Column*㉕現代におけるイスラム法 ……………………………………279

〈注記〉

▶本文中の**ゴシック体**は重要語句の強調，丸ゴシック体は原典からの引用を示す。

▶原典からの引用は，巻末の参考文献表《原典の翻訳等》に掲載した邦訳を利用させていただいた。引用箇所は書名と章・節から特定することができる。

▶ただし，一部訳文を改めたり，〔　〕で補足したところもある。

▶未邦訳文献や古い邦訳については，執筆者が新たに訳出した。

執筆者紹介

中山 竜一（なかやま りゅういち）

現職　大阪大学大学院法学研究科教授

経歴　1987年　京都大学法学部卒業

　　　1991年　京都大学大学院法学研究科博士後期課程中途退学

著書　『二十世紀の法思想』（岩波書店，2000年）

担当　第5章Ⅰ・Ⅱ，第6章，第9章Ⅰ・Ⅲ，第10章，第11章Ⅰ，第12章Ⅲ・Ⅳ，おわりに

浅野 有紀（あさの ゆき）

現職　同志社大学大学院司法研究科教授

経歴　1991年　京都大学法学部卒業

　　　1994年　京都大学大学院法学研究科修士課程修了

著書　『法多元主義——交錯する国家法と非国家法』（弘文堂，2018年）

担当　第7章，第9章Ⅱ，第11章Ⅱ〜Ⅳ，第12章Ⅱ，おわりに

松島 裕一（まつしま ゆういち）

現職　摂南大学法学部専任講師

経歴　2002年　大阪大学法学部卒業

　　　2010年　大阪大学大学院法学研究科博士後期課程単位修得

著作　「法思想史学における有権解釈概念の一断面」摂南法学53号（2017年）39頁

担当　第1章，第2章，第5章Ⅲ，第8章，第11章Ⅴ

近藤 圭介（こんどう けいすけ）

現職　京都大学大学院法学研究科准教授

経歴　2006年　京都大学法学部卒業

　　　2011年　京都大学大学院法学研究科博士後期課程修了

著作　「グローバルな公共空間の法哲学」論究ジュリスト23号（2017年）36頁

担当　第3章，第4章，第9章Ⅲ，第12章Ⅰ，おわりに

第1部
古代から中世へ

バチカン宮殿を飾るラファエロ作の壁画『アテナイの学堂』中央部。天を指差す**プラトン**と、地に手を向ける**アリストテレス**。
(United Archives/ullstein bild/時事通信フォト)

フィレンツェ、サンタ・マリア・ノヴェッラ教会の壁画『聖トマスの勝利』。ギリシャやイスラムの学者、諸学芸の神々をしたがえ、玉座に君臨する**トマス・アクィナス**。

| 第1章 | 古代ギリシアの法思想 |

哲学の発祥の地として知られる古代ギリシアでは，法や正義を
めぐるさまざまな思想が生み出された。なかでもソクラテス，
プラトン，アリストテレスの法思想は現代でも参照されるべき
法哲学の古典であり，それ以降の議論の基本的な枠組みを形づ
くっている。本章では後世への影響を視野に入れつつ，古代ギ
リシアで展開された代表的な法思想を概観していこう。

I 神話的世界観における法的なもの

前8世紀のギリシア

ギリシア世界では紀元前20世紀頃からエ
ーゲ海を中心に文明が栄えた。しかしこの
文明は前12世紀頃に突如崩壊し，以後，暗黒時代と呼ばれる混迷
の時代が数百年にわたって続いた。法思想の歴史が幕を開けるのは，
この暗黒時代が終焉を迎え，ギリシア世界が活気を取り戻し始める
前8世紀のことである。

前8世紀は，これ以降のギリシア世界全体のあり方を決定づける
重要な世紀である。まず第一に，前8世紀頃に，古代ギリシアに特
有の都市国家（ポリス）が成立した。最大時で1500近くのポリスが
分立したと言われるが，そのなかにあってアテナイ（アテネ）がギ
リシア文化の中心地となった。アテナイで達成された民主制はその
是非を含めて当時の法思想に大きな影響を及ぼすことになった。

ホメロスの叙事詩

第二に，この頃にギリシア文字が発明され，
ホメロス（前8世紀）の名の下に伝えられ

2　第1章　古代ギリシアの法思想

る2つの叙事詩『イリアス』と『オデュッセイア』の文字化が促された。本章の記述が前8世紀から始まるのは，この西洋最古の文学作品のなかに法思想のかすかな痕跡を読み取ることができるからにほかならない。

　ホメロスの叙事詩のなかに登場する中心的な法観念は，**テミス**と**ディケー**である。両者は意味の重なり合いを見せながら，「法」や「正義」を意味する普通名詞として使用されている。また，テミスは神々や人間たちの集会を司る女神としても描かれている。

> ヘシオドス『神統記』

ホメロスに続く詩人ヘシオドス（前8世紀末頃）の作品になると，テミスの地位はさらに高められ，ディケーも神々のひとりに列せられる。神々の系譜を描いた『神統記』によれば，テミスはゼウスの2番目の妻として迎えられ，「季節（ホーライ）」と呼ばれる三姉妹を生んだとされる。「正義（ディケー）」は「秩序（エウノミア）」，「平和（エイレネ）」と並んで三姉妹のひとりに位置づけられる。

　このようにホメロスとヘシオドスの叙事詩では法と正義は神格化されており，人びとはそれらを神々の世界に属するものとして畏怖していたと考えられる。そうした人びとの信仰の一幕を教えてくれる作品が，同じくヘシオドスの著した『仕事と日』である。

> ヘシオドス『仕事と日』

この作品の主題のひとつは，ヘシオドスの相続分を強奪した兄弟ペルセスを非難し，彼から賄賂を受け取って不正な判決を下した貴族たちを糾弾することであった。ヘシオドスは彼らの傲慢（ヒュブリス）と暴力（ビアー）に対して「遠く見はるかすゼウスが罰を定める」と警告し，次のようにペルセスに語りかける。

　ペルセスよ，……今こそ正義（ディケー）に耳を傾け，暴力はきっぱり忘れるのだ。クロノスの子〔＝ゼウス〕は人間たちに，こんな掟（ノモス）〔＝法〕を割り当

Ⅰ　神話的世界観における法的なもの　　**3**

てたではないか。魚や獣，それに空飛ぶ鳥どもには，正義など与り知らぬ輩とて，食い合うままにさせる一方，人類には，飛び抜けて最善のものである正義を与えたのだ。(『仕事と日』274-280 行)

以上のヘシオドスの言葉から読み取れるように，彼にとって，法は神々によって授けられるものであり，それに違反する人間の不正な行為は神々によって監視され処罰されるものであった。法や正義を神々の働きによって説明しようとするこうしたヘシオドスの思考に，神話的世界観に基づく法思想の典型を見出すことができるだろう。

立法者ソロン

しかし，時代が下って前 6 世紀になると，ホメロス＝ヘシオドス的な法思想は緩やかな変容を見せ始める。それが確認されるのが立法の領域である。

先に述べたように，ギリシア文字の考案は叙事詩の文字化に寄与したが，それは同時に法の成文化も促した。ドラコン（前 7 世紀）がアテナイ最古の成文法を制定したのは前 621 年のことであり，彼に次いでアテナイの立法作業に従事した人物がソロン（前 640 頃-前 560 頃）であった。

当時のアテナイでは貧富の格差が拡大し，貴族と平民の対立が激化していた。そこでソロンは前 594 年に両者の対立を調停するために数々の改革を断行した。「重荷おろし」と呼ばれる債務帳消し策，財産額に応じた平民への参政権付与（財産政治）などがそれである。

正義と力

一般にソロンの改革と呼ばれるこれらの改革について，ソロンは自作の詩でこう書き残している。「私は力と正義を調和させ，これ〔重荷おろし〕を私の権限で実行した」（アリストテレス『アテナイ人の国制』第 12 章）。

ソロン自身はヘシオドスと同じくゼウスやディケーを篤く信仰し

ていたが，上記の一節にはヘシオドスを超える新たな法思想の芽生えも見られる。まず第一に，ソロンは正義の実現を神々に委ねるのではなく，自らの政治的課題として引き受けている。第二に，ヘシオドスにあっては正義と対立するものであった「力」さえも，ソロンは改革の不可欠の手段として承認している。

このようなソロンの能動的な態度は，前6世紀のアテナイにおいてテスモス（thesmos）という法観念が登場したことと無関係ではないだろう。

| テスモスの登場 |

ドラコンもソロンも自らの法を呼ぶにあたり，テスモスという語を用いた。テスモスは語源的には「置くこと」に由来し，「ある主体によって制定されたもの」を原義とする語である。現代の用語で言えば，テスモスは「制定法」であった。この語の登場からも明らかなように，ドラコンとソロンの時代には，神々によって授与される不文法のみならず，人間自身によって制定される成文法も法として理解されるようになっていたと推測される。

ソロンの詩やテスモスの登場から窺われるこうした法思想の変化は，巨視的に見れば，神話から理性へと呼ばれる大きな知的変動と連動していた。ソロン自身はいまだ神話的世界観に留まっていたが，彼がアテナイで立法に携わっていたまさにその頃，世界観の脱神話化の試みがイオニア地方（現トルコ）で起こっていた。その試みこそが哲学である。

Ⅱ　ソフィストとソクラテス

| 哲学の誕生 |

哲学は前6世紀のイオニア地方のミレトスで誕生し，ソロンと同じくギリシア七賢人

のひとりに数えられるタレス（前624頃-前546頃）が最初の哲学者であったと伝えられる。タレスを含む初期の哲学者たちは身近な自然現象に驚異の念をいだき，宇宙の起源や万物の根源について考察を加えた。タレスは万物の構成要素を水と答え，彼に続く他の者たちは水に代えて空気や火などと主張した。

現代の科学的水準からすれば，初期の哲学者たちの思索はいずれも稚拙に見えるかもしれない。しかし重要なのは彼らの解答そのものではなく，神話に頼ることなく自然現象を説明しようとした彼らの姿勢である。「 知 を 愛する」という 哲 学 本来の姿にふさわしい彼らの思索によって，「神話から理性へ」という知的変動がもたらされた。クセノパネス（前570頃-前470頃）による痛烈なギリシア神話批判もその一例にほかならない。

アテナイの民主制　もっとも，アテナイでは自然現象の探究（自然哲学）は盛んではなく，むしろ人びとの関心は人間社会の事象に向けられた。このことはアテナイにおいて直接民主制が発展したことと密接に関係している。

アテナイの民主制は前述のソロンの財産政治に始まり，前6世紀末のクレイステネスの改革を経て，前5世紀半ばにペリクレスの指導の下で完成を迎えた。平民が国防の重要な担い手となり，彼らの発言力が増大したことによって民主化が促された。

アテナイで達成された民主制は現代の民主制とは異なり，民衆の政治参加が徹底されていた。国政は成年男性市民が全員参加する民会で議論され，公職はごく一部の専門職を除き，すべて籤によって公平に市民から選出された。裁判においても職業裁判官や法学者は存在せず，市民から抽選された陪審員たちが多数決によって判決を下した。

6　第1章　古代ギリシアの法思想

| ソフィストの登場 |

こうしたアテナイの民主制は，各人の「言論の自由」と「発言の平等」に裏打ち

されたものである。貧富や出自を問わず，成年男性市民であれば誰
もが自由かつ平等に発言できること，この原理こそがアテナイにお
ける民主制の基盤であった。そしてそれゆえに，民会や法廷におい
て巧みな弁論を展開して人びとの支持を集めることがアテナイでの
立身出世の手段となった。

　政治的野心を抱く若者たちは他者を説得するための知識と技術を
熱望し，またその需要に応えるために若者の教育を生業とする知識
人がギリシア全土からアテナイに集まった。そうした一群の職業的
知識人を**ソフィスト**という。

　ソフィストたちの主張は多種多様だが，全体として見れば，彼ら
に対する評判は必ずしも高いとはいえない。それは，ソフィストた
ちが「哲学者」に劣る偽の思想家と見なされたり，一部の過激な
言説が当時の人びとに詭弁のように思われたことに起因する。

| プロタゴラスとゴルギアス |

しかし，ソフィストとはそもそも「知をもつ人」を意味する言葉である。各地を遍歴した彼らはその知見に基づいて人間社会

にかんする新たな洞察をもたらした。

　初めてソフィストを自称し，ペリクレスとも交友のあったプロタ
ゴラス（前490/485-前420/400）は，「あらゆるものの尺度であるのは
人間だ」（プラトン『テアイテトス』152A）と主張し，正義や倫理の相
対性・多様性を説いた。彼の見解は，法や習俗は民族・ポリスごと
に異なっているという当時広く知られるようになっていた知見に基
づくものであった。また，ゴルギアス（前485頃-前380頃）は懐疑
主義的な立場から客観的な真理の存在を否定した。彼はむしろ説得
的な論証の重要性を強調し，若者たちに**弁論術**を教授した。

Ⅱ　ソフィストとソクラテス　　7

ノモスとピュシス

さらに次世代のソフィストたちのなかには，**ノモス**（nomos）と**ピュシス**（physis）の対概念を用いてより急進的な主張を行う者たちが現れた。ギリシア語でピュシスは「自然」を，ノモスは「法・慣習」を意味する言葉である。彼らの論法によれば，既存の制度や慣行は人為的な取り決めにすぎず，人間の自然の姿（本性）に反するものとされた。

アンティポン（前430頃）とアルキダマス（前4世紀）は人間は自然本来においては平等であると考え，前者は異民族への蔑視を非難し，後者は奴隷制に疑問を投げかけた。他方，カリクレス（前5世紀）はそうした平等主義的な人間観が自然に反すると考え，強者が弱者を支配することが自然本来の正義であると主張した。

ソクラテスとは誰か

以上のようにソフィストたちは新たな知を携えてアテナイで活躍したが，そうした彼らの知に根本から疑問を抱いた人物がいた。それがソクラテス（前470/469-前399）である。

ソクラテス自身は現実の対話を重んじた人であり，ただひとつの著作も残さなかった。現在知られるソクラテスの思想と言行は，彼の弟子であったプラトン（前427-前347）とクセノポン（前430頃-前354頃）の著作に拠るところが大きい。

プラトンの著作『ソクラテスの弁明』によれば，ソクラテスは生前デルポイの神託をきっかけにして，「自己の無知を知っていること」（無知の知）を発見するに至ったという。それ以降ソクラテスは同胞市民との対話を通じて彼らの思いこみを正していくとともに，金銭や名誉ではなく，魂に配慮して善く生きることを人びとに説いて回った。

ソクラテス裁判

ソクラテスの知的探求の手法は**問答法**と呼ばれ，若者たちを魅了し，複数の弟子が

8　第1章　古代ギリシアの法思想

彼の周りに集まった。だが，他者の言明に対して反駁を加えていくその手法には敵対する者も多く，前399年，ソクラテスは数名の告発者によって裁判にかけられた。罪状は伝統的な神々を敬わず，若者たちを堕落させたというものであった。

　法廷で無罪を訴えるソクラテスの弁明には不遜とも思える発言が多々含まれており，そのような彼の言動によって陪審員たちの心証は害されたものと思われる。陪審員たちはソクラテスに死刑判決を下し，彼はそれを受け入れて後日自ら毒杯を仰いだ。

　遵法的正義と悪法問題　クセノポンは『ソクラテスの思い出』のなかで，彼の刑死と関連させながら「法にかなったことが正しいことである」というソクラテスの言葉を伝えている。ソクラテスにとって正義とは法（ノモス）を遵守することであり，彼の裁判においては，法（判決）に従って死刑判決を受け入れることが正しい行為であった。

　遵法的正義と呼ばれるこのソクラテスの考えは，彼の死刑前夜を描いたプラトンの著作『クリトン』でも表明されている。ソクラテスは逃亡を勧める友人クリトンの申し出を拒否して，次のように返答した。

> むしろ戦場においても，法廷においても，どんな場所においても，国家と祖国が命じることは，何でもしなければならないのだ。そうでなければ，本来の正しさを満足させるような方で，説得しなければならないのだ。（『クリトン』第12節）

　祖国の法は国民を育むものであり，言論によって祖国を説得できない以上，不当な法（判決）であってもその決定には従わなければならない——これがソクラテスの法思想の核心であった。ソクラテス裁判については今日でも，法哲学の歴史を形づくった難問のひと

つとして頻繁に言及される。それは，「悪法にも従う義務があるか」という問い（いわゆる**悪法問題**）の典型が，彼の刑死に端的に表現されているからにほかならない。

Ⅲ　プラトンの法思想

> プラトンの生涯

プラトンはアテナイの有力家門に生まれ，若い頃は他の青年たちと同じく政治家を志していた。しかし，ソクラテスとの出会いを通じて彼の関心は哲学へと傾き始め，やがてそれは師の刑死をきっかけに決定的なものになった。ソクラテスの死は深い衝撃とともに，プラトンに次の問いを投げかけた。ソクラテスが実践し続けた「哲学（知を愛すること）」と彼を死に追いやった「政治（国家）」とは本来いかなる関係にあるべきか。

プラトンは師の死後およそ10年に渡って各地を遍歴しながら思索を深め，帰国後，アテナイ郊外に学園アカデメイアを設立した。この学園での研究・教育活動のなかで，プラトンは上記の問いに対する回答を主著『国家』へと結実させていった。

> プラトンの対話篇

プラトンの著作は『国家』も含め現在30作品ほどが残されており，それらはほぼすべてが対話篇である。また，この対話篇のほとんどにソクラテスが登場し，多くの作品で彼が対話の導き手となっている。

このようにプラトンは終生ソクラテスを師と仰いで対話篇を著し続けたが，その思想には執筆時期によって変化が見られる。現在では初期・中期・後期に分けて論じるのが一般的である。

> 『国家』のテーマ

初期の対話篇は生前のソクラテスの思想を再現したものと言われており，前述の『ソ

10　第1章　古代ギリシアの法思想

クラテスの弁明』、『クリトン』がこれに当たる。他方、中期の対話篇では、後述のイデア論に代表されるプラトン独自の思想が展開されている。『国家』はこの中期に執筆された大著である。

『国家』に付された副題「正義について」が示すとおり、『国家』のおもなテーマは「国制論」と「正義論」である。プラトンは国家の正義と個人の正義を類比的に捉え、そこから理想の国家像を模索した。個人の正義に着目したソクラテスに対して、国家の正義を追究したところにプラトンの法思想の特色がある。プラトンにおける国家と個人の正義を要約すれば、およそ以下のようになる。

国家と魂の3区分　ソクラテスに仮託して語られる理想国家では各人の素質に基づく分業制が採用されており、国家は統治者、その補助者（軍人）、生産者の3つの階層に区分される。この優れた国家は**知恵、勇気、節制、正義**の徳（卓越性アレテー）——これらは四元徳と呼ばれる——を備えるものとされ、統治者が知恵を有し、補助者が勇気を示し、節制は生産者を始めとして三者がともにもつべきものと考えられている。

個人の魂もこの国家との類比で3つの部分に区分される。それぞれの部分が知性的部分、気概的部分、欲望的部分と呼ばれ、国家の場合と同様に、知恵、勇気、節制の3つの徳が各部分に割り当てられる（下図を参照）。

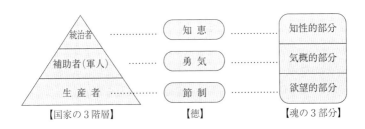

Ⅲ　プラトンの法思想

国家と魂の正義

以上のような国家と魂の構造を前提とすれば，統治者および知性的部分が知恵によって全体を支配し，補助者および気概的部分が勇気をもって戦いに従事し，生産者および欲望的部分が節制に努めてよく服従するとき，全体の調和が保たれ，国家も個人も正しくあることができる。それゆえ，国家の各階層と魂の各部分がこの自己の本分を守って各々の仕事に専念することが正義に適っていると言える。『国家』ではこのことを指して，正義とは「自分のことだけをする〔各人が各人の役割を果たす〕」（『国家』第4巻）と述べられている。

哲人王の思想とイデア論

ただし，現実の国制（アテナイ民主制）からかけ離れたこの理想国家を実現するためには，さらなる変革が必要とされる。そこで提示されるのが有名な哲人王の思想である。そしてこの思想こそが，先に言及した「哲学」と「政治」の関係をめぐる問いへのプラトンの回答でもあった。

> 哲学者たちが国々において王となって統治するのでないかぎり，……あるいは，現在王と呼ばれ，権力者と呼ばれている人たちが，真実にかつじゅうぶんに哲学するのでないかぎり，……国々にとって不幸のやむときはないし，また人類にとっても同様だ……。（『国家』第5巻）

哲学者が統治者に適しているのは，彼らが知性によって善のイデアを認識できる者たちだからである。イデアとは，千変万化するさまざまな事象の背後にあって，それらを支える恒常不変の実相である。美のイデアを例に取れば，美しい絵，美しい花，美しい容姿はいずれも美のイデアを分有しているがゆえに美しいと説明される。善のイデアも同じように，あらゆるものを善たらしめるものであり，『国家』では哲学者が学ぶべき最大のものと言われている。

数々の修練と「哲学的問答法（ディアレクティケー）」を通じて善のイデアを追究した者たちが国家を統治し、そのことによって既存の誤った価値観が廃棄され、最善の国制へ向けた国家の再編成が開始される——このようなかたちでの正義の実現が『国家』では期待されていた。

『国家』に対する後世の評価

　『国家』は質・量ともにプラトンの主著と見なされる作品であるが、それと同時にさまざまな批判も受けている。とりわけ20世紀になると、『国家』で提案された政治プログラム（支配階層への私有財産の禁止・妻子の共有化、詩人追放論など）に全体主義の起源が見出されたり、より露骨には哲人王が独裁者と重ね合わされたりもした。だが、こうした後世の批判を待たずして、プラトン自身に思想上の転機が訪れる。

　プラトンは晩年、シケリア（シチリア島）のシュラクサイへ政治顧問として招聘され、当地の若き僭主に哲学教育を実践した。しかし、最終的には政争に巻き込まれて、この試みは挫折してしまう。この苦い経験が中期思想から後期思想への転機のひとつになったと言われている。

後期の著作——『政治家』と『法律』

　後期の対話篇では、哲人王による理想国家は後景に退き、現実的な国制として「法の支配」が推奨されるようになる。

　『国家』と最晩年の著作『法律』との間に執筆された『政治家（ポリティコス）』では、哲人王政を理想の国制としつつも、その実現が困難である以上、「次善の策」として法治国家が望ましいと説かれる。また、『法律』ではその書名が示すようにほぼ全編が具体的な法律の策定というテーマに費やされており、法律重視の姿勢がいっそう鮮明になっている。

　もっとも、『法律』においても哲人王の思想が完全に放棄されて

Ⅲ　プラトンの法思想　**13**

いるわけではない。法律をめぐる長い対話のあと，最終巻では哲人王に代わる「夜明け前の会議」が提言される。この統治会議の構成員には高い知性と素質が求められており，その人物像は『国家』での哲学者を彷彿とさせる。知性による統治を希求し続けたプラトンの理想は，最晩年においても生き続けていたのである。

*Column*① ギリシア悲劇と法思想 ･･･････････････････････････････････

　古来より文学作品と法思想の関連は深く，現存するギリシア悲劇のなかにも当時の法思想を垣間見させてくれる作品が少なからず存在する。

　アイスキュロス（前 525-前 456）の『エウメニデス』は母殺しを扱った悲劇である。主人公オレステスの行為は父の仇を討つためであったが，彼の罪責は最終的に法廷の票決によって決せられた。この結末からは裁判を重んじる当時の人々の思想を見て取ることができる。

　またソポクレス（前 496 頃-前 406）の『アンティゴネー』では，同名のヒロインが王の命令に反して兄の遺体を埋葬したことが悲劇の発端となる。彼女が直面した難問を現代風に言えば，兄の遺体の埋葬を命じる「自然法」とそれを禁じる「実定法」との対立であった。

　このように悲劇作品は過酷な運命に翻弄される主人公たちの姿を通じて，法や正義というテーマを鮮やかに描き出している。　　　　　　　（M）

〈参考文献〉丹下和彦『ギリシア悲劇──人間の深奥を見る』中公新書，2008 年

･･

Ⅳ　アリストテレスの法思想

アリストテレスの生涯

　アリストテレス（前 384-前 322）はギリシア北方の都市スタゲイラに生まれ，17 歳のときにアテナイに出てアカデメイアに入学した。20 年に及ぶ学園での修業時代は師プラトンの死去とともに終わりを告げ，以降約

12 年に渡りギリシア各地を遍歴しながらさらなる研鑽を積んだ。アリストテレスがマケドニアの王子，後のアレクサンドロス大王の家庭教師を務めたというエピソードは，こうした遍歴時代における有名な逸話である。

　前 335 年，アテナイに帰還したアリストテレスはアカデメイアに戻らず，自己の学園リュケイオンを開校した。リュケイオンに集まった学徒たちは学園内の散歩道に因んで「ペリパトス派」と呼ばれ，アリストテレスはその学頭として研究と教育に取り組んだ。

アリストテレスの著作

　今日「アリストテレス全集」として伝えられる彼の著作群は，このリュケイオンで使用された講義録である。おそらくアリストテレスもプラトンに倣（なら）って対話篇を著したと思われるが，それらの大半は散逸してしまった。講義録は元来公開を予定したものではなく，それゆえ現存する著作には独特の読みにくさやテキストの混乱などが見られる。後に説明する**交換的正義**はその一例である。

　さらにプラトンとは異なり，アリストテレスの著作は執筆時期の特定が難しく，彼の思想を発展史的に描くことはほぼ不可能である。現存する著作はテーマごとに整理されており，扱われる題材も，現代の学問区分で言えば自然科学，社会科学，人文科学という具合に，きわめて多岐にわたる。このようにアリストテレスは，多様な分野の研究に取り組み，諸学の基礎を築いたことから，後世の人びとから「万学の祖」と称えられている。

論理学と弁論術

　たとえば，論理学の原型を形づくったのもアリストテレスの主要な功績のひとつである。全集の冒頭におかれたいくつかの著作は伝統的に論理学関係の作品と理解されており，そこでは**三段論法**などが論じられる。三段論法とは大前提と小前提から結論を導き出す推論であり（次頁の図

Ⅳ　アリストテレスの法思想　**15**

参照），現代の法律学においても判決の論証形式として広く使用されている。

> （大前提）すべての人間は死すべきものである。
> （小前提）ソクラテスは人間である。
> （結　論）よって，ソクラテスは死すべきものである。

　他方，厳密な論証ではなく説得の技法を論じた作品が『弁論術』である。この著作では，弁論の構成要素（話し手，テーマ，聞き手）とその種類（議会弁論，法廷弁論，演説的弁論）を細かく区分した上で，弁論という技術が体系的に考察されている。

諸学の分類

論理学と弁論術では，現実の言葉の働きを観察し，それに基づいて詳細な分析が行われているが，このような研究の態度は他の分野においても貫かれる。アリストテレスの研究手法をひと言で言えば，現実世界をあるがままに観察し，そこから得られた知見をもとに対象を体系的に分析することであった。しばしば指摘されるように，イデアの世界を模範とし，現実世界に批判的な態度を取ったプラトンとは鮮やかな対照をなしている。

　また，アリストテレスは個別の分野の研究に加え，学問全体の分類も試みており，その後の知のあり方に大きな影響を及ぼしている。アリストテレスによれば，学問の全体は下表のように3つに大別される。まず**理論学**では「他の仕方ではありえないもの」（必然的なもの）が研究され，数学に代表されるように，厳密な論証を通じ確実な知識に到達することができるとされている。

	知のあり方	おもな分野
理論学	学問的知識（エピステーメー）	数学・自然学
実践学	賢慮（フロネーシス）	倫理学・政治学
制作学	技術（テクネー）	詩学・弁論術

　これに対し，**実践学**と**制作学**では「他の仕方でありうるもの」（必然的ではないもの）が探究される。とりわけ法・政治が対象とする人間の行為は絶えず変化するものであるため，そこでは理論学と同程度の確実さを望むことはできない。それゆえ実践学にあっては，一般的な原理とともに個々の具体的な事態にも同時に目配りを行うような，**賢慮**という固有の知が重要となる。倫理学・政治学に関連する諸著作は，このような学問観・知識観を背景として執筆された作品である。

一般的正義　法思想の観点からアリストテレスの著作群を見渡したとき，決定的に重要な作品は『ニコマコス倫理学』である。特にその第5巻で展開される正義論は，ロールズらに代表される現代正義論の理論的基盤となっている。

　プラトンと同じく，アリストテレスにおいても正義は徳のひとつに数えられる（アリストテレス自身はすべての徳を「中庸」として理解する）。しかし，プラトンの『国家』において彼独自の正義概念が追い求められたのとは異なり，『ニコマコス倫理学』では多義的に使用される「正義_{ディカイオシュネー}」という語の分類が試みられる。そのひとつが**一般的正義**と**特殊的正義**の分類である。アリストテレスによれば，一般的正義とは「合法的なこと」であり，ポリスの法に従うことを説いたソクラテスの遵法的正義と一致する。

　ただし，法とはほとんどの場合に成り立つことを一般的な仕方で規定したものにすぎず，個別の事案によっては法をそのまま適用す

Ⅳ　アリストテレスの法思想　**17**

ることが不合理な場合もある。アリストテレスはこうした法の限界を認めた上で，**衡平**の観念によって法を補正する必要性についても主張している。

分配的正義

他方，特殊的正義は「均等（平等）なこと」であり，これはさらに**分配的正義**（配分的正義）と**匡正的正義**（矯正的正義）に細分される。これらの正義概念は相互に対立するものではなく，それぞれに使用される場面が異なっている。

まず分配的正義とは，財貨や名誉などの分配にかかわる正しさである。分配の場面では，価値に応じた各人の差異が考慮される。身近な例を挙げると，AがBの2倍の働きをしたとき，Bの2倍の報酬がAに与えられなければ，AとBを正しく（等しく）扱ったとは言えないだろう。この点を捉えて，分配的正義では比例的平等が成立すると述べられている。

もっとも，分配の基礎に置かれる「価値」をどのように理解するかによって，分配の帰結も当然に変わってくる。アリストテレス自身は以下のように国制論と関連づけながら価値の問題を論じているが，上記の労働の例においても，「労働時間」，「能力」，「年齢（年功）」などのうち，いずれの価値に基づいて報酬を分配すべきかという問いが残されている。

> 配分における正しさは何らかの価値に即したものでなければならないという点については，例外なくすべての人々が同意するけれども，しかしだれもがその価値を同じものと主張しているわけではなく，民主制支持者は自由を，寡頭制支持者たちは富を，あるいは生まれのよさを，また貴族制支持者たちは徳を価値だと言っている……。（『ニコマコス倫理学』第5巻第3章）

18　第1章　古代ギリシアの法思想

| 匡正的正義 | 次に，匡正的正義とは，契約不履行や不当な侵害行為などにより当事者間に不均衡が |

生じたときにその是正を目指すものである。是正の場面では，各人の差異は捨象され，当事者に生じた利得と損失のみが問題とされる。たとえば，AがBに一定額の損害を与えたのであれば，AとBがいかなる人物かにかかわらず，その額をBに補償することが正しいと言える。この関係は比例的平等との対比で，算術的平等と呼ばれている。

【比例的平等】Aの価値：Bの価値＝Aの報酬：Bの報酬
【算術的平等】Aの与えた損害＝Bが受けとるべき補償

これら2つに加え，**交換的正義**という言葉が用いられることもある。『ニコマコス倫理学』では靴屋と大工が複数の靴と家1軒を交換する事例が挙げられており，この文脈で貨幣の効用にも触れられている。この交換的正義が分配的正義あるいは匡正的正義の一種なのか，それともそれらとは異なる第三の正義観念なのかについては現代でも解釈が分かれる。

分配にせよ，匡正にせよ，交換にせよ，特殊的正義にあっては複数の当事者の間での公正（等しさ）がテーマとされている点が重要である。正義の問題が単なる一個人の徳にとどまらず，人間相互の関係性へと向けられたということ，この点にこそ，法学において正義が語られる固有の意味があると言えるだろう。

| 自然的正義と人為的正義 | 一般的正義と特殊的正義とは視点を異にする正義の分類としては，**自然的正義と人為的正義**の区別がある。 |

「社会的〔＝ポリス的〕な正しさ」には……，「自然的なもの（ピュシ

コン）」と「法的〔＝人為的〕なもの（ノミコン）」があり，自然的な
ものの方は，あらゆるところで同じ力をもっていて，その力は，人々
に何かが正しいと思われようが思われまいが，そのような思いなしに
よって左右されるものではない……。（『ニコマコス倫理学』第５巻第
７章）

　上に引用した自然的正義に対し，人為的正義とは人びとの取り決
めによって「正しい」と見なされるようになったものをいう。現代
の事例で言えば，車の左側通行などの交通規則がこれに当たる。
　こうした分類には，ソフィストたちによる人為と自然の対概念が
影響していると考えられる。ただ，アリストテレスにおいては，自
然的正義でさえもが変わりゆくものとして理解されており，人間世
界における事物の相対性が徹底して説かれる。こうした自然的正義
の延長線上に後世の自然法論が位置づけられることも少なくないが，
いずれにしても，そうした自然法論が本格的に展開されるのは，ス
トア派（第２章Ⅱ）が登場してからの話である。

『政治学』　　「人間は生まれながらにして政治的な動物で
　　　　　　　ある」という有名な一節を含む『政治学』
では，国制の問題が扱われる。アリストテレスはプラトンの『国
家』に批判を加えつつ，支配者の数（１人か，少数か，多数か）とそ
の支配の正当性（支配者が公共の利益を重んじているか，それとも私利
を貪っているか）という２つの観点から国制を六種類に分類した上
で，その各々について詳細な検討を行っている（下図参照）。

	１人支配	少数支配	多数支配
正当な支配	王政	貴族制	ポリテイア
逸脱した支配	僭主制	寡頭制	民主制

20　第１章　古代ギリシアの法思想

そもそもアリストテレスにあっては，国制の基礎をなす国家とは次のように定義づけられるものであった。

> 国家は，家族であれ，同族の者であれ，よく生きることをともにしつつ，完全で自足的な生を目的とする共同体である。……国家共同体が存在するのは，たんにともに生きることのためではなく，善美なことを実践するためにあると定めるべきである。(『政治学』第3巻第9章)

このように国家の目的を**共通善**——共同体の成員すべてが目指すべき善きこと——の涵養に求めるアリストテレスの見解は，中世のトマス・アクィナス（**第2章Ⅳ**）に受け継がれ，それは現代の共同体主義（**第12章Ⅲ**）でも再び注目を集めることになる。

ちなみに，アリストテレスの『政治学』では，**自然奴隷説**と呼ばれる悪名高い議論も展開されている。人間のなかには生まれながらにして奴隷たる人びとが存在するというこの議論は，大航海時代のインディアス問題にも大きな影響を及ぼした（**第3章Ⅱ**）。現実の世界（つまり当時のギリシア世界）に根ざしたアリストテレス哲学の限界は，このあたりにあったと言えるのかもしれない。

ギリシアからローマへ　アレクサンドロス大王（在位前336-前323）の急死とともに，現存する著作から窺われるアリストテレスの充実した学究活動にも終止符が打たれる。大王の死後，アテナイでは反マケドニアの動きが高まり，マケドニアと近しかったアリストテレスはリュケイオンを去った。そして，母の郷里カルキスでその生涯を閉じることとなる。

アリストテレスの死とほぼ時を同じくして，多様な法思想を育んだアテナイ民主制も終焉を迎えた。ギリシア世界は反マケドニア戦争に敗れるとその支配下に置かれ，前2世紀半ばにはローマの属州へと組み込まれることとなる。それとともに法思想の舞台もまたギ

Ⅳ　アリストテレスの法思想　　**21**

リシアからローマへと移っていったのである。

Column② 儒家と法家

　本書では西洋の法思想を中心的にとりあげているが，東洋にも独自の法思想の流れが存在する。孔子（前552-前479）に端を発する儒教の思想家たち，なかでも人の本性を「悪」とみなす荀子（前313?-前238?）の道徳観，そして，厳格な法による人民統治を唱えた韓非子（前280?-前233?）ら法家の統治思想がその二本柱である。これらの思想は，中国文化の影響を受けた地域に広く見られる「法と道徳」の二重構造の土台となった。

　「礼」をわきまえた君子，ないしは士大夫といったエリート層のあいだでは，お互いの「面子」を尊重しながら，自ずと道徳的秩序が形成されるはずである。しかし，「礼」とは無縁の下々の人民については道徳的な振る舞いは期待できず，次善の策として「法」を用いた厳しい取り締まりが必要となる。しばしば「礼法二分」とも呼ばれるこのような統治システムの二重構造は，広く東アジア文化圏，いや現代の日本社会でも，しばしば垣間見られるのではなかろうか。

(N)

第2章 古代ローマから中世へ

哲学が栄えた古代ギリシアとは異なり，古代ローマでは実用的な法学が発展し，またキリスト教の普及とともに神学が隆盛した。古典古代に端を発するこれら3つの思考形式は，やがて中世世界で統合され，独自の法思想を生み出すことになる。本章ではそうした大きな流れを視野に入れつつ，法思想に影響を与えた法学者や神学者の見解を探ってみよう。

I ローマの興亡とローマ法学

ローマの建国と十二表法

ロムルスとレムスの建国神話で知られるローマは，もともとはラテン人によってティベル川河畔に設立された都市国家であった。当初はエトルリア人の王によって支配されていたが，伝承によれば前509年に王が追放され，共和制が成立したとされる。市民のあいだには当初より貴族と平民の身分差が存在し，元老院と呼ばれる貴族たちの会議が政治の実権を握っていた。共和制初期の歴史はこの貴族と平民の身分闘争を中心に展開されていく。

十二表法は両者の身分闘争のさなかに制定されたローマ最古の成文法である。この法の名称は12枚の板に記されていたことに由来し，伝承ではソロンの立法（**第1章 I**）が模範であったと言われている。

ローマ法の起源

それまでローマ人たちにとって法とは不文の慣習法であり，その知識は貴族から構成

I　ローマの興亡とローマ法学　　23

される神官職によって独占されていた。このような状況は貴族たち
の恣意的な法運用を放任することになりかねず，平民からすれば不
満の的だった。そこで，両者の政治的妥協として前450年に制定さ
れたのが十二表法である。成文法が公開されたことで貴族の行動は
それに拘束されることになり，不完全ながらも平民は不当な侵害か
ら保護されるようになった。

　十二表法の原典は失われてしまったものの，後代の史料によりそ
の内容はある程度復元されている。それによれば十二表法には民
事・刑事のさまざまな規定が含まれており，ローマの歴史家リウィ
ウス（前59頃-後17頃）がその著書『ローマ史』で述べたように，
十二表法は「すべての私法と公法の源」として称えられた。

　一般に，ローマ建国からユスティニアヌス法典の編纂（Ⅲ）まで
にローマ社会で制定された法を総称して**ローマ法**という。十二表法
の制定は，このローマ法の歴史における記念すべき一歩となった。

市民法と万民法

身分闘争が終結に向かい共和制が安定して
くると，ローマはその軍事の才覚を活かし
て領土を拡大していった。前3世紀前半にイタリア半島全域を手中
に収めたローマは，3度にわたるポエニ戦争（前264-前146年）で北
アフリカ沿岸の大国カルタゴを破滅に追いやり，前2世紀半ばには
東方のマケドニアやギリシアを支配下に置いた。

　こうして地中海世界の覇者となったローマはその交易圏を一挙に
拡大し，それに伴いローマ市民と外国人（非市民）が接触する場面
も著しく増大するようになった。このような社会状況を背景にして
生み出された法が**万民法**（jus gentium）である。

　そもそも十二表法に代表されるローマ古来の法は**市民法**（jus
civile）と呼ばれ，ローマ市民のみに適用されることが予定されてい
た。それゆえローマ市民と外国人，あるいは外国人どうしの紛争に

24　　第2章　古代ローマから中世へ

市民法を用いることはできず，すべての民族に適用可能な万民法が新たに必要となった。この万民法の思想は，後述のように，ギリシア哲学，とりわけストア派の自然法思想と関係づけて論じられるようになった（Ⅱ）。

法務官と法学者

ところで，万民法を形づくってきたのはおもに法務官たちであった。法務官とは裁判を司る公職であり，彼らの訴訟指揮を通じて形成されてきた法を**法務官法**という（したがって万民法の多くは法務官法である）。元来，市民法ではきわめて厳格な方式が要求されたため，その規定は柔軟性に欠け，実務上不便でもあった。法務官法は，こうした欠点を抱える市民法を補充したり修正することを目的として発展してきた法である。

法務官法の形成には高度な法的知識が求められるが，法務官の任期はわずか1年にすぎず，しかもこの職は必ずしも法律に詳しいとは言えない政治家が務めた。そのため，法務官の実務を補佐する専門家が必要となった。その専門家こそが法学者にほかならない。史料によれば，前3世紀頃から法学者の存在が確認されている。

ローマ法学の最盛期

共和制ローマは末期（前1世紀）に「内乱の1世紀」と呼ばれる動乱の時代を経験する。この政治的混乱を収め，初代皇帝の座に就いたのがアウグストゥス（在位前27-後14）である。こうして共和制ローマは終わりを告げ，元首政が開始された。

ローマ法の歴史において，アウグストゥスの名は解答権の制度とともに記憶されている。解答権とは皇帝の権威に基づいて法的問題に解答できる権限であり，アウグストゥスはその特権を有力な法学者たちに付与した。この制度により法学者の活動はますます盛んになり，ローマ法学は隆盛を極めた。サビヌス派とプロクルス派

Ⅰ　ローマの興亡とローマ法学　**25**

という法学の二大学派もこの頃に起こったとされる。

このようにローマ法学が開花した時代をローマ法学の古典期と言い，およそ後1世紀から後3世紀半ばまでの期間がこれにあたる。この古典期には著名な法学者が多数輩出した。

法・法学・正義の定義　ここでは数ある法学者たちのなかからケルスス（2世紀）とウルピアヌス（170?-228）の言葉を紹介しておこう。

ケルススは古典期盛期の法学者であり，今日では学説彙纂（Ⅲ）の冒頭に置かれた「法とは善と衡平の術である」（同第1巻第1章第1法文首項）という法の定義によって広く知られている。他方，古典期後期に活躍したウルピアヌスは「法学（juris prudentia）とは，神事と人事の知識であり，正と不正についての学識である」（同第1巻第1章第10法文第2項）という言葉を残している。この一節には法学が法（jus）の賢慮（prudentia）であることが示唆されており，アリストテレスが述べた実践学における賢慮を思い起こさせる。

また，ウルピアヌスは正義を次のように定義する。「正義（justitia）とは各人に各人のものを与えようとする，恒常不断の意志である」（同第1巻第1章第10法文首項）。現代でも頻繁に引用されるこの一節にはアリストテレスの特殊的正義の観念が色濃く反映されており，ここにもギリシア哲学の影響の一端が窺われる。

ちなみに古代ギリシアの正義の女神ディケーは古代ローマではユスティティアに姿を変え，天秤と剣——それぞれ公平と力の象徴——をもった女神としてイメージされるようになった。現在においてもこのユスティティア像が司法のシンボルとして親しまれていることは，周知のとおりである。

| ローマ法学の衰退と西 ローマ帝国の滅亡 |

3世紀に入ると皇帝が乱立する軍人皇帝時代が到来し、ローマ帝国の勢いに陰りが見え始める。ディオクレティアヌス帝（在位284-305）はこの「3世紀の危機」を克服するために専制君主として帝国を統治した。ここに専制君主制が開始される。専制君主制の下では法の解釈権が皇帝に独占されたため、法学の魅力は薄れて衰退の一途をたどり、若い優秀な人材は法学から台頭しつつあったキリスト教神学へ流出していった。

テオドシウス帝（在位379-395）の死後、ローマ帝国が東西に分裂すると、ゲルマン人の侵攻を受けた西ローマ帝国は476年に滅亡した。これ以降、西ヨーロッパ世界はフランク王国の統治を経て、神聖ローマ帝国（ドイツ）、フランス、イタリアへと分かれていった。

II 自然法思想の展開——ストア派とキリスト教

| ギリシア哲学の影響 |

以上のように古代ローマでは法学が独自の発展を遂げたが、これとは対照的にローマ固有の哲学は発達しなかった。代わりにローマの知識人たちはギリシア哲学を積極的に受容し、法や正義をめぐる思想にこれを取り入れた。その影響は特に自然法思想において顕著である。

自然法の定義は時代や論者によってさまざまだが、一般には自然ないし本性（nature）に基づいて成立する法のことをいう。近代以前の自然法思想は**古典的自然法論**と呼ばれることが多く、近代以降の自然法論（**第3章**以下）とは区別される。この古典的自然法論を代表する古代ローマの哲学者がキケロ（前106-前43）である。

| キケロの生涯 |

若い頃から弁論家として名を馳せたキケロは、その雄弁を駆使してローマの最高官職、

執政官にまで登りつめた政治家でもあった。しかし共和制を支持する彼の政治姿勢は時流にそぐわず，カエサル（前100-前44）らとしばしば衝突を起こし，最後は政敵によって暗殺されてしまう。

その苦難に満ちた政治人生のなかでキケロはギリシアの弁論術や哲学を熱心に学び，自らも書物を著した。『弁論家について』はキケロの弁論術の集大成である。アリストテレスの弁論術に影響を受けたこの作品では，哲学と弁論術の統一を目指す「学識ある弁論家」が弁論家の理想像として描かれている。

ストア派の法思想　法哲学・政治哲学の分野におけるキケロの代表作は『国家について』，『法律について』である。これらの著作のタイトルはプラトンの対話篇『国家』『法律』に倣ったものだが，そこで説かれている自然法の思想はおおむねストア派の法思想を継承している。

ストア派とはキュプロスのゼノン（前335頃-前263頃）を創始者とする学派で，その名称は彼らがアテナイの彩色柱廊で講義をしたことに由来する。ゼノンの言葉として伝えられる「自然と一致して生きる」はストア派の倫理学のモットーであり，その基本思想は彼らの自然法論にも息づいている。

ストア派の法思想の核心をひと言でいえば，次のようになる。この宇宙は理性（理法）によって支配されている。人間はこの理性を分有しており，それゆえ理性の命じる法に従って生きることこそが自然（本性）と一致した生き方である。

キケロの自然法の定義　アレクサンドロス大王の死後，ポリスの力が衰えると，ヘレニズム文化と呼ばれる，ポリスの枠組みを超える**世界市民主義**的な思想が生まれた。ストア派の自然法思想はそうした思潮の現れとされる。彼らの唱えた自然法の特色はキケロ『国家について』の次の一節でより明快に言い表

28　第2章　古代ローマから中世へ

されている。

> じつに，真の法律とは正しい理性であり，自然と一致し，すべての人にあまねく及び，永久不変である。……この法律を廃止することは正当ではなく，その一部を撤廃することは許されず，またそのすべてを撤回することはできない。……〔神が〕この法の創始者，審理者，提案者である。（『国家について』第3巻第22章第33節）

　自然法は不変的かつ普遍的な法であり，人間によっては改変できない高次の法であること，そしてその内容は人間の本性（自然）から導き出されること——こうした自然法の基本的な特徴は，帝政期ローマの哲学者セネカ（前4頃-後65）を経て，その後の自然法思想の基調を形づくっていった。

ガイウスの自然法と万民法

　自然法の概念は哲学者のみならず，古典期の法学者たちにも受容された。その際に理解が分かれたのが，諸民族に共通する**万民法**と自然本性に基づく**自然法**との関係であった。古典期盛期に活躍したガイウス（2世紀）は両者を同じものと考え，次のように述べている。

> 自然の理性により全人類に定められた法は，万人が等しくこれを順守するものであり，またすべての民族が用いるがゆえに万民法と呼ばれる。（『学説彙纂』第1巻第1章第9法文，ガイウス『法学提要』第1巻第1節）

　ちなみにガイウスは解答権を有しない一介の法学教師であったにもかかわらず，彼の著した『法学提要（インスティトゥツィオネス）』はその内容の平易さから広く読まれた。また，法全体を人・物・訴権（行為）の3つに整理する彼のアイデアはインスティトゥツィオーネン方式と呼ばれ，

Ⅱ　自然法思想の展開——ストア派とキリスト教　　**29**

ナポレオン法典（1804年）を始めとする近代民法典の構成にも多大な影響を及ぼしている（これと対置されるパンデクテン方式については**第8章 I** 参照）。

ウルピアヌスの自然法と万民法

他方，前出のウルピアヌス（I）は自然法と万民法を異なるものと理解した。ウルピアヌスによれば，あらゆる動物に共通する雌雄の結合（男女の結婚），出産，養育などは自然法に基づくものであり，人間のみに妥当する万民法とは区別される。

> 自然法とは自然がすべての動物に教えた法をいう。……万民法とは諸民族の用いる法をいう。この法と自然法との相違は容易に知ることができる。というのも，自然法はすべての動物に共通の法であり，万民法はただ人類相互の間に共通の法だからである。（『学説彙纂』第1巻第1章第1法文第3〜4項）

2人の法学者の見解が示すように，自然法と万民法の両概念には当初より混乱が見られた。自然法と万民法をめぐってはこれ以降も折に触れて議論されることになるが，とりわけ15世紀半ばの大航海時代の到来とともにこのテーマは活発に論じられた（**第3章 II**）。

キリスト教の成立と普及

ギリシア哲学によって基礎づけられた古典的自然法論は，キリスト教の登場によって新たな局面を迎える。

キリスト教は救世主イエス（前7/前4頃-後30頃）を開祖とする一神教であり，神の愛と救済を説くその教えは弟子たちの布教活動を通じてローマ帝国全域へと広まっていった。歴代皇帝の度重なる迫害にもかかわらずキリスト教の勢いはとどまるところを知らず，313年にコンスタンティヌス帝（在位306-337）の下で公認され，さらに392年にはテオドシウス帝（在位379-395）によって国教とされ

るに至った。

　こうしてキリスト教の隆盛が決定的になると，ローマ法学の衰退と相俟って優れた神学者たちが登場し，キリスト教の教義が整備され始める。アウグスティヌス（354-430）はこの時期を代表する神学者（教父）である。

アウグスティヌスの生涯

青年時代のアウグスティヌスはキリスト教には満足できず，善悪二元論を主張するマニ教に魅了されていた。だが彼は30歳を過ぎた頃に回心し，キリスト教の洗礼を受けた。そうした彼の前半生は，自伝的著作『告白』（397-400年）から知ることができる。その後，アウグスティヌスは北アフリカの都市ヒッポの司教となり，その後半生を異端・異教との論争，聖書解釈の著述などに費やした。

　アウグスティヌスの主著は『神の国』（413-426年）である。没落しつつあるローマ帝国を面前にしながら執筆されたこの作品では，「正義がなくなるとき，王国は大きな盗賊団以外の何であろうか」（同第4巻第4章）という一節がとりわけ有名である。

アウグスティヌスの永遠法と人定法

ただ，この『神の国』を含め，アウグスティヌスには自然法そのものを体系的に論じた作品はなく，関連する記述は複数の著作に散らばっている。それらの記述を総合して彼の法思想の輪郭を描くと，おおよそ次のようになる。

　初期の著作『自由意志論』（388-395年）で語られるように，法には**永遠法**（lex aeterna）と**時間的な法**（lex temporalis）がある。『マニ教徒ファウストゥス批判』（400年）によれば，「永遠法は神的理性ないし神の意志であり，自然の秩序を維持することを命じ，これを乱すことを禁じるものである」（同第22巻第27章）。これに対して，「時間的な法」は人間によって制定される可変的な法（**人定法**）であり，

Ⅱ　自然法思想の展開——ストア派とキリスト教　31

この法は永遠法に反してはならないとされる。

アウグスティヌスの自然法

そして，これらの永遠法と人定法のあいだにあって両者をつなぐのが，**自然法**（lex naturalis）である。アウグスティヌスは『告白』のなかで若き日の窃盗を懺悔しつつ，こう述べている。「盗みはたしかに，主よ，あなたの法によって罰せられますし，人間の心に記された法によっても罰せられます」（同第2巻第4章）。新約聖書の一節（ローマ書2章14-15節）が示唆するように，この「人間の心に記された法」が自然法であり，人間はこの自然法を通じて創造主の法たる永遠法に参与できるのである。

このようにアウグスティヌスの法思想の特色は，〈永遠法―自然法―人定法〉という法秩序像の原型を構築し，キリスト教の教義と古代ローマの自然法思想を融合させた点にある。もっともアウグスティヌスの著作ではこれらの法観念は必ずしも十分に展開されておらず，その詳細は後述のトマス・アクィナス（**IV**）の法思想において体系的に論じられることとなる。

III ユスティニアヌス法典の成立とその復活

東ローマ帝国とユスティニアヌス帝

ローマ帝国の東西分裂（395年）後，短命に終わった西ローマ帝国とは異なり，東ローマ帝国（ビザンツ帝国）は首都コンスタンティノープル（現イスタンブール）を中心に1453年まで存続する。この東ローマ帝国で最盛期を築いた皇帝がユスティニアヌス（在位527-565）である。

ユスティニアヌスは外征によって地中海一帯の旧ローマ領を取り戻すと，内政においても往時の勢いを再興すべく，さまざまな政策

を打ち出した。キリスト教徒であった彼は異教のギリシア哲学を講じるアカデメイア学園（第1章III）に閉校を通告し，他方で，ビザンツ建築の傑作として名高い聖ソフィア大聖堂を建立した。**ユスティニアヌス法典**の編纂も，そうした文化政策の一環として企てられた歴史的大事業のひとつである。

ユスティニアヌス法典の編纂

ユスティニアヌスが即位した6世紀前半という時代はすでにローマ法学の最盛期から数世紀が過ぎており，東ローマ帝国内の法は混乱状態にあった。この状況に対処するため，ユスティニアヌスは法典編纂を決意し，皇帝の命令を受けた法制長官トリボニアヌス（?-542頃）らが編纂作業に取り組んだ。おそらく皇帝の胸中には，法学の分野においても古代ローマの栄光を再興したいという強い思いがあったのだろう。

こうして完成した法典がユスティニアヌス法典である。この法典は後に**市民法大全**（Corpus Juris Civilis）あるいは**ローマ法大全**と呼ばれるようになり，現代に伝えられる。市民法大全を構成する4つの部分の概要はそれぞれ下表のとおりである。それらのなかで法典の核心をなすのが学説彙纂<ruby>（ディゲスタ）</ruby>である。Iで引用したケルススやウルピアヌスの言葉は学説彙纂から引かれたものであり，今なお古典期の法

学説彙纂 （Digesta）	全50巻。私法を中心に，古代ローマの法学者の膨大な著作群からその見解を抜粋・集録したもの。
法学提要 （Institutiones）	全4巻。初学者向けに編まれた簡便な教科書で，名称はガイウスの同名書に倣ったもの。
勅法彙纂 （Codex）	全12巻。ハドリアヌス帝（在位117-38）から法典公布までに発せられた重要な勅法を収めたもの。
新勅法彙纂 （Novellae）	勅法彙纂公布以降にユスティニアヌス帝によって発せられた勅法を私人が集録したもの。

III　ユスティニアヌス法典の成立とその復活　33

学者の見解を知るための貴重な史料となっている。

ローマ法の復活 ところが，ユスティニアヌスの死後になると，ユスティニアヌス法典は急速にその存在感を失っていく。東ローマ帝国では公用語のギリシア語で執筆された「バシリカ法典」(900年頃)が新たに編纂されたため，これ以降，ラテン語中心のユスティニアヌス法典は注目されなくなった。また，西ヨーロッパ世界では中世初期(6世紀～11世紀)を通じゲルマン諸部族の部族法典が支配的であったため，ユスティニアヌス法典を用いる必要もなかった。

こうした停滞期が何世紀にもわたって続いたあと，11世紀後半～12世紀前半にかけて，イタリア北部の都市ボローニャにおいてユスティニアヌス法典が再び関心を集めるようになる。とりわけ学説彙纂の写本が再発見されると，ボローニャではローマ法研究が盛んになり，数多くの優れた法学者が登場した。さらにそれに伴い，彼らの名声を聞きつけた若者たちがローマ法を学ぶためにヨーロッパ各地から集まり，当地に「教師と学生の団体」，すなわち大 学が形成された。神学研究で有名なパリ大学と並び，法学研究の中心地となったボローニャ大学はヨーロッパ最古の大学のひとつに数えられる。

註釈学派の系譜 このボローニャ大学でローマ法の研究と教育に従事した初期の人びとを註釈学派という。創始者とされるイルネリウス(1055?-1130?)はもともと文法教師であり，その学識を用いて再発見されたユスティニアヌス法典を読み解いていった。その際，法文に含まれる難解な字句に註釈と呼ばれる解説を施したので，この学派の名称がある。

イルネリウス以後，「法の百合」と称えられたブルガルス，マルティヌス，ヤコブス，フーゴーの四博士が現れ，彼らのあとにアー

34　第2章　古代ローマから中世へ

ゾ（1150?-1230?）が続いた。アーゾの註釈書は当時の法実務に多大な影響を及ぼし，「アーゾを持たざる者は法廷に出ることなかれ」と言われるほど称賛された。そして，このアーゾの弟子のアックルシウス（1182?-1260?）によって，註釈学派の知的活動は完成を迎える。

> **註釈学派の特徴**

アックルシウスの著した『標準註釈』（glossa ordinaria）は彼以前の註釈学派の見解を集大成したものであり，「註釈が認めざるものは法廷もまたこれを認めず」と言われるほどの権威をもった。実際に『標準註釈』をひも解いてみると，各ページの中央にユスティニアヌス法典の法文が掲載され，その法文をぐるりと取り囲むように多数の註釈が配置されている。その註釈の総数はおよそ9万6000にも及ぶ。

アックルシウスを始めとする註釈学派にとって，ユスティニアヌス法典は聖書に匹敵する神聖な書物だった。もちろん現実にはそこには少なからぬ矛盾や欠缺が含まれているが，法典を**書かれた理性**と見なした彼らはその完全性を疑うことなく，精緻な解釈を展開することで法文相互の調和を図ろうとした。彼らの註釈は，神学・哲学におけるスコラ学に比肩しうる試みであった。

註釈学派の活躍により，法学は他の諸学から独立した一個の学科として復活を果たした。彼らの研究活動は，以上のように，法文に拘束されつつそれに解釈を加えるというスタイルであり，この点において，その基本姿勢は現代の実定法学（法解釈学）にも受け継がれていると言える。

> **註 解 学 派**

註釈学派に続き，イタリアでは**註解学派**（コメンタトレス）と呼ばれる法学者たちが活躍した。代表的な人物はバルトルス（1313/14-57）とバルドゥス（1327-1400）である。すでに註釈学派の時代より実務への影響は顕著だったが，註解学派

はより積極的に実務に関与したことで知られる。彼らがユスティニアヌス法典に施した**註解**（コメンタリア）は，単なる字句解釈にとどまらない実践的な問題解決を意識したものである。さらに彼らはそうした註解とは別に，実務の求めに応じて，具体的な法律問題に対する**助言**（コンシリア）（鑑定）を執筆した。それゆえ，註解学派には**助言学派**（コンシリアトレス）の別名もある。

　註解学派の下で栄えた実用的なローマ法研究は**イタリア学風**とも呼ばれ，イタリアからアルプスを越えてヨーロッパ各地へと広まっていった。とりわけドイツではその影響力は強く，「パンデクテンの現代的慣用」から「パンデクテン法学」に至るまで，普通法たるローマ法の研究がドイツ法学の中心であり続けた（第5章Ⅲ・第8章Ⅰ参照）。

カノン法学

ボローニャにおけるローマ法学の復活は，隣接分野である**カノン法（教会法）学**の発展も促した。カノンとはもともと尺度や規律を意味するギリシア語であり，キリスト教の文脈では公会議の決議や教皇の教令などを意味する言葉である。1140年頃，未整理のままにされていたこれらのカノンを体系的に整理したのが，グラティアヌス（12世紀）である。彼の編纂した法令集は正式名称を「矛盾するカノンの調和」といい，一般には**グラティアヌス教令集**の名で知られている。この教令集の成立により，神学とは区別されるカノン法学の礎（いしずえ）が築かれた。

　その後も時の教皇たちの下で各種の教皇令集が公布され，それらを素材にカノン法学はさらなる進展を見せた。カノン法学者として活躍した人びとのなかには，インノケンティウス4世（在位1243-54）のように教皇まで登りつめる者もいた。また，ローマ法とカノン法を修めた者は**両法博士**と呼ばれ，註解学派のバルドゥスのよう

36　第2章　古代ローマから中世へ

に，ユスティニアヌス法典のみならず教皇令集の註解書も著し，名声を博す者もあった。

　グラティアヌス教令集と数篇の教皇令集（グレゴリウス9世教皇令集，第六書など）は後に**カノン法大全**（Corpus Juris Canonici）という法典としてまとめられ，現代においても**市民法大全**と双璧をなす西洋法文化の貴重な遺産となっている。

Column ③　人文主義法学

　人文主義法学とはルネサンス（第3章 I）の人文主義を背景に展開された法学であり，アルチャート（1492-1550），キュジャス（1522-90）がその代表的人物である。源泉（原典）への回帰を訴えるその学風は，註釈や註解を重視するイタリア学風に対して「フランス学風」と称された。原典を尊ぶ彼らの目には，アックルシウスの註釈は法文からかけ離れた杜撰なものに映ったに違いない。そうした批判的な雰囲気は，フランス人文主義を代表する作家ラブレー（1494?-1553?）の風刺物語からも読み取ることができる。

　　「たしかにこの世で，『ローマ法学説集〔＝学説彙纂〕』ほど，美しくて，壮麗かつ優雅な書物になっているものはない。でも，その縁飾り，つまりだね，アコルソ〔＝アックルシウス〕の注釈という代物は，実にきたなくて不潔で，悪臭ふんぷんとして，これすなわち，汚穢かつ卑賤そのものだと思うよ。」　　　　　　　　　　　　　　　　　　　（M）

　〈参考文献〉ラブレー『パンタグリュエル』宮下志朗訳，ちくま文庫，2006年〔原著1532年頃〕第5章。〔　〕は筆者の補足

IV　トマス・アクィナスの法思想

12世紀ルネサンス

現在の歴史学では12世紀に起こったローマ法学の復活は単独の孤立した出来事では

なく，**12世紀ルネサンス**と呼ばれる大きな文化現象の一環として理解されている。ルネサンスとは古典古代の学芸の再生を意味し，一般には14世紀のイタリアに始まった文化運動が有名である（**第3章I**）。しかし，こうした復興の動きはそれ以前にも見られた。カール大帝（在位768-814）の宮廷で栄えたカロリング・ルネサンスと並び，ここで取り上げる12世紀ルネサンスもそのような復興運動のひとつである。

12世紀に法学が復活し，大学が誕生したことはⅢで述べたとおりだが，特に重要なのはこの時期にギリシア語の古典作品がラテン語に翻訳されたことである。これらの古典作品に刺激を受けて，西ヨーロッパ世界では神学や哲学などの学問が大いに発展した。

> **ギリシア語古典の流入と翻訳**

そもそもギリシア語古典は中世初期まで西ヨーロッパ世界ではあまり知られておらず，多くは**イスラム世界**へ運ばれ，アラビア語に翻訳された。アリストテレスの作品を例にとれば，12世紀以前に西ヨーロッパ世界で触れることができたものはわずかに論理学関係の著作だけであり，その哲学はむしろイスラム世界で熱心に研究された。イブン＝シーナー（ラテン名アヴィケンナ）（980-1037），イブン＝ルシュド（ラテン名アヴェロエス）（1126-98）のアリストテレス研究は大きな評判を呼び，とりわけ後者はアリストテレスのほぼすべての著作に註解を施したことで哲学史にその名を刻んでいる。

しかし時代が下って，**十字軍**（第1回は1096-99年）の派兵をきっかけに東西の交流が盛んになると，忘れ去られていたギリシア語古典がラテン語に翻訳され，西ヨーロッパ世界へともたらされる。アリストテレスの著作のラテン語訳が出揃うのは13世紀頃とされるが，このようにしてアクセス可能となったアリストテレス哲学をアウグスティヌス以来の神学思想に取り込み，独自の法思想を築き上

38　第2章　古代ローマから中世へ

げた人物がいた。それが中世最大の哲学者トマス・アクィナス
（1225 頃-74）である。

トマスの生涯と作品

イタリアのアクィノ近郊に貴族の末息子と
して生を受けたトマスは，聖職者を目指す
べく幼少期より勉学に励み，長じてドミニコ会に身を投じた。すで
に教皇の権威はインノケンティウス 3 世（在位 1198-1216）の下で絶
頂を迎えており，ドミニコ会はまさにその最盛期に，フランチェス
コ会と並んで教皇により認可された新しい修道会（托鉢修道会）で
あった。清貧を重んじたドミニコ会はよき宣教者の育成のために神
学研究を奨励し，優れた神学者をパリ大学神学部へと送り込んだ。
トマスも 2 度にわたって同大学で教鞭を取り，その活動の合間を縫
って著述活動が続けられた。

　ところで，伝承によればトマスはかなりの巨体だったようで，そ
の寡黙な性格と相俟って，修業時代には同僚たちから「無口な牛」
と呼ばれていたと伝えられる。しかし，若き日の口数の少なさに反
して，現存する彼の作品数は膨大であり，ジャンルも聖書註解，ア
リストテレス註解，討論集など多岐にわたる。これらの巨大な著
作群にあって，キリスト教思想を代表する作品がトマスの主著
『神学大全』（1266-73 年）である。

『神学大全』と法の定義

全 3 部からなる『神学大全』は未完の作品
ながら邦訳で 40 冊近くにも及ぶ大著であ
り，「大全」のタイトルにふさわしく，神学上のさまざまな問題が
扱われている。法思想については第 2 部の前半部分で集中的に考察
されており，そこでは法（lex）は次のように定義づけられている。

> 法の定義……は，共同体の配慮を司る者によって制定され，公布せら
> れたところの，理性による共通善への何らかの秩序づけ，にほかなら

Ⅳ　トマス・アクィナスの法思想　　**39**

ない。（『神学大全』第2-1部第90問題第4項）

　この定義で注目すべき点は，アリストテレスにまで遡る**共通善**の概念が重視されていること，加えて，法が理性に依拠すべきことが明示されていることである。トマスはこの定義を踏まえつつ，アウグスティヌスの法秩序像に倣って，**永遠法**（lex aeterna），**自然法**（lex naturalis），**人定法**（lex humana）へと議論を進めていく（ちなみに『神学大全』ではこれらの法に加え，旧約・新約聖書の法たる**神法**（lex divina）も取り上げられている）。

法の歪曲

トマスによれば，永遠法とは神の摂理ないし理性である。理性的被造物たる人間は非理性的な動物とは異なり，この永遠法を理性的な仕方で分有することができる。このようにして人間に分かちもたれた法が自然法である。ただし，人間社会を維持するには自然法の内容——たとえば，「善を為せ，悪を避けよ」——はいまだ抽象的である。そのため人間（統治者）は自らの理性を用いて，自然法からより具体的な法を導き出さなければならない。このようにして人間理性によって作られた法が，トマスのいう人定法である。

　したがって，トマス自身が述べるように，あらゆる人定法は自然法から導き出され，それらはすべて永遠法に由来する。だが，暴君の発した邪悪な法というものが存在するように，現実には人定法が自然法から逸脱することもありうる。トマスによると，自然法から逸脱したそうした法には，そもそも法としての資格が欠けている。

　人間によって制定された法はすべて，それが自然法から導出されているかぎりにおいて法の本質に与るといえる。これにたいして，なんらかの点で自然法からはずれているならば，もはやそれは法ではなくて，

40　第2章　古代ローマから中世へ

法の歪曲になるであろう。(『神学大全』第 2-1 部第 95 問題第 2 項)

暴君放伐論

自然法から逸脱した法が法でないのであれば、人びとにはそれに服従する義務はないのではないか——引用した一節からはそのような疑問が思い浮かぶ。こうした不服従のテーマは、『神学大全』第 2 部の後半部分でより明快に論じられている。

トマスよりも 1 世紀ほど前、ソールズベリのジョン(1115/1120-80)はその著書『ポリクラティクス』(1159 年)において次のように主張した。「暴君を殺害することは許されているのみならず、正当かつ正義にもかなっている」(同第 3 巻第 15 節)。暴君への抵抗を承認するこうした思想は一般に暴君放伐論と呼ばれ、『神学大全』にも同様の見解が見られる。トマスによれば、支配者が共通善を顧みずに私欲に走る場合、この者に抵抗することは禁じられておらず、また、人びとには、不正な手段によって君主の地位を手に入れた者に服従する義務もなければ、君主の不正な命令に従う必要もない。

このようにトマスは暴君への抵抗を肯定したが、それは無条件に認められるわけではなく、抵抗を行ってもさらなる社会的混乱が生じない場合などに限定される。それゆえ、『神学大全』では私人による暴君の殺害までは容認されていないと理解されている。

正戦論

以上の暴君放伐論が抵抗権の概念と結びつきながらジョン・ロックらに受け継がれていくのに対し(第 3 章Ⅲ)、トマスの正戦論はサラマンカ学派、そしてグロティウスへと伝わっていった(第 3 章Ⅱ)。

「戦争はつねに罪であるか」という問いに対して、トマスは一定の条件の下で正当な戦争がありうることを認める。その条件とは、第一に、戦争が私人ではなく君主の権威によって始められること、

Ⅳ　トマス・アクィナスの法思想　41

第二に，戦争を開始するにあたって正当な原因（理由）が存在すること，第三に，戦争を遂行する人たちの意図が正しいものであること，である。

　後ほど述べるように，正しい戦争とは何かをめぐり，グロティウス以降，「戦争への法（正義）」と「戦争における法（正義）」の2つの観点が明確に区別されるようになった。しかし，そのアイデアの萌芽は，戦争そのものの正当性のみならず，戦争中の行為にも着目するトマスの議論にも窺うことができる。

主知主義と主意主義

トマスの神学者としての名声は生前より高く，没後およそ50年で聖人に列せられた。トマスに与えられた「天使的博士」という異名も，キリスト教世界におけるその存在の大きさを十分に感じさせるものだろう。ところが，こうしたトマスの栄光とは対照的に，彼が列聖された14世紀前半には，早くもトマスに代わる新たな法思想が台頭し始めていた。

　中世哲学史の大きな流れのなかで見れば，トマスの哲学はしばしば主知主義に位置づけられる。主知主義とは神ないし人間の理性（知性）の働きを重視する立場であり，その傾向は，法を理性によって基礎づけようとするトマスの語り口からも明らかである。このようなトマスの見解に対し，理性よりも意志の働きを重視する立場を主意主義という。そして，この主意主義を代表する哲学者が，フランチェスコ会に属したドゥンス・スコトゥス（1265/66-1308）とウィリアム・オブ・オッカム（1285頃-1347/49）である。

スコトゥスとオッカムの法思想

理論の精緻さから「精妙博士」と称えられたスコトゥスはその著書『オルディナティオ』のなかで，主意主義を象徴する有名な一文を書き残している。「神以外のすべてのものは，神によって意志されるがゆえに善なのであって，その逆ではない」（同第3巻第19章単

一問題）。

　スコトゥスとオッカムにはさまざまな見解の相違が見られるものの，法思想にかぎって言えば，彼らはおおむね次のように主張する。いかなる法も神が欲するかぎり，それらはすべて正しく，神は自らの意志に基づいて法を恣意的に変更したり改廃することができる。殺人や姦淫を禁じる十戒の掟は神が人間に与えたものだが，他方で，それに反する命令——たとえば，息子を殺せ（創世記），娼婦を娶れ（ホセア書）——をも神は自由になしうるのである。

　こうした主意主義的な法思想の核心にあるのは，神の全能性である。全能の神はときに人間の理性では理解の及ばない事柄を命じることがあり，その正しさはただ信仰によってのみ明らかにされる。トマスの法思想にあっては理性と信仰の調和が保たれていたが，主意主義の登場により，両者は次第に分離し始める。これ以降，神の意志を強調する主意主義の思想は「信仰のみ」を訴えるルターに影響を及ぼし，また，信仰から解放された人間理性は，現世の世俗的なテーマに目を向け始める。**第2部**で論じるように，こうして法思想の分野においても**自然法の世俗化**と呼ばれる現象が進展していくこととなる。

> **中世から近代へ**　哲学の領域において主知主義から主意主義への転換が図られていたその同じ頃，キリスト教を精神的支柱とする西ヨーロッパの中世世界も大きな変容を見せ始めていた。トマスの生きた13世紀には全盛を誇った教皇の権威も，オッカムの活躍した14世紀前半ともなるとその衰退が明白となり，教会大分裂（1378-1417年）——ローマとアヴィニョンで複数の教皇が擁立され，互いに対立した時代——を迎えるに至って，教会そのものの権威失墜が決定的となった。

　このような時代背景の下，オッカムは教皇よりも公会議が優位す

Ⅳ　トマス・アクィナスの法思想　　43

ると主張し（公会議主義），さらにイギリスのウィクリフ（1320頃-84）とベーメンのフス（1370頃-1415）が宗教改革に先駆けて，激しい教会批判を繰り広げた。またそれと相前後するように，イタリアではダンテ（1265-1321）やボッカチオ（1313-75）らが，人間味あふれる生き生きとした文学作品を生み出し，これがやがてルネサンスと呼ばれる動きへとつながっていく。近代の幕開けを告げる宗教改革とルネサンスの到来を目前に控え，古典古代以来の伝統的な法思想も大きな転換点を迎えようとしていたのである。

*Column*④　イスラム法（シャリーア）

イスラム法は，7世紀初頭のアラビアで，ムハンマド（571頃-632）により創始されたイスラム教に基づく。ムハンマドがアッラーから受けた啓示である聖典コーランと，ムハンマドの言行録であるハディースを法源とする。

イスラム法の内容は，豚肉食を禁じるハラールや飲酒の禁止などの生活規範から，婚姻規範や養子を認めないなどの家族法，利息の禁止を含む商取引法，喜捨の理念にのっとった社会扶助の諸規範，統治規範にまで広範に及ぶ。法の具体的内容は，コーランやハディースの解釈から導かれる。解釈は，マドラサなどの学問所において，法学・神学・コーラン解釈学を学んだ学者＝ウラマーが行う。シーア派やスンニ派などの宗派や学派による解釈の相違が存在する。

イスラム法は，特定の国家の法ではなく，全イスラム教徒の共同体＝ウンマの法であり，ウマイヤ朝やアッバース朝やオスマン帝国などの統治がイスラム的でないときには正すのがウラマーの義務とされた。コーランのアラビア語を基本とした全イスラム的な学識法曹の育成，宮廷における彼らの助言による統治に，中世のヨーロッパにおける普通法（ユース・コムーネ）の普及方式との共通性をみてとることもできる。　（A）

〈参考文献〉小杉泰・江川ひかり編『イスラーム──社会生活・思想・歴史』新曜社，2006年

第2部
近代法思想の揺籃

グロティウス『戦争と平和』の法。国際司法裁判所が所在するハーグの平和宮にて。

ミュンスター市庁舎の平和の広間。ウエストファリア条約(ミュンスター条約)締結の場所。

ホッブズ
(GRANGER/時事通信フォト)

ロック
(GRANGER/時事通信フォト)

第**3**章　自然法論の新たな展開

中世から近代への移行期を迎えたヨーロッパでは，社会秩序を支える役割を担ってきた自然法の基礎をキリスト教に求めることが困難となり，新たな原理が求められることとなった。本章では，破滅的な戦争や革命の動乱のなかで，思想家たちがいかにして新しい時代の自然法論を構築しようと試みたのか，「正戦論」や「万民法」，さらには「自然権」や「社会契約」の概念と関連づけて探ってみよう。

I　近代の胎動

人文主義の隆盛

　15世紀のイタリアではルネサンス，つまり古典古代の学芸の再生を目指す文化運動が最盛期を迎えていた。万能の天才と称されるレオナルド・ダ・ヴィンチ（1452-1519）を筆頭に，画家ボッティチェリ（1444/45-1510）や彫刻家ミケランジェロ（1475-1564）などが直ちに想起されるだろう。

　この**人文主義**と呼ばれる運動は，「源泉に帰れ」というスローガンの下，古典古代の芸術や学問と直接に向き合い，それを通じて，その学芸が映し出す経験を取り戻そうとするものであった。この運動にかかわった人文主義者たちは多様な思想を生み出したが，それらは，世俗的で活動的な人間のあり方を再発見し，世界や自然をみる視点を**神中心**から**人間中心**へと転換する契機となった。

46　第3章　自然法論の新たな展開

> マキァヴェリの2つの
> 著作

ニッコロ・マキァヴェリ（1469-1527）は，このような知的潮流のなかで，「政治」という世俗的な営みに独自の位置づけを与える思想を提示した。マキァヴェリは次の2冊の著作のなかで，政治の目的を国家の自由と繁栄に定め，宗教の影響から独立した政治固有の道徳を探求した。

『君主論』（1532年）で彼は，国家の自由を確保するものとして君主の「統治」の維持を重要視し，君主は「運命の風向きや事態の変化が命ずるままに，変幻自在となる心構えを持たなければならない」（第18章）と訴え，既成の規範に囚われず，不正とされるものも含めて，あらゆる適切な手段を講じる臨機応変さこそが君主の「徳（ヴィルトゥ）」であると主張した。権謀術数も厭わないといった一般的な彼のイメージは，『君主論』のこうした内容によるところが大きい。

『リウィウス論』（1531年）では，リウィウスの『ローマ史』（第2章I）の分析を通じて，国家の繁栄の達成という観点から，共和制ローマに範を取り，「個人の利益でなく，共通善が国家を偉大なものとする」（第2巻第2章）という主張を行っている。**共通善**は，市民が自らの私的利益よりも優先すべき資質，「徳（ヴィルトゥ）」にほかならず，混合政体など，その涵養・発揮を促すさまざまな社会制度を構築すべきだと主張した。共和主義者マキァヴェリという近年の理解は，この『リウィウス論』の再評価に由来する。

> 宗教改革の勃発

16世紀以降，ヨーロッパ全土には**宗教改革**運動の波が押し寄せる。宗教改革は，教会の腐敗に直面し，真のキリスト教精神に基づき信仰とその制度的枠組みを再建しようとした人々による運動である。この運動は，結果として，カトリック教会から離脱した**プロテスタント**諸教派を生み出し，近代的な自由主義思想を育む土壌ともなった。

I　近代の胎動　　**47**

宗教改革運動は先に述べた人文主義の影響も大きく受けている。たとえば、『愚神礼讃』(1509年)で知られるエラスムス(1466-1536)の原典に依拠した聖書解釈は、宗教改革の精神の先取りであるとも言われている。しかし、その実際のきっかけは、一般に、ドイツのマルティン・ルター(1483-1546)が、ローマのサン=ピエトロ大聖堂の建築資金調達にあたって教皇レオ10世が罪の赦しを約束する「贖宥状」を販売したことに対して『95箇条の論題』(1517年)を突きつけたことにあるとされている。

ルターからカルヴァンへ

プロテスタントの基本的な考え方は、ルターの三大改革論のひとつ『キリスト者の自由』(1520年)などに示される。そもそも、神による救済は律法ではなく、神に対する「信仰のみ」を通じてあたえられる。そして、この神に対する信仰の内実を理解するには「聖書のみ」に依拠する態度が必要となる。それゆえ、信仰の内実を理解し、神の救済を得るための媒介として必要とされてきたそれまでの教会制度や聖職位階は、本来は不必要なものである(万人司祭説)。ここでルターが強調するのは、個人の内面における信仰の自由である。その一方でルターは、個人の内面とはかかわらない世俗の権威について、宗教は関与すべきでなく、人々は従順にそれに服従すべきであると主張した(二王国論)。ここには、政治権力が宗教から解放される契機を見いだすことも可能であるだろう。

このように、ルターは教会の制度化には無関心であったのに対して、この点に積極的に取り組んだのが、『キリスト教綱要』(1536)の執筆で知られるスイスのジャン・カルヴァン(1509-64)であった。カルヴァンは、ルターの基本思想を引き継ぎつつ、神の全能性を強調し、神による救済は予め決定されているものと説いた(予定説)。人間は、日々の正しい信仰の行いを通じて現世において神の栄光を

実現し，それを通じて神の選択を証明，確信するものとされた。目に見える教会は，世俗の権威から独立し，人々がこのような正しい信仰の行いを実践する場としての役割が与えられるものと考えられたのであった。

近代国家の形成

カトリック教会の権威の弱体化を背景として，ヨーロッパでは各地で，国王が指導力を発揮して，台頭しつつあった市民階層からの支持を背景に，封建領主が保持していた各種の権力を収奪し自らの傘下に収めることで，強大な統一国家を構築するという現象が見られた。その典型例としては，チューダー朝のイギリスやブルボン朝のフランスなどが挙げられるだろう。国王を頂点とする，後に**絶対主義**と呼ばれる統治体制の下で，強固な官僚制と常備軍が組織された。それと同時に，このような組織を維持するための財源の確保を目的として，多くの国家では積極的に経済活動に介入する重商主義政策が取られるようになった。

　固有の領土を保有し，対内的に最高権力を保持し，対外的には独立を維持するような政治共同体のことを指す，一般に**近代国家**と呼ばれるものは，こうした一連の過程のなかでその基盤が形成されていった。

ボダンとアルトゥジウス

このような絶対主義国家を擁護しようと試みたのが，フランスのジャン・ボダン（1530-96）である。『国家論六篇』（1576年）では，**主権**の概念を中心に，それまでに例を見ない新たな国家論が展開される。ボダンによれば，主権とは，その「絶対性」と「永続性」，そして「不可分性」を特徴とする，単一で至高の国家権力のことを指している。その担い手の主権者は，いわば「地上における神の写し絵」として，他のいかなる権力者に対しても従属すること

I　近代の胎動　　**49**

なく、「神の法と自然の法」以外のいかなる世俗的な法律の拘束からも免れ、自らの権力——とりわけその立法権を行使することによって国家の秩序を創出し、それを維持することが認められるものであると考えられた。

このようなボダンの絶対主義的な主権理解に対して、真っ向から異を唱えたのがドイツのヨハネス・アルトゥジウス（1557-1638）である。アルトゥジウスは、その主著『政治学』（1603年）で、人々は共生のためにさまざまな種類の共同体を形成するものと理解し、その重層構造から構成される国家の統治との関連で主権を取り上げる。そのうえで、この主権は「人民」に帰属し、統治者は権限を委任された存在に過ぎないと主張した。この主張は、後の人民主権論を先取していたと評価されることがある。また、「補完性」の原理をめぐる議論も展開されていることから、アルトゥジウスは連邦制をめぐる今日の議論に対し思想的基盤を提供する人物としても重要とされる。

Ⅱ 自然法・万民法・正戦論

戦争と平和的秩序　16世紀以降、大陸ヨーロッパでは、「戦争」が重要な思想的主題として浮上する。そのひとつの理由として、ヨーロッパ諸国による新大陸での植民地化の過程で引き起こされたインディオ（南アメリカの先住民）への征服と殺戮が、もうひとつの理由としては、宗教改革の結果として引き起こされたカトリック教徒とプロテスタントとのあいだでの大規模な紛争が挙げられる。

悲惨な戦争を目の当たりにした多くの思想家たちが、キリスト教世界で古くから論じられてきた**自然法**や**万民法**といった観念を手掛

50　第3章　自然法論の新たな展開

かりとして，**正戦論**という枠組みを用いてこの問題に取り組んだ。その結果，法思想には目覚ましい更新がもたらされることとなった。

インディオ征服の正当性

1492年のコロンブスによる**新大陸**発見を受けて，スペイン王室は，ただちに教皇アレクサンデル6世の教書により承認を取り付けた。こうして，キリスト教の布教を名目とする，スペインによるインディオ征服が開始される。その結果，16世紀半ばに至るまでには，スペインは南北アメリカ大陸の多くの部分を自らの支配下に置くことになる。

このスペインによるインディオ征服を正当化する理論として，思想家たちは当初**自然奴隷説**を唱えていた。そもそも，インディオたちは非人道な慣習に染まり，十分な理性を持たず，自らを統治することもできない「野蛮人」である。それは，いわばアリストテレスが「生まれながらにして奴隷である」と分類したような存在と言うべきである（**第1章Ⅳ**）。だとすれば，このような性質を有する以上，インディオたちは，より優れた存在としてのスペイン人による支配に服従し，彼らによる文明化を通じて利益を享受するのが事物の自然に則している——このような主張が展開された。

インディオ征服とサラマンカ学派

しかし，自然奴隷説を根拠とする征服は，直ちに批判に晒されることとなる。というのも，征服の過程でインディオたちが独自の文化や信仰，さらには社会秩序を形成していることが徐々に明らかになったからである。それに加えて，自然奴隷説の名の下に行われた征服行為が，きわめて非人道的な様相を呈していたということも，この説自体の信憑性を貶める結果につながった。

このような批判を提起したのが，「インディオの守護神」として

Ⅱ　自然法・万民法・正戦論　　**51**

有名なバルトロメ・デ・ラス・カサス（1484-1566）に加えて，**サラマンカ学派**の神学者たちであった。サラマンカ学派とは，スペインのサラマンカ大学を拠点とし，トマス主義の伝統を承継する，16世紀から17世紀にかけて活躍した神学者たちの総称である。学説史的には，創設者のフランシスコ・デ・ビトリア（1483?-1546）やドミンゴ・デ・ソト（1494-1560）らドミニコ会の神学者を中心とした前期と，ルイス・デ・モリナ（1535-1600）やフランシスコ・スアレス（1548-1617）らイエズス会の神学者を中心とする後期に区分されると言われている。

さらに，この学派は，現代の経済学が基礎とする限界効用理論の萌芽となるような知見をすでに提示していたこと，また，宗教改革運動への反動として，カトリック内部から腐敗した教会制度の改革を目指す，いわゆる**対抗宗教改革**を主導したことでも知られている。

> **サラマンカ学派における統治の問題**

ビトリアは，サラマンカ大学における特別講義『インディオについて』（1539年）のなかで，インディオに対する従来の認識に対し根本的な変更を迫っている。つまり彼は，インディオもまた，神から等しく理性を付与されており，自らを統治する能力を備えていると主張したのである。そこからビトリアは，インディオを自然奴隷と扱ってはならず，「インディオは生来的な奴隷である」といった主張を根拠とする征服は不当である，と主張したのである。

そもそもビトリアは，統治の成立を「人間の本性」と「合意」という2つの要素から説明している。すなわち，人間はその外的環境に対する脆弱性ゆえ，神から与えられた理性を駆使して社会を形成する本性を有している。しかし，その基礎的な単位である家族だけでは平和や安全を確保するには不十分なため，合意を通じて統治権限を特定の人物に委ねることで国家を形成する必要があると考えた

52　第3章　自然法論の新たな展開

のである。それゆえ，統治者の権限は，究極的には神に由来するものの，間接的には人民の合意に基づくものにほかならず，その行使は合意による委託の範囲内で行われなければならない。ビトリアのこのような統治の理解はスアレスなどに引き継がれ，サラマンカ学派に独自の人民主権論を構築したものと評価されている。

サラマンカ学派における自然法と万民法

スペインによるインディオ征服を検討する際，ビトリアは**万民法**の概念を援用する。ビトリアにとって万民法とは，すべての人類から構成される「全体世界」が創設する法と定義されるものだからである。

一方で彼は，「自然の理性により全人類に定められた法は，万人が等しくこれを順守するものであり，またすべての民族が用いるがゆえに万民法と呼ばれる」というローマ法大全『法学提要』の記述を引用しつつ（**第2章II**），神に由来する自然法からの理性による導出という観点から万民法を説明している。しかし，それと同時に彼は「全体世界の大部分の人々による同意」という側面もまた万民法のなかに見いだす。それゆえ，ビトリアの唱える万民法は，しばしば「実定化された自然法」と理解されている。

ところが，ビトリアから二世代ほど後に活躍したスアレスは，万民法の性質にかんし，さらに明確な説明を提示している。スアレスは，その著書『法律について』（1612年）のなかで，自然法は神の意志や理性に基づくものであるのに対し，万民法は人々の合意のうちにその基礎を持つものとし，トマスが提示した永遠法・自然法・人定法という分類を踏襲しつつ，「万民法は端的に人的で，実定的な法であると結論される」（第2編第19章）と述べたのであった。

II　自然法・万民法・正戦論　　**53**

> **サラマンカ学派の正戦論**

ビトリアは結論的に，スペインによるインディオ征服は万民法により容認されると主張する。そして，その理由として，インディオたちが交通・布教の権利を侵害していること，弾圧を受ける改宗者や非人道的な慣習の犠牲となっている無辜の人々を保護する必要があること，さらに未熟なインディオ自身を教化すべきであること等，万民法上の根拠を挙げている。

　ビトリアが問題にしたのは，むしろこの征服の過程におけるスペイン人たちの振る舞いであった。ビトリアは，特別講義『戦争法について』（1539 年）のなかで，戦争の遂行方法をめぐる万民法の規律を検討し，インディオ征服の過程でなされた数々の残虐行為につき，立ち入った吟味は避けながらも，その正当性に疑問を呈したのであった。

> **宗教戦争と懐疑主義**

宗教改革運動は，ヨーロッパ内部にも大きな変化をもたらすこととなった。教会の普遍的な権威に支えられてきた世界の構造が崩壊したのである。信仰をめぐるカトリック教徒とプロテスタント教徒の対立が激化した。国家の中央集権化が進みつつあったフランスでは，プロテスタント勢力のユグノー派とカトリック強硬派とのあいだでユグノー戦争（1562-98 年）が勃発した。

　凄惨な戦争と殺戮が，正しい信仰の名の下に繰り広げられたこと——そうした現実に対する嫌悪は，絶対的な主張への懐疑を生むことになる。そして，これは，人文主義の隆盛とともにヨーロッパに広まった懐疑主義の思想とも結びつく。ボルドー市長としてユグノー戦争における調停者として奔走した思想家ミシェル・ド・モンテーニュ（1533-92）は，その主著『エセー』（1580 年）のなかに，「山のこちら側では真理で，向こう側では虚偽であるような真理とは何で

あろうか」(第2巻第12章) という印象的な言葉を記している。これによりモンテーニュは，人間の理性への盲信を批判し，普遍的に通用するとされる自然法の存在に対して懐疑の念を表明したのである。

宗教戦争とグロティウス

他方，強固な統一国家への動きが遅れていた神聖ローマ帝国のドイツは，**三十年戦争**(1618-48年) に突入する。ハプスブルク家がカトリック信仰を強制したことに対し，ボヘミア (ベーメン) のプロテスタント教徒たちが反抗を起こしたことが，その発端であった。この戦争は，神聖ローマ帝国のみならず，スペイン，フランス，デンマーク，スウェーデンなど数多くの国々を巻き込みながら，大規模な破壊を引き起こした。

亡命先のパリから，この三十年戦争の壮絶な悲惨さを目撃したのが，フーゴ・グロティウス (1583-1645) である。オランダのデルフトに生まれたグロティウスは，人文主義者の父親による教育も手伝い，幼くしてラテン語を操り，11歳でライデン大学に入学した。オランダ使節団の一員として拝謁したフランス国王アンリ4世に「オランダの奇跡」と言わしめたほどの神童であった。青年期には，東インド会社の商船がポルトガルの商船カタリナ号を急襲した事件に弁護士として関与し，航行や交易の自由を説いた『自由海論』(1609年) を執筆している。その後，政治家として活動するなかで国内の宗教対立に巻き込まれ亡命を余儀なくされた。国際法の歴史においても不朽の名を残すことになる主著『戦争と平和の法』(1625年) は，この亡命時に執筆された著作である。

グロティウスの自然法論

グロティウスは，『戦争と平和の法』の序論で，懐疑主義に抗して，自然法の擁護論を展開している。その方法は，人文主義の伝統を踏襲しつつも，万人が真と認める前提から出発し，そこから

Ⅱ　自然法・万民法・正戦論　　**55**

の演繹的な操作を通じて理論構築を目指すというものであった。ここにはすでに，幾何学を手本とする方法への意識の萌芽を見ることができる。

　グロティウスは，「社会的な結合への欲求」という人間の不変の本性から引き出されるような，正しい理性の命令として自然法を理解する。そして，こうした人間本性を踏まえて，所有の尊重，不当に得た利益の返還，約束の履行，過失により生じた損害の賠償，不法な行為に対する刑罰の賦課など，社会を維持するために必要とされる最小限の内容について，それらを自然法上の諸原理として措定する。これらの諸原理を前提に，さらにグロティウスは，法的な諸制度の体系的検討へと考察を進めるのである。

　ところでグロティウスは，これら自然法上の諸原理をアリストテレスの正義をめぐる議論と関連づけている（**第1章Ⅳ**）。すなわち，グロティウスはこの諸原理を，アリストテレスの匡正的正義を修正した「補完的正義」と関連づける。他方，アリストテレスの配分的正義については「帰属的正義」と表現し直した上で，必ずしも自然法の諸原理と関連づけようとはしなかった。

グロティウスにおける
自然法の世俗化

　このような自然法の擁護論において，グロティウスが，神の意志への訴えかけは不必要であると考えていた点は重要である。

> われわれがいま述べていることは，神が存在しないとか，神は人事を顧慮しないといった，最大の冒瀆を犯さずには認めることができないことをあえて容認したとしても，ある程度まで妥当するであろう。（『戦争と平和の法』序論）

　『戦争と平和の法』のなかでも特に有名なこの一節は，いわば法学を神学から切り離す，**自然法の世俗化**への道を切り拓くものとし

て，その後の法思想の展開に大きな影響力を持った。たしかに，グロティウスがこのような見解の最初の提唱者というわけではない。また，この自然法と神の意志との切断には，グロティウス自身も慎重な留保を加えている。しかし，グロティウスは，自然法を神の意志を起源とする**神意法**と明確に区別している。自然ではなく意志を起源とするという理由から，それを**意志法**という範疇（はんちゅう）に分類するのである。

グロティウスの万民法論

グロティウスは，この意志法という範疇に，この神の意志を起源とする神意法のみならず，人間の意志を起源とする**人意法**も含めている。そして，この人意法に分類されるものとして，①国家法，②家父長の命令，③万民法の三種類を挙げる。

グロティウスにおいて万民法とは，共通の利益のために諸国家の合意に基づいて創設され，慣習と法学者の見解により証明されるものである。グロティウスもスアレスと同じく，万民法を自然法から明確に区別する。そのうえで，この両者の関係を，国家法の場合と同じく，自然法が，約束の履行という原則を通じて，万民法の基礎である諸国家の合意に根拠を与えるとともに，それが許容する範囲において，万民法の独自の諸制度を構築することを容認する，というかたちで理解している。

グロティウスの正戦論

このような自然法と万民法の検討を土台として，グロティウスは神の権威に依拠することなく，あらゆる種類の戦争において遵守されるべき法を探求した。その際，グロティウスは，トマスの議論にその萌芽が見られた（**第2章Ⅳ**），開戦の条件を規律する**戦争への法**と戦争の遂行方法を規律する**戦争における法**とを明確に区別している。

まず，『戦争と平和の法』第2巻で，**戦争への法**の内容が検討され

Ⅱ　自然法・万民法・正戦論　**57**

る。グロティウスは，戦争開始の正しい原因として「防衛」，「回復」，そして「刑罰」の三種類を挙げる。なお，「回復」の文脈でグロティウスが詳細に論じた所有，契約，不法行為などから生じる実体的権利の分析は，その意図せざる結果として，後のドイツにおける私法学の発展にも大きな影響をあたえることとなった。

次いで『戦争と平和の法』の第3巻において，**戦争における法**の内容が検討される。グロティウスはその最終章において，ようやく「平和」について語っている。そこで彼は，あらゆる戦争はできる限り回避すべきであるが，ひとたび開始されればつねに平和を目標として戦争が行われるべきであると説いている。

---

*Column*⑤　ウェストファリアの神話？

　三十年戦争を終結させた 1648 年の「ウェストファリア条約」締結は，主権国家が併存する近代的な国際社会の基本的枠組みを確立した，画期的な出来事である——このような理解が，国際法学や国際政治学の分野において長らく支持されてきた。

　しかし，この条約の内容やその学説史を詳しく検討すると，それとは異なる様相が浮かび上がる。そもそもこの条約は，基本的に神聖ローマ帝国の国制にかかわる事柄を対象としており，皇帝，自由都市や帝国等族，さらにはスウェーデン女王やフランス国王など多様な主体を名宛人としていた。そのため，この条約はあくまでも，それまでの秩序の延長線上に位置づけられるべき性質のものと言える。しかも，その後の学説でも，この条約は一般に「帝国の基本法」と理解されていた。近代的な国際社会の出発点といった理解が現れたのは，実際のところ，ようやく19 世紀半ばになってからである。

　今日では，この条約によって近代的な国際社会——すなわち，「ウェストファリア体制」と呼ばれる主権国家の併存体制が樹立されたという理解は，後年になってから生み出された，一種の「神話」として扱われるべきであるとする見解が有力になりつつある。　　　　　　　　(K)

58　第3章　自然法論の新たな展開

〈参考文献〉明石欽司『ウェストファリア条約　その実像と神話』慶應義塾大学出版会，2009 年

Ⅲ　自然法・自然権・社会契約論

市民革命と政治体制の問題

絶対主義の樹立が早期に達成されていたイングランドは，17 世紀の半ばより，**清教徒革命**（1642-49 年）と**名誉革命**（1688-89 年）という 2 つの大きな市民革命を経験する。それによって国王と議会のあいだの安定的な均衡という伝統的な 政治体制（コンスティチューション）は崩壊し，そこに宗教改革運動に由来する宗教対立という要素も加わって，大規模な内乱状態が発生した。

このような内乱状態のなか，思想家たちは**自然法**という伝統的な観念を踏まえつつも，**自然権**，**自然状態**，そして**社会契約**という新たな着想によって，政治体制をめぐる議論を組み立て直そうと試みた。これにより，新たな法思想の道が開かれることとなったのである。

コモン・ローの伝統

革命の発端は，1603 年に即位した国王ジェームズ 1 世が行った国教会への信従の強制や，外交問題や課税問題をめぐる議会無視の独断的な姿勢にあった。そして，そうした独善的な振る舞いの根拠として持ち出されたのが，王の絶対的権力は神に発するという王権神授説にほかならない。1625 年に即位した国王チャールズ 1 世もまた，同様の姿勢を取った。

こうした国王の独断的な姿勢に対して果敢に批判を行ったのが，王座裁判所首席裁判官を務めた法律家エドワード・クック（1552-1634）であった。イングランドには，何世代にもわたる学識ある法

Ⅲ　自然法・自然権・社会契約論　　**59**

律家たちの継続的実践を通じて構築された，**技術的な理性**としてのコモン・ローが存在している。このコモン・ローは国王であっても拘束する。そして，このコモン・ローには，**マグナ・カルタ**（1215年）など古来の法律によって確立された，市民の諸自由の保障が含まれている。このようなクックの思想は，彼自身が起草者の一人として名を連ねた**権利請願**（1628年）において現実に実を結ぶこととなる。

自然権思想の萌芽　　国王による議会軽視に対する反発は，宗教政策に対する清教徒の反発と合流し，最終的に，1642年の国王派と議会派の軍事衝突へと発展した。議会派は当初は劣勢に立たされていたものの，最終的に勝利を収め，国王を拘禁することになる。

　しかし，この勝利の後，議会派の内部では複数の立場が乱立することとなった。そのなかでも，民衆層の支持を背景に急進的な立場をとる**水平派**（レヴェラーズ）の革新的な見解は注目に値する。彼らは，新しい政治体制の構想の提案を意図した「人民協約」（1647年）において，宗教的寛容や言論の自由，さらには普通選挙を求める主張を展開した。そして，それを基礎づけるために彼らが援用したのが，コモン・ローの伝統ではなく，個人の「生得の権利」，「自然の権利」，そして「固有の権利」といった言葉であり，そして，それを正当化する神の自然法であった。

清教徒革命とホッブズ　　しかし，最終的には，議会派のなかで保守的な立場をとる**独立派**が主導権を握る。彼らは水平派を弾圧した上に，国王派の反抗も退け，それにより混乱を終結させた。その後，拘束されていた国王は処刑され，これにより樹立された新たな共和国では，護国卿に就任したオリヴァー・クロムウェル（1599-1658）による独裁が開始されることとなった。

この革命の一連の混乱を亡命先のパリから眺めていたのが，哲学者トマス・ホッブズ（1588-1679）である。国教会牧師の子として生まれたホッブズは，中世的な伝統が残るオックスフォード大学で学んだ後，キャベンディッシュ家の家庭教師として大陸を旅行するなかで同地での自然科学の勃興に触れ，自らの思想を確立していった。

　ホッブズは，スペイン艦隊の襲来の噂で自分を早産した母親のエピソードから「私の母は双子，つまり，ほかならぬ私自身とその恐怖する心を産んだ」と語ったことに示されるように，「恐怖」を自らの思想の主題のひとつとしていた。この恐怖を克服して政治秩序の安定に寄与する，独自の国家論を打ち立てたいという動機から，彼は『法の原理』（1640年）を執筆し，パリ亡命後も，その構想を『市民論』（1642年），そして主著『リヴァイアサン』（1651年）へと発展させていった。

ホッブズの自然状態論　『リヴァイアサン』でホッブズが採用する論証方法は，人間の心理的，生理的な特徴から考察の前提を定めた上で，そこから演繹的な推論を通じ望ましい国家像を提示するというものである。ここには，17世紀の科学革命においてガリレオ・ガリレイ（1564-1642）やルネ・デカルト（1596-1650）が打ち立てた**機械論的世界観**の影響が見られる。

　ホッブズは，そうした演繹的論証の前提として，人間の**自己保存の欲求**という心理状態を据える。なお，このような前提は，アリストテレスより連綿と受け継がれてきた**社会的動物**という人間像を覆すものとして，注目に値する。

　そもそも，**自然状態**においては共通の権力が不在であり，また正義や所有の観念も存在せず，人々のあいだには各人の自由な利益の獲得，安全の確保，そして名誉の追求を原因とする紛争の火種がつねに存在する。それゆえ，そのような状態は「各人の各人に対する

Ⅲ　自然法・自然権・社会契約論　**61**

闘争（戦争）」の状態と言ってもよい。しかし，このような状態では，人々はその自己保存の欲求を満たすことはできず，その生活は不可避的に「孤独で，貧しく，つらく，残忍で，しかも短い」（第13章）ものとなる。

ホッブズにおける自然権

ホッブズの想定するところでは，人々はみな，各々に固有の**自然権**を有しているものとされる。

……自然権……とは，各人が，彼自身の自然すなわち生命を維持するため，彼自身の意志するとおりに，彼自身の力を使用することについて有する自由であり，したがって，彼自身の判断と理性において，彼がそれに対する最適の手段と考えるいかなることも行う自由である。
（『リヴァイアサン』第13章）

もちろん，この自然権には他者からの脅威に対して先制して攻撃を行う自由も含まれているため，人々のあいだに相互的な信頼が存在しないような状況下では，結局，誰の自己保存も恒常的な危険に晒されている闘争状態が維持されることになる。

ところが，人々は同時に，死を恐怖し，より実効的なかたちで自己保存の欲求を満たすことを希望する，平和への情念も持ち合わせている。そして，この情念に突き動かされ，平和を実現するために必要とされる諸条項を示唆するような理性も，人間には本来的に備わっている，とホッブズは指摘する。

ホッブズの自然法論

このような諸条項，つまり「理性により発見される命令，あるいは一般規則」（第14章）を，ホッブズは**自然法**と呼ぶ。ただし，自然状態では，これらはあくまでも人々を平和に至らしめる人間の「性質」であるに過ぎず，正式に法として扱われるには国家の成立を待たなければならない。

62　第3章　自然法論の新たな展開

ホッブズは，第一の自然法について，「それを獲得できないときには闘争のあらゆる助けや利点を求め，かつ利用してよい」という留保も付けながら，「各人は，平和を獲得する希望を持つかぎり，それにむかって努力すべきである」と定式化する。そして，人々が平和を求める場合は，続く第二の自然法へと導かれる。

> 人は，平和と自己防衛のために彼が必要だと思うかぎり，他の人々もまたそうである場合には，すべてのものに対するこの権利を進んで放棄するべきであり，そして，彼自身に対して，他の人々が持つことを彼が許すであろうものと同じ大きさの自由を持つことで満足すべきである。(『リヴァイアサン』第14章)

さらに，この権利放棄を実効的なものとするため，人々は**信約**を取り結び，自然状態からの脱出を試みる。この過程を支えるのが，第三の自然法，すなわち「人々は，結ばれた信約を履行すべき」というものである。なお，ホッブズは，この三種類の自然法も含め，全部で19の自然法を提示している。

ホッブズの社会契約論 人々は，その情念と理性から，平和を求めて相互に信約を結び，自らの諸権利を放棄し，特定の個人あるいは合議体に対して権限を与え，その意志を「代表」させるよう導かれる。そして，この授権を受けた主権者による代表により初めて「人工的な人格」へと統一された人々を，ホッブズは**国家**と呼ぶ。

主権者は，人々に対して，平和と防衛の方法を決定し，意見や学説を統一し，法を制定し，裁判を実施し，税金を徴収するなどの事項につき，絶対的で不可分の権力を有する。人々は，主権者に対して，それが自らの代表であるがゆえに，その権力を廃することも，その行為を非難したり処罰することも許されない。ただし，そもそ

Ⅲ　自然法・自然権・社会契約論　**63**

も国家は人々の自己保存を保障する手段であるので，主権者がそれを脅かす事態を生じさせる場合にのみ，個別の抵抗は認められることになる。

ホッブズは，この文脈で「主権者が唯一の立法者である」（第26章）と指摘し，法を主権者の意志に基づく人々への命令と理解する。それゆえホッブズは，その『哲学者と法学徒との対話』（1681年）に示されるように，技術的な理性として法を理解するクックの立場には批判的であった。

名誉革命とロック

クロムウェルの死後，1660年に国王チャールズ2世が即位し，イングランドは王政に回帰する。しかし，1680年代には，カトリック教徒であった王弟ヨーク公の王位継承をめぐる問題で，今度は人々の反カトリック感情と合流して，イングランドは再び国王派と議会派のあいだの対立へと突入する。

この過程で，ホイッグと呼ばれる議会派の指導者であった初代シャフツベリ伯と行動を共にしていたのがジョン・ロック（1632-1704）である。ロックは，その主著『人間知性論』（1689年）において，人間の心を「何も書き込まれていない白板」と理解し，種々の観念の起源を経験に求めたことから，近代イギリス経験論を代表する哲学者としても知られている。

ロックは，もう一つの主著『統治二論』（1690年）で国家＝政治社会の成立について論じている。この著作は，最終的に議会派の勝利が確定し，**権利章典**（1689年）が成立した後に匿名で出版されたため，長らく名誉革命の正当化を目的としたものと理解されてきた。しかし，今日では，チャールズ2世の議会弾圧に対するシャフツベリ伯らによるクーデタの計画を擁護することを意図して執筆されたものだとされている。『統治二論』の第一論文は，フィルマーの王

権神授説に対する批判に当てられており，社会契約による国家の成立論は第二論文で展開されている。

ロックの自然状態論

ロックもホッブズと同じく，政治社会をめぐる彼の議論を自然状態の考察から開始する。しかし，ホッブズとは異なり，ロックは自然状態を闘争状態とは考えず，むしろ基本的には平和な状態であると考える。

> それは，人それぞれが，他人の許可を求めたり，他人の意志に依存したりすることなく，自然法の範囲内で，自らの行動を律し，自らが適当と思うままに自分の所有物や自分の身体を処理することができる完全に自由な状態である。（『統治二論』第2論文第2章）

ロックにおいて，自然状態とは，すべての人々が完全に自由かつ平等な状態である。ただし，この自由は放縦ではなく，神の意志に由来する自然法により，その範囲内でのみ認められるものである。各人は，神の被造物として，自分自身を保存し，他者による同様の行いを尊重することで，平和と人類全体の保存を維持する義務を負うからである。

そして，この自己保存の観点から，人々の固有権が導出される。つまり，自然法において，各人は，自分自身を保存するために，まずは自身の生命と身体に対する所有の権利が認められる。加えて，その身体の労働もまた，自らの所有に属する。それゆえ，この労働を混入して取り出した対象物に対する所有の権利もまた，神が共有物として人々に与えたものから，自分自身の保存に必要な限りで，そして，他者にも十分に残されているという条件の下で，自然法により認められる。

ロックの社会契約論

こうした固有権に加え，ロックは「自然状態において，各人は自然法の執行権をもつ」

Ⅲ　自然法・自然権・社会契約論　　**65**

と述べている。しかし，これでは，人々が自らの事件に関して裁判官になるという不合理な状態が認められ，紛争の原因になることから，各人の自己保存の達成にとって明らかに不都合である。

そこで人々は，自己の固有権を実効的に保全するために，自由な**同意**によって，そうした自然法の執行権などを放棄し，ひとつの「政治社会」へと結合する。そのうえで，その政治社会における上位の権力とされる**立法権**にかんして，特定の個人あるいは合議体を「立法部」として指名した上で，そこに**信託**することになる。

政治社会には，法を制定する権力であるこうした立法権に加え，制定された法の執行にかかわる**執行権**，そして，他の政治社会との戦争と和平を司る**連合権**が存在する。これらの権力はあくまでも立法権から派生する，従属的な権力であり，別の主体に担われるものとされる。このように，こうしたロックの社会契約論には，**権力分立の観念の萌芽**を見ることができる。

ロックにおける抵抗権

さらにロックが，そもそも立法権は人々の信託で成立するものであるため，「人々の手には，立法部が与えられた信託に反して行動していると彼らが考える場合，その権力を移転させ変更する最高権力が残されている」（第13章）と論じている点も重要である。つまりロックは，ホッブズとは異なり，信託の違反を理由とする人々の**抵抗権**の行使を正当なものとして容認しているのである。

ただし，ここで容認される抵抗の帰結が，あくまでも「統治の解体」にとどまるという点にも注意を向ける必要がある。人々の同意により成立した政治社会は，抵抗権の行使により立法部から権力を剥奪した後にも，依然として存在し続ける。つまり，統治の解体は「政治社会の解体」と同一ではない，とロックは考えていたのである。

> **ロックにおける宗教的寛容**

ところで，ロックは宗教的寛容をめぐる問題についても取り組んでいた。その見解は時代ごとに変化が見られるが，とりわけ晩年に匿名で出版された『寛容についての書簡』（1689年）は，現代にも通用する**政教分離**にかんする考え方を提唱した点で重要である。

　その基本的な主張は，「国家と教会の分離」である。ロックにおいて国家とは，前述の通り，人々の固有権を保障するためにのみ創設されるものである。それゆえ，魂の救済のような，人々の内心にかかわる宗教的事柄は，国家の政治権力の対象としては不適切であり，むしろ，この目的のために創設される「自由で自発的な結社」である教会に委ねられるべきである――ロックはこのように論じたのである。

Column ⑥　スピノザの社会契約論

　ホッブズの同時代人に，バルーフ・デ・スピノザ（1632-77）がいる。スピノザは，オランダ・アムステルダムのユダヤ人家庭に生を受けたが，22歳の時にユダヤ人共同体から破門され，放浪の末ハーグに定住し，そこで執筆活動を行った。しかし，「神即自然」のテーゼに示される汎神論的な主張は無神論を疑われ，発禁処分を受けた。主著に『知性改善論』（1662年），『エチカ』（1677年）がある。

　スピノザは，匿名で公表した『神学・政治論』（1670年）で社会契約について論じている。あらゆる個物は自らに固有の性質を発揮する自然権を有するが，人間は自らに有益と判断したあらゆる行動を行う権利を有する。そこから互いの闘争に陥る危険が生じるが，その回避を求める理性の声に従い社会契約を結ぶに至る。このスピノザの議論はホッブズを想起させるが，そもそも自然権の主体を人間に限定せず，また個人の自然権が社会契約後も維持されるとする点などに相違点がみられる。

　その後，死後に刊行された『政治論』（1677年）でスピノザは，一転して，社会契約の概念を放棄する。そこでは，人間の自然な条件として

Ⅲ　自然法・自然権・社会契約論　**67**

共同性や関係性が重視され，統治の形成の説明には社会契約でなく「多数者」の概念が用いられる。 (K)

〈参考文献〉スピノザ『神学・政治論』全 2 巻，吉田両彦訳，光文社古典新訳文庫，2013 年

| 第**4**章 | 啓蒙の法思想 |

17世紀の後半から18世紀にかけてのヨーロッパは，一般に
「啓蒙の世紀」と呼ばれている。「啓蒙＝光」というこの同
じ時代を共有した思想家たちは，ヨーロッパ各地を巡りお互い
に交流を深め，そこから新しい共通理解を作り上げていった。
しかし，法思想について見れば，社会・経済状況や政治体制の
影響を受けて，地域ごとの独自性もその姿を現し始める。本章
では，この時代にドイツ・イギリス・フランスの各々で展開さ
れた法思想を見ていこう。

I ドイツ啓蒙の法思想

> ドイツ啓蒙の時代背景

ドイツでは，国土の大規模な荒廃を招いた
三十年戦争が，1648年のウェストファリア
条約により終結した（*Column*⑤）。この条約は，各領邦に宗教的な
自決権や同盟の締結権を承認し，さらに皇帝の立法や条約締結に対
する帝国議会を通じた同意権を確認するものであった。その結果，
神聖ローマ帝国は最終的に「神聖でもなく，ローマ的でもなく，ま
してや帝国ですらない」とヴォルテールに貶められるほどまでに形
骸化し，**絶対主義**への傾向を強める領邦国家のゆるやかな連合体へ
と変質するに至った。

ドイツ啓蒙は，この絶対主義とのあいだに親和性を有していたと
いう点に，その特徴がある。そもそも，ドイツでは，啓蒙思想が主
として絶対専制君主によって受容され，その国内の社会制度の改革
や市民生活の規律のための指針を提供するものとして重宝されてい

I　ドイツ啓蒙の法思想　**69**

たのである。

グロティウスからプーフェンドルフへ

ドイツ啓蒙の法思想の出発点にしばしば位置づけられるのが，ザームエル・プーフェンドルフ（1632-94）である。ザクセンのルター派の牧師の家庭に生まれ育ったプーフェンドルフは，イェーナ大学で法学や哲学を学び，コペンハーゲン駐在スウェーデン公使の執事として戦争に巻き込まれ捕虜となった際に執筆した『一般法学基礎論』（1660 年）で名声を得た。その後，ハイデルベルク大学やスウェーデンのルンド大学で自然法講座の教授を歴任し，ストックホルムやベルリンで宮廷史家として執筆活動に従事した。その主著『自然法と万民法』（1672 年）およびその縮約版『人間と市民の義務』（1673 年）で示された法思想は，後にヨーロッパ各地で大きな影響力を持った。

プーフェンドルフの議論の特徴は，グロティウスの見解を承継し（第 3 章 I），自然法の世俗化を追求する点にある。すなわち，自然法の源泉を，神の意志の特別の啓示でなく，人間の「理性の光」に求める。そのうえで，自然法の目的を，人間の内面において宗教的な徳性を涵養し，来世における救済への道を開くことではなく，その外面において現実の行為を規律し，現世における正しい秩序を確立するものと理解したのである。このようにして，プーフェンドルフは，法学と神学との交錯を認めつつも，「人間の法廷」に関係する法学から，「神の法廷」に関係する神学を区別しようと試みた。

プーフェンドルフの自然法論

デカルトやホッブズから多くを学んだプーフェンドルフは，自らの自然法論を展開するにあたり，明示的に，幾何学を模範とする演繹的な方法を採用している。すなわち，人間に共通する本性を

70　第 4 章　啓蒙の法思想

特定し，そこから得られる基本原則からの演繹的な推論を通じて，自然法の体系を構築しようと試みたのである。

プーフェンドルフにおいて人間は，「自己保存」を強く欲求し，その「脆弱さ」ゆえに他人の協力を必要とするものの，その一方では，加害的な傾向性も有するような存在とされている。そのため，この傾向性を抑止し，自己保存を達成するためには**社交性**を身につける必要があると考えられたのである。

こうして，「社交性を涵養し維持する」ことが，プーフェンドルフにあっては自然法の基本的な原則として定位される。そして，この原則から，二種類の自然法が体系的に導出される。第一に，万人の万人に対する義務を規定する**絶対的自然法**である。ここには，他人に対する加害を控える義務や，他人を平等な人間として扱う義務などが含まれる。第二に，特定の人々が合意により導入し，その人々のみを拘束する**条件的自然法**である。その重要な例として，**私的所有**の制度が挙げられる。興味深いのは，ホッブズやロックとは異なり（**第3章Ⅲ**），プーフェンドルフが私的所有を自然権と位置づけず，人々の「合意」にその基礎を求めている点である。

> **プーフェンドルフの社会契約論**

プーフェンドルフは，ロックと同様，そしてホッブズに反して，このような自然法が支配する秩序ある状態として自然状態を描き出す。しかし，共通の権威の不在は多くの不都合を生み出すということも理解されており，それゆえ人々が国家を設立し，その保護の下へと入るものと論じられることになる。

プーフェンドルフによれば，国家の設立は「二つの契約と一つの決定」を通じて行われるものとされる。まずはじめに，自由で平等な人々により，公共の福祉の増進のために一つの結合体へと集合することを約する**結合契約**が交わされる。次いで，この結合体がいか

Ⅰ　ドイツ啓蒙の法思想　**71**

なる統治形態を採用するかということが多数決で定められる。最後に，この決定をもとに，統治を委託される個人あるいは集団とのあいだで**統治契約**が交わされる。なお，プーフェンドルフは，この契約により統治者は公共の福祉の増進を義務付けられるとは考えたものの，ロックとは異なり，統治者の義務違反に対し人々の抵抗権を容認することには消極的であった。

こうした説明のなかで，プーフェンドルフはボダンの理解を引き継ぎ（**第3章Ⅰ**），**主権**を至高かつ不可分の権力であるとし，単一の統治者の元にあるのが通常であると論じている。それゆえ彼は，匿名で出版した『ドイツ帝国国制論』（1667年）のなかで，その当時の神聖ローマ帝国について「何か変則的で，怪物にも類似したもの」と形容する。この主張は，帝国の国家性を否定するものとして，当時の学者たちからおおいに危険視された。

ライプニッツの自然法論

プーフェンドルフの見解に真っ向から対立したのが，ゴットフリード・ヴィルヘルム・ライプニッツ（1646-1716）である。ライプニッツは一般に「万学の天才」と呼ばれ，さまざまな学問分野で画期的な貢献を果たした人物である。法学の博士号を取得するなど，法学もまた，その思索の中心の一つであった。

ライプニッツは，論文『プーフェンドルフの諸原理への意見』（1703年）で，プーフェンドルフの近代的・世俗的な自然法論を批判し，中世的・神学的な自然法論の再生を試みている。そもそも，プーフェンドルフの注目する人間の外面における行為は，その内面における動機と不可分である。そうした動機を規律するのが，神の理性の対象であり，永遠の真理に依拠する客観的秩序である自然法にほかならない。それゆえ，自然法論は神学の一部なのである。それに対して，プーフェンドルフの近代的な自然法論は，人間の外面

のみに着目し，その内面での堕落については許容しかねないという問題を孕んでいる——このような理由で，ライプニッツはプーフェンドルフを「法律学にあまり精通しておらず，ほとんど哲学を知らない」と厳しく批判した。

　加えて，ライプニッツは，プーフェンドルフによる神聖ローマ帝国の国家性にかんする否定的な評価にも批判の目を向ける。ライプニッツは，ボダンが提示した主権の一元性という近代的国家理解を採用せず，帝国と各領邦国家が調和的に「普遍的共同体」を構成するといった，いわば中世世界的な理解により，その国家性を肯定したのであった。

トマジウスの自然法論

　これに対して，プーフェンドルフに大きな影響を受け，自然法論の世俗化を推し進めたのがクリスティアン・トマジウス（1655-1728）である。トマジウスはドイツ啓蒙の中心地ともなった，新設のハレ大学で法学の教授に就任し，その講義をドイツ語で行ったことから「ドイツ啓蒙の父」とも称されている。

　その主著『自然法と万民法の基礎』（1705 年）でトマジウスは，ホッブズと同様に，常識によって把握される心理的事実としての，人間の自己保存および幸福追求の欲求に基づいて，自然法の第一原理を定式化し，この原理から「美徳」，「作法」，そして「正義」の三種類の善をめぐる原則を演繹的に導き出す。そして，そこから，正義の領域に属する法的な諸規律は，社会の成立にかかわる，外的に強制可能なものであるという点で，他の種類の規律とは区別されると論じた。しばしばトマジウスに帰せられることもある「法の外面性，道徳の内面性」という有名な定式は，こうした区別に由来するものである。

　さらに，トマジウスは，自然法がその基礎とする人々の平和，安

I　ドイツ啓蒙の法思想　　**73**

寧, そして幸福を国家の最大の目標であると定めた上で, 社会契約の論法を用いながら, それらの目標を実効的に達成するという観点から, 君主が賢者からの助言を求めることを織り込んだ, 啓蒙主義的性格の絶対君主制こそが最良の統治体制であると主張した。

ヴォルフの自然法論

以上のような進展を経て, ドイツ啓蒙の法思想は, クリスティアン・ヴォルフ (1679-1754) においてその絶頂を迎える。ヴォルフは, とりわけライプニッツから多大な影響を受け, ハレ大学を拠点に, あらゆる学問分野を統合する哲学体系の構築という壮大な夢を思い描いていた。そうした試みを遂行するなかで, 彼は自らの自然法論を展開する。

ヴォルフの自然法論の基礎は, その実践哲学全体を支える**完成**の原理にある。自己あるいは他者の状態がさらに完全になるよう行為すること, そして不完全にするようなことを避けること——ヴォルフはこれらを, 人間の完成をめぐる自然的義務として措定し, これらの義務からの演繹的な導出により, 首尾一貫した自然法の体系を展開した。こうしたヴォルフの議論は, 幾何学的方法が最も貫徹されたものであると評価されている。他方, ヴォルフは自然権についても論じているが, あくまでも自然的義務のために必要とされる派生物として位置づけており, それゆえ, 彼の自然法の体系はしばしば**義務の体系**とも呼ばれている。

またヴォルフは, こうした完成の自然的義務という観点から, 国家の成立を説明している。自然状態において人々は婚姻共同体や家父長制的社会を形成するが, 自然的義務を十分に果たせないことから, 社会契約により国家が成立する。しかし, この過程は国家の成立では終わらず, 最終的には国家間の結合として「人類国家」にまで至るものとヴォルフは考えたのであった。

74　第4章　啓蒙の法思想

Column ⑦　啓蒙専制君主と法典編纂 •-•-•-•-•-•-•-•-•-•-•-•-•-•-•

　啓蒙専制君主の典型的な人物として，プロイセンのフリードリヒ大王
（1712-86）がいる。彼は，絶対主義的な統治を強化する一方で，自らを
「人民の第一の下僕」と位置づけ，人民の福祉や国家の安寧のための施
策を実施した。また，皇太子時代からフランスの文芸に多大な関心を有
しており，自身もひとりの啓蒙思想家としてヴォルテールと親密に交際
し，その協力を得て『反マキャヴェリ論』（1740年）を執筆している。

　フリードリヒ大王の啓蒙主義的な施策に，法典編纂が挙げられる。彼
は，自らの統治するプロイセン全土に通用する包括的な法典が必要であ
ると考え，その起草を命じた。本文でみたドイツの啓蒙期自然法論の影
響が色濃く見られる「プロイセン一般ラント法」が完成したのは，彼の
死後の1794年のことであった。　　　　　　　　　　　　　　　　（K）

〈参考文献〉屋敷二郎『紀律と啓蒙　フリードリヒ大王の啓蒙絶対主義』
ミネルヴァ書房，1999年

•-•

II　スコットランド啓蒙の法思想

> **スコットランド啓蒙の時代背景**

イギリスでは，比較的早い段階で中央集権
国家が成立し，その強力な権力の保護の下
で資本主義的な経済体制が形成されていた。
その恩恵を受けて成長した市民階級は，次第にその勢力を拡大させ，
依然として政治的な権力を保持していた封建貴族たちと協働して国
王権力に抵抗した。**第3章**でも述べたように，2つの市民革命を成
功させることで，彼らは市民的権利の保障や民主的な議会制度を勝
ち取っていった。

　スコットランドで発生した一群の啓蒙思想は，ロックをはじめと
するそれまでの経験論的な哲学的伝統を引き継ぎながら，最盛期を

迎えつつあった大西洋貿易や産業革命の恩恵の下に育まれた，対等な市民間の社交と交換を基盤とする「商業社会」の現実を踏まえるかたちで形成された。そして，そのような過程の中から，新たな法思想も生み出されることとなった。

大陸からの影響 しかし実際には，スコットランド啓蒙に特徴的な法思想の形成には，大陸で展開されていた合理主義的な自然法論，とりわけプーフェンドルフの思想（*I*）が，大きな役割を果たしている。その思想形成の拠点であったグラスゴー大学の「道徳哲学」講座において，初代教授ガーショム・カーマイケル（1672-1729）やその後継者フランシス・ハチスン（1694-1746）は，プーフェンドルフの『人間と市民の義務』に註釈を付すかたちで講義を行い，その思想を発展させたのであった。

このように，ロック以来のイギリス経験論的な伝統のなかにあるカーマイケルやハチスンが，大陸哲学を基礎とするプーフェンドルフの思想を受容することができた理由としては，スコットランドの法制度がローマ法の影響を受けていることや，法学者たちが大陸諸国に留学し，それを通じた人的交流があったことなどが考えられる。これに加え，プーフェンドルフの思想が私的所有制度の延長線上にある**商業社会**を肯定的に評価するものであり，その点で，当時のイギリスが置かれていた社会状況とも合致していたという指摘もなされている。

*Column*⑧　スコットランド法の独自性••••••••••••••••••••••

スコットランドは元々，イングランドとアングロ＝ノルマンの慣習を共有していた。しかし，両者間には継続的な敵対関係もあり，互いに異なる法制度を構築することになった。

イングランドでは，王国全土に見られる慣習が法として受け入れられ，新たに設置された国王裁判所の種々の訴訟方式を通じ，「コモン・ロー」

76　第4章　啓蒙の法思想

と呼ばれる固有の法制度が形成された。それに対しスコットランドでは，古来の慣習の体系化にあたり，大陸諸国におけるローマ法の伝統が積極的に援用された。これによりスコットランドには，コモン・ローと大陸法との「混合法系」と形容される独自の法体系が生み出されることとなった。そして，このようなスコットランド法の独自性は，1707年の連合条約によりイングランドと政治的に統合され，共通の議会や裁判所の設置によりその影響を大きく受けるようになってからも，引き続き維持された。

　そのためスコットランドでは，イングランドにはない固有の法思想が現れたとも言われる。たとえば，その法制度の形成過程で大きな役割を果たし，裁判官として実務にも携わった初代ステア子爵（1619-95）による『スコットランド法提要』（1681年）などが，その代表例とされる。

（K）

〈参考文献〉ステアー・ソサエティ編『スコットランド法史』戒能通厚・平松紘・角田猛之編訳，名古屋大学出版会，1990年

スコットランド啓蒙の
父ハチスン　「スコットランド啓蒙の父」とも呼ばれるハチスンは，死後に出版されたその主著『道徳哲学体系』（1755年），および，その縮約版である『道徳哲学序説』（1747年）において，プーフェンドルフの自然法論を基礎としつつ，イギリスの思想伝統や社会状況も考慮しながら，独自の自然法論を展開した。

　ハチスンの独自性は，自然法の探求にあたり，神により植えつけられた，人間が生来的に備えるさまざまな**感覚**，とりわけ**道徳感覚**を分析することから議論を始めた点にある。同時に彼は，こうした道徳感覚が是認する人物が持つ徳の一つとして**仁愛**，すなわち他者への愛やその幸福への熱意を挙げている。この文脈でハチスンは「最大多数の最大幸福」という言葉を用いており，そこから，後年

Ⅱ　スコットランド啓蒙の法思想　　77

ベンサムにより体系化される功利主義の先駆者の一人とされることもある（第6章I）。

　他方で，自然法の体系性や政治社会の成立をめぐるハチスンの議論は，基本的にはプーフェンドルフに従ったものである。しかしその一方で，政治社会の成立にかんしハチスンは，人民の公共善という観点から，主権の分割や共有を認めた上で混合政体こそが最善の統治体制であると主張し，さらには，ロックによる政府への**信託理論**を援用し（**第3章III**），専制君主に対する抵抗権の余地を明確に認めるなどの議論を展開している。

> **道徳感覚学派としてのヒューム**

ディヴィッド・ヒューム（1711-76）は，イギリス経験論哲学を極限まで推し進めた人物として知られている。弱冠29歳で執筆した『人間本性論』（1739-40年）が懐疑主義的であるとされたため，エディンバラ大学やグラスゴー大学での教授職を得ることができなかったヒュームは，法曹図書館の館長職などを勤めながら執筆活動を続けた。『イングランド史』全6巻（1754-62年）の刊行により，歴史家としても名高い。

　ヒュームもまた，『人間本性論』の第3巻「道徳について」のなかで，ハチスンと同様，**道徳感覚**に焦点を当てた議論を行う。その特徴は，この道徳感覚を**共感**によって説明しようとする点である。ヒュームは共感について次のように論じている。共感とは，観察によって他者の感情を自己のものとして受け取る傾向性のことにほかならず，これを通じ人々は他者のさまざまな徳を是認し，自らの道徳判断を形成するのである。ただ，この共感それ自体は，対象となる人物との近さや隔たりに応じて変化するものである。他方，道徳判断には客観性や公平性という性格が求められる。このことからヒュームは，特定の私的な状況から距離を置いた「不変で一般的な観

点」という要素を導入している。

ヒュームにおける正義

ヒュームは，このような人々の共感により是認される徳として**自然的な徳**と**人為的な徳**の二種類を挙げている。そして，**正義**は後者に属するものであるとされる。

> 正義と不正義の感覚は自然から引き出されるのではなく，教育と人間の合意から，必然的にではあるが人工的に引き出されるのだと，われわれは認めなくてはならない。(『人間本性論』第3巻第2部第1節)

ヒュームは，人間は利己的で心の寛さに限界があるのに加えて，必要な外的財が希少で移ろい易いため，社会を維持するために人々の合意を通じ正義の規則を生み出すものと考えた。なお，この合意は約束などではなく，「共通の利益に全員が気づくこと」であり，漸進的な過程を経て形成されるものである，とヒュームは理解する。そして，この正義の規則としては，財の保有の固定に関する規則，同意による所有の移転の規則，そして約束の実行を命じる規則が挙げられる。

なお，ヒューム自身が指摘しているように，この正義の規則は人間により作られる，その意味で人工的なものではあるが，決して意図的なものではなく，必然的に形成されるものでもある。その意味において，この規則が，「自然的」であると言うことができる点に注意も必要である。

ヒュームの社会契約論批判

ところで，ヒュームは社会契約論の批判者としても知られている。しかし，最初に人々が統治を確立するにあたり契約を基礎とした可能性までは否定していない。ヒュームが否定するのは，時

Ⅱ　スコットランド啓蒙の法思想　　**79**

間が経過し，統治者や被治者が交代した現在でもなお，統治や忠誠の源泉を契約に求めるという考え方である。

　ヒューム自身は，この統治や忠誠の源泉を，人々のあいだで正義の規則の執行や裁定を確保し，社会全体の利益を増進するという点に求めている。そもそも，人間は手近にある小さな利益に誘惑され，正義がもたらす大きな利益を退ける弱さという，自然的な傾向性を持ち合わせている。そのため，正義を実現するには，人々を規則の遵守へと仕向ける仕掛けとしての統治を必要とする——ヒュームはこのように論じている。

　それゆえ，ヒュームは，統治者が暴政により正義の利益を失わせるときには，人々は忠誠の義務から解放され，抵抗することが容認されるものと指摘する。とはいえ，暴政を行う統治者に対する抵抗も，しばしば社会を無秩序状態に陥れるということに加え，そもそも善政を敷く統治者への交代を保証しないため，ヒューム自身は市民による抵抗について消極的な態度を示していた。

道徳感覚学派としてのスミス

　『国富論』（1776 年）により「経済学の父」としてその名が知られるアダム・スミス（1723-90）もまた，ハチスンの下で学び，彼が教授を務めた講座を引き継いだ，歴とした道徳哲学者であった。スミスのもう一つの主著『道徳感情論』（1759 年）の書名が示すように，スミスもやはり**道徳感覚**を中心に議論を進めている。

　ヒュームと同様にスミスもまた，道徳感覚を**共感**によって説明する。ただし，スミスにおいて共感は，次のような過程として理解されている。他者の感情は，その他者との「想像上の立場の交換」を行うことによって把捉されるが，他者の感情と自己の感情が一致する場合には賞賛し，一致しない場合には非難がなされるのである。スミスもまた，道徳判断には客観性や公平性という性格が求められ

80　第 4 章　啓蒙の法思想

るという点を重視しており，そのために，利害関心を持たない第三者である**公平な観察者**という理想的な視点が導入される。これによりスミスは，共感のばらつきが補正されるものと考えたのであった。

> スミスの法学講義

ところで，スミスは『道徳感情論』の末尾で「法と統治の一般理論と歴史」についての論稿を執筆すると示唆していたが，この計画は未完に終わった。とはいえ，その構想は，スミスの講義を聴講していた学生のノート『法学講義』（Aノート・1762-63年，Bノート・1763-64年？）から窺い知ることができる。

この講義の内容と先に説明した道徳哲学を結びつけるのが，**正義**の観念にほかならない。スミスによれば，正義とは，その欠如に対し公平な観察者の視点から非難という否定的反応がもたらされるような，そして，その実現に向けた強制が正当とされるような道徳的徳性のことを指す。また正義は，慈愛などその他の道徳的徳から明確に区別される。アリストテレスにもとづく伝統的な区別に照らせば，スミスにおいて正義は交換的正義に，慈愛は分配的正義におおよそ相当する（**第1章Ⅳ**）。

スミスは，正義の諸規則こそが市民的な統治の基礎であると理解した。そして，このような正義の諸規則を分析し体系化することが「自然法学」の目的であるとし，財産法・家族法・公法について体系的な講義を行った。なお，統治の基礎について言えば，ヒュームと同様，社会契約論に対しては批判的な見解を有していた。

> スミスにおける商業社会と統治

スミスの『法学講義』は，『道徳感情論』で予告された通り，先ほど説明した正義の諸規則に加え，生活行政・公収入・軍備などの便宜にかかわる事柄についても考察している。そして，その内

Ⅱ　スコットランド啓蒙の法思想　**81**

容を結実させる形で，『国富論』は出版されたのである。

　『国富論』の考察の主眼は，社会における繁栄のメカニズムを探求することにあった。スミスは，分業と資本蓄積という原理を手掛かりに，市場を中心とする**商業社会**を，理想的な社会の姿として描き出した。そこでは利己的な諸個人により，正義の諸規則に服しつつ，各々の交換性向に基づいて自由な取引が行われるものとされる。

　こうした商業社会において統治者がなすべき事柄は，正義の諸規則が生み出す「自然的自由の体系」の保障を中心に，防衛と若干の公共事業にとどめるべきである，とスミスは考えた。それゆえ，当時のヨーロッパで主流であった，経済活動への積極的な介入を奨励する重商主義は，スミスの目には最も忌避すべき政策に映ったのであった。このような考え方は，ハイエクなど現代のリバタリアニズムの思想に引き継がれている（**第12章II**）。

III　フランス啓蒙の法思想

フランス啓蒙の時代背景

　フランスでも，比較的早い段階で絶対主義体制が確立されたことから，その権力の庇護の下で市民階級の社会的な躍進がみられた。しかし，ルイ14世による治世の末期から王室は財政難に見舞われるようになり，その結果，市民に対する課税は過酷さを増していった。それに伴い，絶対君主制や身分制などの旧体制（アンシャン・レジーム）に対する不満が市民のなかで次第に蓄積されるようになり，こうした不満は最終的に，1789年のフランス革命において爆発することとなる。

　フランス啓蒙は，市民階級によるこの大規模な革命に対し，思想的な原動力を提供するものとなった。この意味において，その思想

は，すでに見たイギリスやドイツの啓蒙思想と比較して，はるかに急進的な様相を呈するものであったと言うことができる。

ヴォルテールの啓蒙と改革

初期のフランス啓蒙を代表する思想家に，ヴォルテール（1694-1778）がいる。その思想は，彼が友人宛に書いた書簡の一節「恥ずべきものを叩き潰せ」という表現にみられる通り，理性により無知や因習を打破するという態度に貫かれている。その主著『哲学書簡』（1734年）では，イギリス亡命中に接したロックなどの自由主義思想に感化され，無知や因習の蔓延するフランスの社会制度を鋭く批判した。その批判の過激さから，同書は発禁処分を受けている。

その急進的な思想を実践するように，ヴォルテールは晩年，『犯罪と刑罰』（1764年）を執筆したことで有名なイタリアのチェーザレ・ベッカリーア（1738-94）（**第6章 I**）の影響の下，旧態依然とした刑事法の改革に取り組んでいる。カトリック改宗を企てた子供を殺害した疑いでユグノー信徒が死刑判決を受けたカラス事件や，キリストの十字架像を毀損した疑いで一人の若者が死刑判決を受けたラ・バール事件などに接し，ヴォルテールは，フランスの悲惨な刑事制度を問い直す必要を痛感したのである。ヴォルテールがその有名な『寛容論』（1763年）を著したのは，このカラス事件を受けてのことであった。

フランス啓蒙のなかのモンテスキュー

ヴォルテールと同時代人の啓蒙思想家として，シャルル＝ルイ・ド・モンテスキュー（1689-1755）がいる。モンテスキューは貴族の出身で，ボルドー大学法学部で学位を取得，同地の高等法院副院長を務めた。1723年から3年に渡って行ったヨーロッパ旅行が，彼の思想形成に大きな影響を与えている。

フランス啓蒙の出発点とも言われる，モンテスキューが若い頃に

Ⅲ　フランス啓蒙の法思想　**83**

匿名で出版した『ペルシャ人からの手紙』（1721年）には，その法思想を支える特徴的な視点が提示されている。同書では，モンテスキュー自身が慣れ親しんだフランスの法律や政治などに対し，ペルシャ人という異邦人の眼を借りて批評を展開することが主眼とされている。法や政治といった社会的な事象を相対化・対象化した上で，自然的な事象と同様に因果法則的に認識するという，いわば「社会学的」な探求の端緒を，そこに見出すこともできるだろう。

『法の精神』

モンテスキューは，この社会学的な視点を主著『法の精神』（1748年）においても採用している。彼は，同書の冒頭で「法は，その最も広い意味では，事物の本性に由来する必然的な諸関係である」（第1編第1章）いう定義を与えた上で，人間の創設する法について，その土地の自然条件や人々の生活様式，信仰，そして発展度合などの事物の秩序との関係が**法の精神**を形成するものと理解し，そこから，社会学的，あるいは「比較法的」とでも呼びうるような考察を行ったのであった。

このモンテスキューの考察には啓蒙的な意図がある。モンテスキューは法について，特定の考えに偏った「才気走った」見解を戒め，広がりある視座から観察することを奨励した。このような観察を通じて，人々が自らの社会を形づくる法について正しい理解を獲得することこそが，『法の精神』の目的なのである。

このような正しい法の理解を持つべき者には，立法者もまた含まれる。モンテスキューは，精神が一方にだけ傾倒し，結果として苛烈な状態を引き起こす立法者に批判的であった。むしろ，「穏和の精神が立法者の精神でなければならない」（第29編第1章）と彼は主張する。この点で，『法の精神』の知見は，立法者に対する制約として作用するものでもあった。

84　第4章　啓蒙の法思想

モンテスキューの権力分立論

ところで，モンテスキューがイギリスの政治体制に感銘を受けて『法の精神』の執筆に取り掛かったことは有名である。それは，モンテスキューが，その理解には誤りも含まれていたと言われているが，立法・執行・司法の権力を分立させ，均衡と調和を保つその政体が，政治的自由を確保しており，まさに**穏和の精神**を体現していると感じたからにほかならない。

> 穏和な政体を作るには，もろもろの権力を結合し，それらを調整し，緩和し，活動させなければならない。いわば一つの権力に底荷をつけ，もう一つの権力に対抗できる状態にしなければならない。(『法の精神』第5編第14章)

モンテスキューの理解では，王権の無制約な行使を伴う専制も，あるいは有徳な市民に支えられる共和制も，精神が一方にだけ傾倒しており，**穏和の精神**に適合しない，不適切な政体であった。むしろ，自由な国家を構築するために，貴族に適切な位置づけが与えられ，国王と人民の権力がともに濫用されるのを防ぐ，権力が権力を抑制するよう設計された政体こそがこの精神に適合しており望ましい，とモンテスキューは考えたのであった。

重農主義者の自然法論

当時のヨーロッパにおける商業社会の発展に注目し，独自の「統治の科学」を打ち立てたのが，フランソワ・ケネー（1694-1774）やル・メルシエ・ド・ラ・リヴィエール（1719-1801）など，いわゆる**重農主義者**たちである。

『経済表』（1758年）を著したケネーは，人間は感覚的存在であり，快と不快の感覚を基礎にしつつ合理的に利害計算を行うのが自然であるとし，そのような主体が自由に利益を追求することで社会全体

Ⅲ　フランス啓蒙の法思想　　**85**

の富が増大する状態が望ましいと考えた。そこで，社会の経済的繁栄という観点から，人々が労働により取得する所有権は「自然権」であり，その自由な競争秩序を支える諸規則は「自然法」であると主張した。

　さらに，ケネーは，この社会の経済的繁栄という観点から「専制君主」による統治が望ましいと主張した。むろん，その役割は，人々の所有権を保護し，その自由な競争秩序を維持・促進するという後見的なものに限定される。モンテスキューが支持する穏和な政体は，貴族に代表される特権的な中間集団の存在を認めるため，人々の自由な競争秩序を阻害するという理由から忌避された。

百科全書派の自然法論　　ドニ・ディドロ（1713-84）とジャン・ル・ロン・ダランベール（1717-83）が編集した『百科全書』（1751-72）は，さまざまな学問や技芸を体系的に集成し，人々の知識の獲得に資することを目的に編纂されたものであり，まさにフランス啓蒙の精神を体現した書物であった。

　同書においてディドロは，自ら「自然法」の項目を執筆している。そこでは，自然法は正義の基礎，あるいはその第一の根拠と定義され，その内容は人類全体の共通利益，つまり**一般意志**により決せられるものと理解されている。そして，この一般意志は決して誤らずつねに善であり，あらゆる社会的な事象に伏在するものではあるが，その発見には**理性**が必要であると論じられた。

　さらに，ディドロは「政治権威」の項目で政治体制についても論じている。そこでは，単一の統治者による政治体制，つまり君主制が想定され，君主の正統な権威が人民の合意に基づき，自然法と市民法の制約の下で行使されるものであるとされる。ただし，人民の抵抗権については概して否定的な記述がなされている。このようにディドロが君主制へと傾倒したのは，重農主義者たちと同じく，啓

86　　第4章　啓蒙の法思想

蒙専制主義を志向していたからだと言われている。

フランス啓蒙のなかのルソー　ジャン＝ジャック・ルソー（1712-78）は，スイス・ジュネーブ共和国の時計職人の子として生まれた。不遇な子供時代を過ごし，学校での教育も受けることなく，16歳でジュネーブを離れた。その後，放浪生活を送りつつ独学を重ね，30歳のとき遂にパリの社交界にデビューし，思想家としての名声を確立していった。その激動の生涯は，その著書『告白』（1764-70年執筆，1782-89年）に赤裸々に綴られている。

　ルソーは，『百科全書』の項目を執筆していることや，その著作がフランス革命に大きな影響を与えたという評価もあり，先に述べた思想家たちと並んで，しばしばフランス啓蒙の代表的人物として紹介されている。しかし，実際には，人々の**理性**の行使が文明の発展や人類の幸福をもたらすという啓蒙の中心的な教義に対し，ルソーが一貫して懐疑的な姿勢を保ち続けたということを考えれば，そこには一定の留保が必要であるだろう。

　理性に対するルソーの懐疑的な姿勢は，最初の著作『学問芸術論』（1750年）にもすでに示されている。ディジョンのアカデミーが募集した懸賞論文のテーマ「学問芸術の復興は習俗の洗練に寄与したか」という問いに対し，ルソーは否定的な回答を与えている。その理由は，理性の成果としての学問や芸術が人々を外面的な虚栄の追求へと導き，そして人々を堕落に誘うがゆえに，習俗の悪化がもたらされるからである。ルソーのこのような回答は，そもそも学問や芸術は野心や貪欲などさまざまな悪徳から生じたものであるという主張とともに，大きな論争を巻き起こした。

ルソーの自然状態論　このような文明社会における悪徳の源泉について探求するため，ルソーは，次の著作

Ⅲ　フランス啓蒙の法思想　**87**

『人間不平等起源論』（1755 年）を公表する。この著作もまた，ディジョンのアカデミーが募集した懸賞論文「人間の間の不平等の起源は何か，それは自然法によって是認されるか」に対する応答として執筆されている。

ルソーは，まず，自然状態を非歴史的な仮説的状態と位置づけ，人間の本性をめぐる考察を行う。自然状態における人間は，**自己愛**と**他者憐憫**という 2 つの本能を有し，**自由意志**と**自己改善**という 2 つの特性を備える，基本的には無垢であり，自由で平等な存在であるとされる。そして，この観点からルソーは，ホッブズやプーフェンドルフによる自然状態の理解を批判している。

次いで，ルソーは，このような自然状態から社会状態への移行，すなわち人間の脱自然化・社会化の過程を描き出す。人間は，この過程において，さまざまな技術を発明することにより**私的所有**の観念を生み出し，この制度を保障するための統治を確立する。そうするなかで人々は自由を喪失し，政治的・社会的な**不平等**が生み出される。ルソーは文明社会の悪徳の源泉を，このようにして生まれた人間の不平等のなかに見出すのである。

ルソーの社会契約論　　こうしてルソーは主著『社会契約論』（1762年）において，次の問題に取り組むことになる。悪しき文明社会の存在を目の当たりにするとき，自然状態への回帰は不可能だとしても，どうすれば自由や平等を取り戻すことができるか。そこでルソーが依拠するのが，まさに**社会契約**の観念であった。

われわれ各人は，その身体とその力の全体を共同して，一般意志の最高の指導の下に委ねる。そして，ひとまとまりの集団として，それぞれの成員を全体の不可分な一部として受け取るのである。（『社会契約

88　　第 4 章　啓蒙の法思想

論』第 1 編第 6 章)

　この契約を人々が相互に締結するとき，各人には等しく，同じ条件が課され，同じ利益が与えられるため，平等が確保される。それと同時に，各人は「すべての人々と結びつきながら，しかも自分にしか服従しない」ため，自由もまた確保される——ルソーはそう考えたのである。もちろん，ここでの自由は，自然状態における自由とは性質を異にする，**市民的自由**と呼ばれるものである。

　ルソーによれば，社会契約の結果，人々は国家を創設し，自らがその主権者となる。主権とは不可譲・不可分・代表不能な権力であり，人々（人民）の一般意志の行使にほかならない。そして，あらゆる法は一般意志の表明であり，そのような法に指導される国家は，いかなる統治体制を取るにせよ，**共和国**と呼ばれる。ルソーはイギリス的な代議制に批判的であったが，それも，このような主権の代表不可能性という観点からにほかならない。

　　| フランス革命の法思想 |　　フランス革命の成功は，**人および市民の権利宣言**（フランス人権宣言，1789 年）という，近代における最も重要な政治的文書の一つを生み出した。この文書には，モンテスキューの権力分立の思想や，ルソーの社会契約論の影響を見ることができる。

　ところで，この革命の成功には，エマニュエル・シィエス（1748-1836）が執筆した『第三身分とは何か』（1789 年）も大きく寄与している。冒頭の「第三身分とは何か。——全てである」という印象的な問答で知られるこのパンフレットは，**憲法制定権力**という近代立憲主義の重要概念を提示した点で，今日でも重要である。

　フランス革命の成功は，多くの思想家から歓迎されたが，もちろん批判者も存在している。たとえば，イギリスの思想家エドマン

Ⅲ　フランス啓蒙の法思想　　**89**

ド・バーク（1729-97）は，その著作『フランス革命の省察』（1790
年）において，保守主義の観点から，民衆の熱狂に導かれたこの急
進的な革命に対し批判的な見解を投げかけている。

啓蒙の法思想 年表 （主要な思想家）

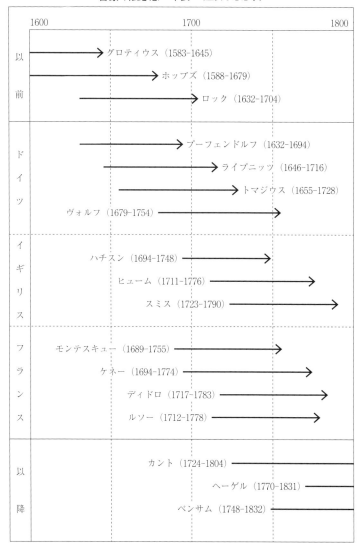

Ⅲ フランス啓蒙の法思想 91

第3部

近代法思想の展開

カント
(Bild+News/ullstein bild/時事通信フォト)

ヘーゲル
(ullstein bild/時事通信フォト)

サヴィニー
(dpa/時事通信フォト)

ベンサム
(GRANGER/時事通信フォト)

第5章 ドイツ観念論と歴史法学

> 18世紀後半から19世紀半ばのドイツでは，多数の領邦が乱
> 立し，近代的な統一国家形成には程遠い状態にあった。しかし，
> 産業革命，新大陸での国家建設，自由を求める市民たちによる
> 政治革命といった大きな時代の波は否応なく打ちつける。ドイ
> ツの人々は，このような時代の変化にどう対処したのか。本章
> では，自由や国家をめぐって相異なる法思想を展開した2人
> の哲学者──カントとヘーゲル──，法学による国民統合を目
> 指し，ドイツ法学の基礎を築き上げた法学者サヴィニーの思想
> を概観する。

I カントの法思想

カントが生きた町　イマヌエル・カント（1724-1804）は，東プ
ロイセンの首都ケーニヒスベルク（現在の
ロシア領カリーニングラード）に生まれ，この町からほとんど外に出
ることなく生涯を終えた。大学卒業後は家庭教師，宮廷図書館司書，
私講師として勤め，ようやく1770年に母校ケーニヒスベルク大学
の論理学・形而上学教授となる。哲学のほか数学，自然学，地理学，
人間学，自然法なども担当した。

　カントは早朝に起床，午前中に講義と著作を終え，午後は友人た
ちとの社交，散歩，軽い夕食の後，早くに就寝といった具合に，規
則正しく，ほぼ同じ毎日を送った。日課の散歩も同じ時刻に同じ場
所を通るため，近所の人々はそれに合わせて時計を合わせたとも言
われている。ハンザ同盟都市として栄えた，バルト海に面したこの

町には，ヨーロッパ各地から商人や軍人が集まっていた。カントはそうした人々と親しく交流し，また当時盛んに出版されていた旅行記などで情報を集め，大きく変化する時代の息吹に触れていた。

| 理性批判 |

カントの主著は『純粋理性批判』（1781 年），『実践理性批判』（1788 年），『判断力批判』（1790 年）の，いわゆる三批判書であるとされる。それらに共通する特徴は，ヴォルフを代表とする従来の合理主義哲学が信じて疑わない「理性」が陥る間違いや欺瞞，つまり「仮象」を明るみに出し，そこから人間の「理性」に出来ることと出来ないことの限界を見極めること，すなわち「理性批判」であった。カントのこうした批判哲学に決定的な影響をあたえたのがヒューム，そしてルソーであった。後に見るように，人間の合理的認識に対するヒュームの懐疑を知ることにより，カントは**独断のまどろみ**（『プロレゴメナ』1783 年）から目覚めることとなった。また，ルソーからカントは「人間への尊敬」を学び，これを自らの哲学の根本に据えている。

| 人間の認識能力 |

まず『純粋理性批判』では，人間理性の活動のうち，自然科学の基礎となる，外的な事物を認識する能力が検討される。ライプニッツからヴォルフに至る合理主義哲学にあって，「理性」は，変化する事物のうちの不変の本質を認識する能力とされ，認識の真偽を決定する最終法廷のようなものと見なされた。これに対し，ヒュームの懐疑論は認識を形づくるのは，むしろ人間の感覚器が受け取る事物の印象（ないし感覚データ）の積み重ね，すなわち「経験」であると主張した。カントはこれを受け入れ，人は**物自体**には決して到達できず，**現象**を感知するに過ぎないと考えた。だが，それだけではバラバラな印象があるというだけで，人間の認識能力を十分には説明できていない。そこでカントは，対象を対象として構成する何かが，人間の主体＝

Ⅰ　カントの法思想　　**95**

主観の側にあるはずだと考えた。「認識が対象に従うのではなく，むしろ対象の方がわれわれの認識にしたがわなければならない」(『純粋理性批判』第2版序文)。カントはこうした視座の逆転を天動説から地動説への転換になぞらえ，**コペルニクス的転回**と呼んでいる。

　カントは，対象を構成する人間の能力として，「感性」と「悟性」の2つを挙げる。事物の外的印象，つまり現象を時間と空間のフィルターを介して受容する能力としての感性，そして，それを理解の枠組み〔カテゴリー〕によって整序する能力としての悟性——この2つの能力を通じ，初めて外的事物の現象の認識，すなわち「経験」が可能となる。

理論理性と科学の限界　では，「理性」はどんな働きをするのか。カントにあっては，「理性」は経験に先立ち〔ア・プリオリ〕，それとは無関係に働く，独立の論理的能力を意味する。この理性の働きは科学の限界を定めるものであり，理論理性と呼ばれる。

　感性・悟性・理性——人間の認識能力にかんするカントの説明は，自然を対象とする学問，すなわち自然科学の確固たる土台，ないし基礎づけとなる。他方，神の存在や魂の不滅といった，感性と悟性で認識できないものは科学の対象ではなくなる。伝統的な合理主義哲学は，「理性」によって魂の不滅や神の存在を証明することも可能だと考えたが，カントによれば，それは理性の限界を踏み越えた間違った試みとなる。

道徳と実践理性　「理性」の能力が重要な役割を演じるもう一つの領域は，道徳である。カントは，経験に先立つ，独立した論理的能力である「理性」の観点から，普遍的で必然的な道徳法則を導きだそうとしたのである。そして，道徳の領域における理性の働きは，**実践理性**と呼ばれる。

　カントの道徳哲学は，主に『人倫の形而上学の基礎づけ』(1785年)やその3年後に出版された『実践理性批判』のなかで展開され

96　第5章　ドイツ観念論と歴史法学

る。だが，その方向を決定づけたのは 1760 年代半ばのルソー体験であったと言われている。ルソーの『エミール』に熱中したため日課の散歩を忘れ，近所の人々を心配させたエピソードは有名である。カントは次のような『覚書』を残している。「私は物を知らない下層の人々を軽蔑していた。そんな私の誤りをルソーが正してくれた。まやかしの優越感は消え，私は人間を尊敬することを学ぶ。そしてもし，この考えが他の全ての人々に価値を認め，人間性の権利を確立しうるということを信じないといったことがあれば，私は自分を平凡な労働者よりも無用であると見なすだろう」。

普遍的道徳法則としての定言命法

カントによれば，人間には生まれつき「善」を求める意志が備わっている（善意志）。アリストテレス以来の道徳哲学が説く「幸福」や，ヒュームや後の功利主義が主張する「快」を求め，人は善いことを行うのではない。「幸福」や「快」は個人や集団の経験に依拠するため，時と場所が違えばどうにでも変化する不確かなものにすぎない。むしろ善は，「善いことである」というただそれだけの理由で，人に善行を義務づける。よって，善が命じる義務は，「（幸福や快などのほかの何か）のために～を行え」といった条件付きの命令でなく，いかなる経験にも依拠しない絶対的な命令として，ただ「～を行え」という無条件命令文の形をとる。そして，カントはこれを**定言命法**と呼んでいる。

定言命法——すなわち，他の何ものにも依存せず，人間の「理性」のみにより見出される，そしてそれゆえに必然的で普遍的な道徳法則とは，どんなものだろうか。カントは，次のように定式化している。

汝の意志の格率〔行動規則〕がつねに同時に普遍的立法の原理となる

I　カントの法思想　**97**

よう行為せよ。（定言命法の根本方式。『実践理性批判』第1部第1編第1章第7節）

汝自身の人格にある人間性，およびあらゆる他者の人格にある人間性を，つねに同時に目的として用い，決して単に手段として用いることのないように行為せよ。（定言命法の第二方式。『人倫の形而上学の基礎づけ』第2章）

自律としての自由

こうして，定言命法は，次の義務を命じる。自分だけに適用される，あるいは自分を例外扱いするような行動指針は決して道徳法則とは呼べず，他のすべての人々も受け入れられるものでなければならない，そして，他者との関係にあっては，相手を単なる手段と見なしてはならず，自分と同じ人間性を持つ人格として，目的として尊重しなければならない。

　強調すべきは，この定言命法が，カントの道徳哲学の中心をなす自由の理念と分かち難く結びついている点である。カントにとって自由とは，幸福や快を得るために意のままに行為するとか，干渉されないといったことではない。というのも，そうした行為は個人や集団の経験に依存し，いわば自然法則に従属しているからである。これに対し，カントの言う自由は，自己の理性が立法した普遍的な道徳法則，すなわち定言命法に従うことにほかならない。カントは自らルールを定め，それに自ら従うというあり方を**自律**と呼ぶ。つまり，カントにとって道徳法則とは，「自律としての自由」の法則でもある。

カントにおける法と道徳

カントは，理性によって立法される道徳法則を，動機の観点からさらに2つに区別する。ある行為を道徳法則として義務づける

98　　第5章　ドイツ観念論と歴史法学

にあたり，その動機については問わない場合が「法」，その動機の正しさを問う場合は「徳」（狭義の道徳）と呼ばれる。つまり，法の観点からは，道徳法則に合致しているか否かだけが問題であるのに対し（**合法性**），徳の観点からは，そうした道徳法則に従う際の内的な動機の正しさが問われるのである（**道徳性**）。カントは『人倫の形而上学・第1部 法論』（1797年。以下『法論』と略記）で前者をめぐる議論を，そして『人倫の形而上学・第2部 徳論』（同）で後者をめぐる議論を，それぞれ展開している。

> **法の定義とその普遍的原則**

カントが「法」を問題とするのは，一般にそれが人々に強制を加えるものであるため，道徳法則の根幹にある自由の理念と矛盾する恐れがあるからである。自律としての自由と両立するような「法」の理念，そして，正しい法の条件が見出されなければならない。カントは『法論』の序論で法を次のように定義し，「法の普遍的原則」について述べる。

法とは，ある人の選択意志が他の人の選択意志と自由の普遍的法則に従って調和させられるための諸条件の総体である。（『人倫の形而上学・第1部 法論』序論）

いかなる行為も，その行為そのものが，あるいはその行為の格率からみたその人の選択意志の自由が，誰の自由とも普遍的法則に従って両立しうるならば，それは正しい〔正義に適っている〕。（同）

　いわば，ある法が自分自身も含むすべての人々とともに定められ，同時に普遍的な自由の法則（つまり普遍的な道徳法則たる定言命法）に従うことにより他のすべての人々の自由と両立する場合，それを正しい法と呼ぶことができる。その場合は，自己や他者を強制するも

Ⅰ　カントの法思想　　**99**

のであっても，その法は，自らが自らの立法者であること——すなわち，自律としての自由と矛盾することはない。

私法・根源契約・公法

最初に触れたように，大学教師としてカントは自然法の講義も担当していた。それは基本的にドイツ自然法論（**第4章I**）の流れを汲むものだったが，『法論』では，その理論的基盤が，普遍的道徳法則としての定言命法から導き出される新たな法の理念へと置き換えられ，独自の社会契約論が展開される。

『法論』第1部では私法，第2部では公法が論じられる。現代の通常の意味と異なり，私法は社会契約以前の自然状態の法であり，公法は社会契約以降の法を意味する。まず，私法では，(a)生得的な権利である自由の権利と(b)何らかの行為を通じて取得される権利が区別される。後者はさらに，(b-1)所有権など，物への権利（物権），(b-2)契約など，人への権利（債権），(b-3)家族関係など，対象を物として占有し人格として使用する権利が論じられる。

しかし，私法しか存在しない状態は不安定であり，「保護の正義」と「交換の正義」は存在しても，「分配の正義」の実現は望めない。それゆえ，すべての人々は理性の要請として，分配の正義をともなう法状態へと移行する義務を負うことになる。カントは，法状態で正義に適った統治がなされることにすべての人々が合意することを，**根源契約**と呼ぶ。ただし，ここで注意すべきは，根源契約はあくまでの理念上の契約だということである。ホッブズやロックの社会契約論（**第3章III**）が法秩序＝国家の正統性を説明する原理であったのに対し，カントの根源契約は個別の法が正しいか否か，つまりその正当性を計るための原理として働く。

根源契約の理念の下，法状態を築くための必要とされる法則の総体が公法である。公法は国家法，国際法，世界市民法の3つから構

成される。

理想の統治形態としての共和主義

カント以前のドイツ自然法論の到達点とも言えるヴォルフは，国家の目的は国民の「幸福」の実現であると考えた。しかし，それは国家が人々を子どものように扱う父権的支配（パターナリズム）にほかならず，カントは『理論と実践』（1793年）のなかではこれを痛烈に批判する。カントによれば，国家の目的は別のところにある。「体制が法の諸原理と最大限に一致した状態が考えられる。そうした状態に向かって努力するよう，理性は定言命法によって私たちを拘束している」（『人倫の形而上学・第1部 法論』第49節）。つまり，すべての人々の「自律としての自由」を最大化するような公法秩序，そうしたものとしての国家が求められるのである。

「共和主義的国家」は，まさにそのようなものとして提示される。カントは『永久平和のために』（1795年）のなかで，永久平和のための第1確定条項として「いかなる国家の市民的体制も共和主義的であるべきである」と述べる。統治の「形態は共和主義的であるか専制的であるかのいずれかである。共和主義は，執行権を立法権から分離する国家原理であり，これに対し専制は，国家が自ら制定した法律を国家自らが独断的に執行する国家原理である」。つまり，カントにおける共和主義とは，「立法者が同時に執行者であってはならない」ということであり，立憲主義や法の支配に近い考え方を示すものと言える。そして，これを蔑ろにすれば，法を執行する者がただ1人の場合（独裁制）であれ，複数の場合（貴族制）であれ，多数の場合（民主制）であれ，必ず専制政治へと陥ってしまい，人々の自由は容易に侵害されてしまう——カントはこう警鐘を鳴らすのである。

カントは抵抗権＝革命権を否定しており，この点でしばしば非難

I カントの法思想　101

される。だがそれは，彼の共和主義の理論的な帰結とも言える。仮に主権者である国民が執行者に抵抗し，それを裁く力を持つとすれば，主権者たる国民が立法権と執行権の両方を独占することとなり，結果として専制に至る可能性が生じるからである（もっとも，晩年のカントは，共和制と国民主権を目指したフランス革命に好意的な評価を下すのだが）。

永久平和論と国際法　しかし，共和主義的な国家体制が首尾よく確立されたとしても，他国からの侵略を受ければ，人々の自由と財産は失われてしまう。そこでカントは「他者を単なる手段として扱ってはならず，その人格が持つ人間性を同時に目的として扱わなければならない」という普遍法則を，複数の国家の間にまで拡張する。他国の人々も道徳の目的としての人間であり，自国の繁栄や幸福のための手段でないと考えるなら，理性が命ずる義務として，戦争は放棄され，代わって通商と協議による紛争解決が目指されなければならない。こうしてカントは諸国民の緩やかな結合体としての**平和連合**を構想する。

　こうしたカントの永久平和の理念は，国連のモデルにもなったと言われている。共和主義的な国家の理念とならんで，この理念は，理性から導出される普遍的な道徳原理たる定言命法の必然的な延長として，現実の国際法を規制するとともに，またそれが目指すべき理想として機能するのである。

世界市民法，理性の公共的使用　公法における第三の領域は，世界市民法である。これは，まだ友好的な関係を築いてはいないが，交流する可能性がある地球上のすべての人々との関係にかかわる法である。カントは「全ての国の人々が交流を試みる権利を持ち，交流を試みる者をそれだけで敵として遇する権能は外国人には認められていない」として，たとえ

濫用が起こりうるとしても「全ての人との共同体を試みる，その目的で地球のあらゆる場所を訪問するという地球市民の権利が廃棄されてはならない」と主張している（『人倫の形而上学・第1部　法論』第62節）。

　もっとも，これは他国の土地に定住する権利ではない。そのためには特別な契約が必要となるからである。また，他国の住民が土地所有に無関心であるという理由で，それらを勝手に自らのものとして占有したり，未開の人々を矯正するといった理由で他国に入植するような行為はやはり不正義であり，決して許されない。

　カントはこうした世界市民的なビジョンを，道徳哲学に取り組む以前にもすでに提示していた。カントは論文『啓蒙とは何か』（1784年）のなかで，次のように論じている。啓蒙とは，人が「自らが招いた未成熟状態から抜け出ること」であり，他人の指図を仰がずに，自己の理性を行使する勇気を持つことにほかならない。そのためには自由に議論を行うことが必要だが，そこで大切なのは自己の職業的立場や狭い国益から議論を進めてはならないということである。それは「理性の私的使用」に過ぎない。むしろ，世界の聴衆に向かい合う一人の世界市民として議論を行うこと，つまり「理性の公共的な使用」こそが重要である。

　冒頭で触れたように，カントは生涯，生まれた町からほとんど出ることはなかった。しかし彼は，必ずしも大きくはない辺境の港町から，世界市民的な視座の下，道徳，法，国家，世界をめぐる普遍的な考察を深めていたのである。

*Column*⑨　フィヒテと国民国家

　ドイツ観念論の重要な論客の一人として，J. G. フィヒテ（1762-1814）の名前も忘れることはできない。フランス革命の影響の下，彼はカント哲学における主観＝主体の側面を徹底化させ，「自我」の能動性と絶対

I　カントの法思想　**103**

性を説く「知識学」を展開し，そこから個人の自律と自由を護る枠組みとしての独自の国家論を導いている。他方，フィヒテは，1807年から翌年にかけて，いつまでも統一国家を形成できず，ナポレオンに敗北し自信を失っていたドイツの人々に向けて『ドイツ国民に告ぐ』という講演を行っている。そこでフィヒテは，同じ言葉と歴史を共有する言語文化共同体こそが「国民＝民族」（nation）の核心であり，その国民を単位として「人類」への貢献がなされると論じている。こうしたフィヒテの考えは，「記憶の共有」と「共生への意思」を強調したフランスのE.ルナン（1823-1892）の国民論とならんで，いまも一国の法制度や国際政治を考える際の基本となっている「国民国家」（nation state）という観念の先駆けとなった。　　　　　　　　　　　　　　　　　　　　　　（N）

〈参考文献〉エルネスト・ルナン／J.G.フィヒテほか『国民とは何か』鵜飼哲ほか訳，インスクリプト，1997年

II　ヘーゲルの『法の哲学』

ヘーゲルの哲学観

G.W.F.ヘーゲル（1770-1831）は，カントにも増して，新たな時代の精神と社会変革とともに歩んだ思想家であった。彼は，「理性」という言葉をカントとはまったく異なる意味で用いながら，独自の法＝権利の哲学を築き上げた。主著となった『法の哲学綱要』（1821年）序文に書かれた次の一節は，彼の哲学観を示す言葉として有名である。哲学の使命は，ここにはない何かを夢想することではなく，現に存在する現実的なものを把握することである。「理性的なものは現実的であり，現実的なものは理性的である。」つまり，ヘーゲルにとって哲学とは，人間の諸々の営みを「現実化された理性」と捉えた上で，それを概念的に理解することであった。そして法もまたこの観点から，哲学

104　第5章　ドイツ観念論と歴史法学

の対象として論じられる。

ヘーゲルの青年時代

ヘーゲルは南ドイツの小邦ヴュルテンベルク公国シュトゥットガルトに生まれ，同地のギムナジウムを経て，テュービンゲンの神学院に進む。同室となった後の哲学者シェリング（1775-1854），詩人ヘルダーリン（1770-1843）と親交を結び，ともにプロテスタントの正統派神学を学んだ。彼らは進学の翌年に起こったフランス革命とその精神に大いに感銘を受け，その記念に革命のシンボル「自由の樹」を植樹している。当然，若きヘーゲルにとっての英雄は共和主義者ルソー（**第4章Ⅲ**）であった。

卒業後のヘーゲルは，長らくベルン，フランクフルトで家庭教師をしながら，カントの著作や旧友ヘルダーリンのロマン主義思想に触れ思索を深めたが，30歳を過ぎたとき，シェリングの紹介でイェーナ大学私講師の職を得る。彼は，対仏戦争の敗北による神聖ローマ帝国の崩壊を嘆く一方で，1806年10月のイェーナ会戦前夜，進軍するナポレオンを偶然に目撃し，「この世界精神が偵察のため馬に乗って町を通るのを見た」と感嘆の言葉を残している。ヘーゲルはナポレオンの姿に，ドイツに形成される新秩序の可能性を重ね見たのである。同日，ヘーゲルは最初の主著『精神現象学』（1807年）の本文を完成させる。その序文で彼は「われわれの時代は誕生の時代であり，新たな段階への移行の時代である」と述べている。

『精神現象学』

『精神現象学』でヘーゲルが目指したのは，物自体と現象，自然の世界と意志の世界を区別するカントの認識論，カントの主観的側面をさらに深化させたフィヒテの絶対自我の理論，そしてロマン主義者であるヘルダーリンやシェリングの直観主義的な主客融合論のすべてを乗り越える，新たな自己認識と世界認識の方法であった。それはおよそ次の3つ

Ⅱ　ヘーゲルの『法の哲学』　　**105**

の段階からなる**精神**の運動である。

(1)　認識の対象と認識する主体が渾然一体となった状態がそのまま無自覚的に受け入れられる段階（**即自的な段階**）。

(2)　主体と客体の融合状態に反省が加えられ（否定），結果として，認識対象が客体として分離されるとともに，認識する側の自らを「主体」として対象化するようになる段階（**対自的な段階**）。

(3)　(2) の状態にさらに反省が加えられ（否定の否定），認識の対象を規定しているのがほかならぬ認識主体である自己であり，その意味で，対象＝客体のなかに自己＝主体が投影されていることが認識される。その結果，主客の分離を媒介とした上での主体と客体の再統合がなされる（**即自的かつ対自的な段階**）。

> **弁証法と学問の体系**

『精神現象学』でヘーゲルは，こうした図式を用いて宗教の発展史を説明している。しかし，認識と精神にかんするこうした発展図式は人間のあらゆる精神活動の所産——芸術・道徳や法・歴史——を説明するはずのものであった。1816 年，ハイデルベルク大学に教授として招聘されたヘーゲルは『哲学的諸学のエンチクロペディ概説』（1817 年）を刊行し，論理学・自然哲学・精神哲学の 3 部門からなる，全体的な哲学の体系像を提示した。

第 1 部門の「純粋な理念の学」としての論理学では，『精神現象学』で示された精神の運動としての世界理解の枠組みが，対立する 2 つが各々の否定の段階を経て，さらに高い次元で統一されるという**弁証法**のプロセスとして定式化され，すべての学問の基盤として一般化される。第 2 部門の自然哲学は「段階的発展をとげる理念の運動」にかかわり，数学・物理学・生理学の 3 つの分野を含む。そして，第 3 部門の精神哲学は，人間学・現象学・心理学などの人間

の認識——つまりヘーゲルの言う「概念」の始まりを扱う**主観的精神**，道徳・倫理・法のような概念の実現を扱う**客観的精神**，芸術・宗教・哲学など概念と客体の一致を扱う**絶対精神**に区分される。

『法の哲学』

1818 年，ヘーゲルはプロイセンの改革派大臣アルテンシュタインの招きにより，フィヒテの後任としてベルリン大学教授となる。前年よりヘーゲルは，「自然法と国家学」のタイトルの下，彼の大系でいう「精神哲学・客観的精神」にあたる部分の講義を行っていた。1820 年刊行の『法の哲学綱要』は，講義に臨む学生が参照するための手引き書であった。

同書序論において，まずヘーゲルは次のように主張する。これまで自然法と呼ばれてきたものは，むしろ「哲学的法学」と呼ばれるべきである。というのも，それは制定法などの「法律（ゲゼッツ）」を扱う法学と異なり，「法（レヒト）＝正（ただ）しさの概念」を扱う哲学の一部であるからだ。哲学的法学の出発点となる法の概念は「自由な意志」である。

> 法の基盤は総じて精神的なものであり，そのさらに正確な場所と出発点は意志であり，これは自由な意志である。それゆえ，自由こそが法の実体と規定をなす。そして法の体系は，実現された自由の王国であり，精神それ自体から生み出された精神の世界であり，第二の自然である。(『法の哲学綱要』第 4 節)

抽象的権利・道徳・人倫

こうしてヘーゲルは，カントでも見られた社会契約論の残滓をすべてぬぐい去った，独自の法理論を展開する。

『法の哲学』本論はまず，抽象的権利（レヒト）＝法，道徳，人倫の 3 部からなる。これは，意志の自由の概念が，その概念に内在する弁証法のプロセスにしたがい，最も抽象的な段階から，次第に具体的な

Ⅱ　ヘーゲルの『法の哲学』　**107**

段階へと進み，最終的に現実的な法の「理念＝理想」にまで到達する様子を描き出すものである。

第1部**抽象的な権利＝法**では，(1)人が人格として在るということ，(2)そこから所有の権利が発生すること，(3)所有から契約への移行，そして (4)不法について論じられる。

人格とは，自己の自己に対する純粋かつ抽象的な関係であり，それは自由な意志を有する。人格性には権利能力が含まれ，それは抽象的な権利＝法の抽象的・形式的基盤となる。「法＝権利が命じるところは次の通り。一個の人格であれ，そして他の人々も人格として尊重せよ」（第36節）。そして人格は，外的事物のなかに自己の意志を置き入れることでそれを自己の物として占有し，それが客観化され所有の権利となる。ある物の所有を放棄する者の選択意志と，それを所有しようとする他者の選択意志がつながるときには契約が生じ，さらには人格が（即自的に）法だと思っていたものが実は空虚な仮象であった場合，それは不法と呼ばれ，その否定により法はさらに堅固なものとなる，云々。このように，ヘーゲルはプーフェンドルフ以来の近代自然法論（**第4章 I**）を受け入れながらも，「自由な意志」の概念の展開過程として，それを土台から組み替えるのである。

第2部**道徳**では，「自由な意志」が持つ主観的側面の問題として，内面的な道徳が論じられる。ヘーゲルはカントの「合法性」と「道徳性」――または，法の外面性と道徳の内面性――の区別を踏まえながらも，「義務」としての道徳法則や，動機の純粋性を強調するカントとはまったく異なった仕方で，道徳を説明する。カントと異なりヘーゲルは個人の主観的・特殊的な欲求充足を承認するが，抽象的な権利＝法と衝突する可能性があるため，両者の対立をより高い次元で調停するために善や良心の理念，すなわち道徳が必要とされると説く。

しかし，そうした内面的な道徳はやはり主観的なものにとどまる以上，その内容は各人の確信に委ねられ，不確定である。抽象的な権利＝法と主観的な道徳という対立する2つを否定し，さらに高度な次元で肯定する，そして，これにより「自由な意志」に確固たる現実的な基盤を与えるためには，第3の段階である**人倫**に進まなければならない。

> 家族――人倫の最初の
> 段階

ヘーゲルの言う**人倫**とは，自由の理念が現実の社会制度のなかで具体的な形となったものである。「人倫とは，生きている善としての自由の理念である。……人倫とは，現実世界となるとともに自己意識の本性となった，自由の概念である」（第142節）。人倫には家族・市民社会・国家という3つの段階があり，より単純な段階から高次な段階へと弁証法的に展開される。

最初の人倫的段階は**家族**である。家族は，愛によって結びついた共同体であり，成員の一体感をその特徴とする。自己意識的な一体性としての婚姻により生じ，所有と財を保持し，子どもを教育し，その成年と親の死により解体する。成人した子どもたちは独立の人格として，それぞれ外的な関係を取り結ぶようになり，そこから次の人倫的段階，**市民社会**が生まれる。

> 市民社会――
> 人倫の中間段階

市民社会は，公務にたずさわる「公 民(シトワイヤン)」ではなく，共同体のなかで自己の欲求の充足を求めて活動する「有産者(ブルジョワ)」たちが取り結ぶ，次のような関係である。「各人の生計・幸福・法的地位が，他の全ての人々の各人の生計・幸福・権利のなかに編み込まれ，これらを基礎とし，この連関のなかでのみ現実的であり，保障される」ような「全面的相互依存の体系」（第183節）。そして，それは，①すべての人々の労働を通じ各人の欲求を調整し，満足させる，**欲**

Ⅱ　ヘーゲルの『法の哲学』　**109**

求の体系としての「市場経済」を中心に，②こうした体系内での自由の具体化たる「所有」を保護するための「司法」，③司法をもってしても対処できない偶然に備える「福祉行政（ポリツァイ）」と「職業団体（コルポラツィオーン）」という，3つの契機からなっている。

こうしたヘーゲルの**市民社会**の記述には，ジェームズ・スチュアートやアダム・スミスの古典派経済学への言及，サヴィニーとティボーの法典論争への関与，行政と職業組合を通じての貧困問題の解決など，新たな関心や論点が散りばめられている。とりわけ重要なのは，「欲求の体系」たる市場経済から，一方の「奢侈（しゃし）」と他方の「依存と窮乏」の限りない拡大（第195節），抽象化され，機械化された労働（第198節），「資産と技能の不平等」（第200節）が必然的にもたらされるという市場経済の負の側面に，ヘーゲルが早くも着目していたことである。市民社会がもたらす社会的不平等と階層間の分断と対立を調停するためには，第3の人倫的段階**国家**へと移行する必要がある。

国家——人倫の最終段階

「国家とは人倫的理念が現実の形となったものである」（第297節）。つまり，ヘーゲルにとって**国家**とは，理性の目的である自由の概念が最も高度に現実化された段階である。自由の理念＝理想が達成された状態としての国家では，共同の利益こそが各人の利益の基盤であることが共通の認識となり，各人の利益が蔑（ないがし）ろにされない一方，各人の行きすぎた利益追求により共同の利益が破壊されることもない。各人は，国家により自由の権利を承認されると同時に，客観化された自由の精神という普遍的存在，すなわち国家のために働く。

国家の強さは次の点にある。その普遍的な究極目的と諸個人の特殊利

益とが一体となっていること。また，諸個人が国家への義務を負う限りにおいて同時に権利を有すること。(第261節)

　こうして，抽象的な権利＝法，内面的な道徳，家族，市民社会（市場，司法，福祉行政と職業団体）のそれぞれには，自由の理念の最終的な実現形態である国家の下で，新たな位置づけが与えられる。

ヘーゲルの国家構想

ヘーゲルが考える国家像は，具体的には次のようなものだった。(1)有機的に連携する立法権・執行権・君主権からなる立憲君主制体，(2)貴族により構成される上院，職業団体や自治体の代表からなる下院，(3)国家と教会の分離，(4)対外的自立とそのための国民軍，(5)カントが提唱する国家連合ではなく，主権国家間の相互承認と戦争国際法による紛争解決。

　もちろんこれらは，必ずしも当時のプロイセンの姿と一致するものではない。集権的で安定した国家主権，階層間の宥和を目指す国民代表，国際協調的だが現実主義的でもある対外関係論——それらは当時の現実を踏まえた上で構想された，穏健な自由主義の立場からする制度構想であったと見ることもできる。

学派の形成とその後の影響

ヘーゲルの講義は大きな評判を呼び，1820年頃には信奉者たちにより，いわゆる**ヘーゲル学派**が形成されていた。ヘーゲルその人は1831年に没するが，同年には全集の刊行も始まり，ヘーゲル学派は長らくドイツ哲学界の中心勢力となった。しかし，福音書の史実性を否定するD.シュトラウス（1808-1874）の著書『イエスの生涯』（1835年）の評価をめぐり，学派は分裂する。福音書の内容は歴史的事実であるとして，ヘーゲル哲学の忠実な継承を唱える人々はヘーゲル右派（老年ヘーゲル派），シュトラウスの主張を認め，

Ⅱ　ヘーゲルの『法の哲学』　111

急進的な立場をとる人々はヘーゲル左派（青年ヘーゲル派）と呼ばれた。後者からは，神学批判で有名な L. フォイエルバッハ（1804-72），アナーキズムの哲学者 M. シュティルナー，共産主義と社会主義革命の生みの親となる K. マルクスも輩出される（**第9章 I**）。

　ヘーゲルの法哲学はその後の世界に大きな影響を及ぼした。しかし，その評価は今日でも大きく分かれる。国家中心の有機体的社会論であるとか，全体主義を準備した思想であるといった批判（K. ポパーなど）がある一方，本来的には「自由の哲学」であり，共同体主義の先駆けであるだけでなく，むしろ今日の政治的リベラリズムに近いといった肯定的な評価もある（J. ロールズ）。

　ところで，本節冒頭で取りあげた『法の哲学』序文の続きには，「ミネルヴァの梟（ふくろう）は夕暮れになってはじめて飛び立つ」という言葉が記されている。ミネルヴァはローマ神話の知恵の女神，梟はその使いである。つまり，ミネルヴァの梟としての哲学は，現実がその過程を完了させた後に，ようやくその仕事を開始するということである。もしこの言葉が正しければ，ヘーゲルの国家構想，さらに彼の哲学が歴史のなかで果たした役割にかんする評価が絶えず移り変わるのも当然かもしれない。

III サヴィニーと歴史法学

サヴィニーの生い立ち　ベルリン大学哲学部でヘーゲルが法哲学を講じていた頃，同じ大学の法学部で教鞭をとっていたのが，近代法学の祖とされるフリードリヒ・カール・フォン・サヴィニー（1779-1861）である。

　サヴィニーはフランクフルト・アム・マインの裕福な名門貴族の下に生まれた。少年期に相次いで両親を亡くすという不幸に見舞わ

れたものの，帝室裁判所の裁判官であった遠縁に引き取られ，16
歳で入学したマールブルク大学で法学を学ぶ。わずか24歳で公表
した『占有権論』(1803 年) は彼の出世作となった。サヴィニーは
この著作でローマ法学者としての名声を獲得し，マールブルク大学，
ランズフート大学（バイエルン）の教壇に立ち，1810 年には，プロ
イセンに新設されたベルリン大学教授に就任する。彼を招聘したの
は，ベルリン大学の創設に尽力した政治家にして言語学者ヴィルヘ
ルム・フォン・フンボルト (1767-1835) であった。

法典論争の時代背景　以後，サヴィニーは大法学者への道を歩み
始める。その最初の一歩が A. F. J. ティボ
ー (1772-1840) とのあいだで繰り広げられた**法典論争**である。サヴ
ィニーはこの論争で注目を集めるとともに，歴史法学派の創設者と
してドイツ法学界の最前線に躍り出ることとなった。

　論争のきっかけは，ハイデルベルク大学のティボーが著したパン
フレット『ドイツにおける一般民法典の必要性について』(1814 年)
である。速やかな統一民法典の制定を訴えるティボーの主張には，
追い風となる次のような時代背景があった。まず，18 世紀末より，
近代自然法論の影響を受けた近代法典が各国で制定されていた。フ
リードリヒ大王の下で計画された**プロイセン一般ラント法** (1794 年)，
ナポレオンの積極的な関与で知られる**フランス民法典** (1804 年)，そ
して法典論争の数年前に施行されたばかりの**オーストリア一般民法典**
(1811 年)。さらにこうした法典化の流れのなかで，ドイツはナポレ
オンに対する解放戦争 (1814 年) に勝利し，ドイツ民族としての昂
揚感に包まれていた。ドイツ全土に通用する民法典を作成するには，
まさに絶好の機会であるように思われた。

法・言語・歴史　以上の状況において，ティボーに反対する
論陣を張ったのがサヴィニーである。彼は

Ⅲ　サヴィニーと歴史法学　**113**

ただちに『立法と法学に対する現代の使命について』（1814 年）を発表し，ドイツの現状に照らして法典編纂は時期尚早であると主張した。この時代認識はサヴィニー独特の法思想に裏づけられており，のちに見るように（第8章 I），19 世紀のドイツ法学に決定的な影響を与えることになった。

サヴィニーによれば，法は言語と同じく「民族の共通の確信」から生じる。はじめは習俗や民衆の信仰のなかで培われ，次いで社会が発展して法曹身分が登場すると，法学によって法の発展が促される。いわば法は「ひそかに作用する内的な力」によって歴史的に生成されるのであって，立法者の恣意によって作られるものではない。

そもそもサヴィニーにとって法典編纂とは既存の法のすべてを収録することであり，それは法学が十分に発達した時代にのみ可能となる。法学がその段階に到達していないときに性急に法典を編纂しても，無用の混乱と弊害がもたらされるだけである。このように考えたサヴィニーは，上記の3つの法典に含まれる問題点を指摘しつつ，いまだドイツの法学には立派な法典を編纂する能力がないと結論づけたのであった。

歴史と体系

ティボーと同様に，おそらくサヴィニーもドイツにおける法の分裂状態を好ましく思っていたわけではない。ただしサヴィニーにとって，法の統一は法典編纂ではなく，まずは法学によってなされるべきものであった。法の歴史性を重んじたサヴィニーがそうした法学の方法として歴史的な要素を強調したのは当然だが，『現代の使命』ではそれと並んで体系的な要素も前面に押し出されている。

法律家にはふたつのセンスが不可欠である。ひとつは，それぞれの時代，おのおのの法形式の特徴を鋭く把握するための歴史的なセンスで

あり，もうひとつは，あらゆる概念と命題を全体との生き生きとした結びつきや相互作用のなかで，つまり，それのみが真であり自然であるような関係において考察するための体系的なセンスである。（『立法と法学に対する現代の使命について』第4章）

　サヴィニーの法学を支える2つの方法——すなわち，**歴史的方法**と**体系的方法**——は『現代の使命』以前の講義録にも見出されるし，また後述の『現代ローマ法体系』にも息づいている。しかし後世への影響という点から見れば，歴史的方法よりも体系的方法が圧倒的に重要となる。

概念法学の萌芽

　この点に関連し，サヴィニーは『現代の使命』において有名な三角形の比喩を用いている。それによれば，三角形の2辺とその間の角が与えられれば，その三角形のあらゆる性質が完全に証明できるように，法にもそれが与えられさえすれば，他のすべてを証明できるといった要素が存在する。サヴィニーはその要素を「指導原則」と名づけ，それらの指導原則を発見し，そこから出発してさまざまな概念や法文を理解することこそが法学の課題であると主張する。

　幾何学と法学を対比的に捉えようとするこうしたサヴィニーの見解には，原則（公理）からすべてを演繹しようとする強烈な体系志向が窺われる。ほかにも「概念によって計算する」などの表現も見られるように，のちの概念法学の萌芽がすでにサヴィニー自身の法思想にひそんでいたと言えるだろう（**第8章Ⅱ**）。

ヘーゲルとの確執

　ちなみに，国家を人倫の最終段階に位置づけるヘーゲルにとって，法典編纂に異を唱えるサヴィニーは苦々しい存在だったようである。ヘーゲルは名指しこそ控えているものの，おそらくはサヴィニーを念頭において次

Ⅲ　サヴィニーと歴史法学　**115**

のように述べている（ヘーゲルの講義を聴講した学生の筆記録より）。

> あれこれの国民にとって，法典を作ることはいまや不可能である，という人がいる。国民や法律家にとって，これにまさる侮辱はありません。法律の数はもはや数えきれず，それを一貫した体系にまとめあげ，だれでも利用できるものにするような手だてはありえない，というのですから。（『法哲学講義』第211節）

ヘーゲルとサヴィニーには立法をめぐるこうした理論的対立にも増して，ベルリン大学内の人事をめぐる個人的な軋轢があったらしく，ゴシップめいた話も伝わっている。いずれにせよ，近代ドイツを代表する希代の哲学者と法学者の仲が親密ではなかったことは確かなようである。

歴史法学派としての活躍

解放戦争後のドイツの政治的状況はサヴィニーの主張に有利に推移した。ウィーン会議（1814-15年）を経て結成されたドイツ連邦（1815-66年）は各邦国の独立性が強く，もはや統一法典の編纂は望みようもなかったからである。この意味で，法典論争はサヴィニーの圧勝に終わった。

こうしてティボーとの論争に決着をつけたサヴィニーは，1815年に歴史法学派の旗揚げとなる『歴史法学雑誌』を創刊する。その創刊号に寄せたサヴィニーの巻頭論文「この雑誌の目的について」では「歴史は……われわれ自身の状態を真に認識するための唯一の方法である」と高らかに謳われており，同論文は『現代の使命』とともに歴史法学派の綱領的論文と評価されている。

また，歴史法学派の首領としてサヴィニー自身が取り組んだ歴史研究としては『中世ローマ法史』全6巻（初版1815-31年）が有名である。資料収集のために若き日にヨーロッパ各地を旅した成果がこ

の著作には活かされており，彼の主著のひとつに数えられる。

ところで，サヴィニーを始めとするドイツの法学者たちは，本来は異国であるローマ法の研究に従事したが，それには実際的な理由があった。ひと言で言えば，当時のドイツではローマ法が普通法（ゲマイネス・レヒト）——ラテン語では**ユス・コムーネ**と呼ばれる——として効力を有していたからである。

> ドイツにおけるローマ法の継受

　時代を遡ると，ドイツでは 15 世紀半ばからローマ法が本格的に継受され始めた。継受されたローマ法はドイツ各地の固有法を補充する普通法として神聖ローマ帝国全域で利用されるようになり，それに伴い当時のドイツ社会の実情に合わせてローマ法自体の修正が行われた。17〜18 世紀に最盛期を迎えるこのようなドイツ法学の試みを**パンデクテンの現代的慣用**という。パンデクテンの名称は『市民法大全』（第 2 章 II）の中核をなす「学説彙纂」のギリシア語名パンデクタエ（ディゲスタ）に由来する。

> 歴史的方法

サヴィニーのもうひとつの主著は『現代ローマ法体系』全 8 巻（1840-49 年）である。このタイトルにいう「現代ローマ法」とは，古代の純粋なローマ法そのものではなく，以上のようにしてドイツで当世風にアレンジされたローマ法と重なり合うものである。また以下に示すように，彼のいう歴史的方法も，現代に利用可能なかぎりで古代ローマ法を探究しようというきわめて実践的な意図に基づくものであった（これに対し，歴史法学派と区別される純粋な法史学者としては，学説彙纂の校訂版を編んだテオドール・モムゼン（1817-1903）などが有名である）。

> 法律学の厳正な歴史的方法がむしろ努めるべきことは，既存の素材をすべてその根底まで探究し，そのようにして有機的な原理を発見する

III　サヴィニーと歴史法学　**117**

ことである。それにより，いまだ生命を保っているものが，すでに死に絶えてたんに歴史に属するだけのものから区別されるのである。（『立法と法学に対する現代の使命について』第8章）

『現代ローマ法体系』の概要

『現代ローマ法体系』はサヴィニーがプロイセンの立法大臣として活躍していた頃に公刊された後期の著作であり，本書で提示された民法理論はその後の民法学説の発展に大きな影響を及ぼした。また，法の抵触を扱う同第8巻は国際私法の分野にも多大な足跡を残している。

このような内容をもつ『現代ローマ法体系』にあって，彼の法学観が全面的に展開されているのが第1巻である。『現代の使命』で「民族の共通の確信」と呼ばれていたものが同書では民族精神（フォルクスガイスト）と言い換えられ，それぞれの法も慣習法，立法（制定法），学問法（法曹法）の下に整理しなおされている。さらに法律の解釈についてもまとまった記述が見られ，解釈が文法的要素，論理的要素，歴史的要素，体系的要素の4つから成り立つことなどが説明されている。

内的で有機的な法体系

このように『現代ローマ法体系』第1巻での叙述は多岐にわたるが，仮に本書を貫くキーワードがあるとすれば，それはタイトルにも用いられている体系であろう（結局のところ，サヴィニーにとって歴史よりも体系が重要だったと言えそうである）。その際，体系という言葉で意識されているのは，法の内的な繋がりであり，それはまた有機的な統一体とも表現されるものである。

私は，体系的方法の本質を，内的連関または親近性の認識と叙述に置くのであって，これにより個々の法概念や法規が一つの大きな統一に結合されるのである。……豊かな生き生きとした現実の中では，すべ

ての法関係は，一つの有機的全体を成す……。（『現代ローマ法体系』
第1巻序言）

　個々の法概念や法文は各々がバラバラに独立して存在するのではなく，内部で密接につながっており，有機体のように相互に関連しながら発展していく——実定法全体をこうした内的な体系と捉えることによって初めて，実定法の欠陥や矛盾をその体系の内部で補完することが可能となる。サヴィニーいわく，「わが実定法は，われわれがその中に有機的形成力を認めることによって，それ自体から補充される」（『現代ローマ法体系』第1巻第46節）。この一節が示唆するように，実定法が自律的に展開していくものだとすれば，実定法を補充する自然法は不要ということになる。

　そもそも法を民族の歴史的産物（民族法＝実定法）と理解するサヴィニーにとって，理性から導かれるとされる普遍的な自然法など承服しがたいものであったし，実定法の有機的な体系においても自然法は必要とはされなかった。こうして歴史法学派の登場とともに，18世紀までさかんに論じられていた自然法はドイツ法学の表舞台から姿を消し，実定法中心の近代法学の時代が幕を開けるのである。

*Column*⑩　法典論争

　19世紀はじめのドイツで，ベルリン大学教授サヴィニーと，ハイデルベルク大学教授ティボーとの間に法典論争といわれる大論争があった。

　同じ世紀の末，わが国では，このドイツの法典論争になぞらえられる大激論が起きた。その様子は，穂積陳重の『法窓夜話』（1916年）に詳しい。

　明治政府は，治外法権の撤廃を急いで，帝国議会の開催前に民法典と商法典を作成し公布してしまっていたため，明治23（1890）年の第一回帝国議会で，両法典の施行をめぐって，断行派と延期派が争い，延期派

Ⅲ　サヴィニーと歴史法学　　**119**

が勝利した。そして明治25（1892）年に再び，両法典の施行延期に加え
て新民法の編纂を企てる延期派と，今度こそは負けまいとする断行派が
争った。断行派はフランス法学派とほぼ重なり，延期派はイギリス法学
派とほぼ重なっていた（当時ドイツ法を学んだ者は少数であった）。穂積
はこの2回の論争を関ケ原の合戦と大阪の陣になぞらえ，その「天下二
分」の様子，脅迫まがいの書状や，相手を「痴人なり」，「狂人なり」と
呼んだりする「双方激昂」の様子を，ユーモアを交えて記している。そ
の中で，延期派の「民法出でて忠孝亡ぶ」という有名なスローガンも考
えだされたという。

　断行派と延期派との間には，ドイツにおける法典論争と同じように，
法は普遍的であると考える自然法論と，法は歴史的に作られると考える
歴史法学の対立があったと穂積は記している。

　最終的に延期派勝利の決着がついた後は，周知のように延期派の富井
政章，穂積陳重，断行派の梅謙次郎による法典調査会によって，両派手
を携えた法典編纂のための協力がなされた。　　　　　　　　　　（A）

〈参考文献〉穂積陳重著『法窓夜話』岩波文庫，1980 年

第6章 近代イギリスの法思想

フランス革命は，ドーヴァー海峡を渡ったイギリスにも大きな衝撃をあたえた。また，最初に産業革命を経験した国として，飛躍的な経済発展とともに，数々の社会問題にも直面する。帝国主義的な海外進出はその一つの解決策であったが，同時に，従来の法や政治に根本的な変革を求めるものでもあった。このような改革期のイギリスでどのような法思想が生まれたのか，ベンサム，ミル，オースティン，メインを中心に見てみよう。

I　ベンサムの功利主義と立法の思想

ベンサムが目指したもの

ジェレミー・ベンサム（1748-1832）はロンドンに生まれ，史上最年少の12歳でオックスフォード大学に入学，15歳で学位を得るといった，いわば早熟の天才であった。卒業後はリンカーンズ・イン法学院で法実務を学び，1769年に弁護士（バリスタ）の資格を取得するが，彼の関心は法律家としての成功とは別の方向へと向けられていた。ベンサムのその後の生涯は，すべての人の最大幸福の実現を目指す功利の原理に基づいた**立法の科学**の創出へと捧げられるのである。

コモン・ロー批判

ベンサムの情熱はまず，オックスフォード大学の初代イギリス法教授であったウィリアム・ブラックストン（1723-80）に対する徹底的な批判へと向けられる。ブラックストンがオックスフォードで行った法学講義は中世

I　ベンサムの功利主義と立法の思想　**121**

以来，イングランドで初めて行われた**コモン・ロー**の体系的な解説であり，それはやがて『イングランド法釈義』全4巻（1765-69年以下『釈義』と略す）として出版される。そして，その名声はやがて海を越え，独立前後の北アメリカにまで及ぶことになる。

　だが，実際に講義を聴講したベンサムにとって，ブラックストンの『釈義』は次の点で認められなかった。まず，自然法論を援用するブラックストンの議論は，「現に存在する法」と「在るべき法」を混同しており，その結果として，多くの問題を抱えているコモン・ローを理想化している。さらには，『釈義』が政府の基礎をただの空想にすぎない社会契約論に置いている点や，国王・庶民院・貴族院からなる当時の混合政体を賛美する主権理論もあわせて批判された。

　ベンサムはこのような批判を，1776年に匿名で出版された『統治論断片』，さらには前年の1775年に執筆されたものの，20世紀まで出版されなかった『釈義批評』において展開する。そもそもベンサムにとって，「記憶を超えた昔」から引き継がれているとされる裁判例の集積，ならびに数多くの例外や擬制からなるコモン・ローは混沌に満ちた不可解な制度であるばかりか，ご都合主義的な遡及法（ベンサムの言葉によれば「犬の法」）の寄せ集めとして，決して合理的な法とは呼べない代物であった。先例拘束性の原理もまだ十分には確立されていなかった当時のイギリスにおいて，コモン・ローの複雑さは法律家たち——その多くは地主などの富裕階層出身者である——による恣意的な判決の隠れ蓑となっており，結果的に，法律家たちによる「人の支配」を可能とするものにほかならなかった。だとすれば，コモン・ローの不条理な迷路は，一つの合理的な原理に貫かれた法典の編纂によって置き換えられなければならない——ベンサムはそう考えたのである。

122　第6章　近代イギリスの法思想

| エルヴェシウスと
| ベッカリーア

では，そうした法典の基礎となる合理的な原理とは何か。それが**功利の原理**である。

ベンサム自身の言葉によれば，彼はその原理を 1769 年，それまでに読んださまざまな著者から得たアイデアを結びつけるかたちで獲得している。とりわけ重要であったのは，ヒュームの経験論哲学に加え，フランスのエルヴェシウス（1715-71）とイタリアのベッカリーアの思想であった（**第4章Ⅲ**）。エルヴェシウスは『精神論』（1758 年）において，私的な欲望充足と公益の調和を図る唯物論的な道徳理論を展開しており，他方のベッカリーアは，『犯罪と刑罰』（1764 年）のなかで「およそ一つの刑罰がその効果をあげるためには，犯罪者がその刑罰によって受ける損失が犯罪によって得た利益を超えれば十分である」といった，予防的な刑罰理論を展開した。ベンサムは両者のアイデアを自らの理論の土台に据えた上で，法と統治にかんする体系的な理論を展開したのである。

| 功利の原理

そうした試みの成果の一つ，『道徳と立法の諸原理序説』（1780 年執筆，1789 年出版）冒頭の次の言葉は有名である。

> 自然は人間を二人の支配者の下においた。苦痛と快楽である。それらこそがわれわれが何をするかを決定するのみならず，何をすべきかを指図する。一方で正しさと誤りの基準が，他方で原因と結果の連鎖が，それらの王座につながれている。（『道徳と立法の諸原理序説』序論）

人間の幸福とは**快楽**，ならびに**苦痛**の欠如にほかならない。しかも，それらは計量可能であるので，社会全体の幸福はその構成員全員の快楽の総和から苦痛の総和を差し引くことによって計算することが可能となる。したがって，立法者の使命は社会全体の幸福の総

Ⅰ　ベンサムの功利主義と立法の思想　**123**

量が増えるように，快をもたらす行為を許可・奨励し，苦痛をもたらす行為を禁止すること，そして，禁止行為への侵犯に対しては，刑罰という人工的苦痛によってこれを抑止することだということになる。こうしてベンサムは，社会の統治にたずさわる立法者に向けられた法制度の設計原理として，社会全体の幸福の最大化を目指す**功利の原理**を唱えるのである。

　ところでベンサムは，すでに『統治論断片』のなかで「正しいか間違っているかの尺度となるのは，最大多数の最大幸福である」と述べている。ベンサムはその後の40年ほどこの表現を使わなかったが，イギリスの政治制度の抜本的改革を熱心に論じ始めた1820年頃から，功利の原理に代えて，**最大幸福原理**という表現を用い始める。こうして，社会を構成する可能な限り多くの人々の幸福こそが，立法や政治制度，すなわち統治の唯一正当かつ適切な目的であることが明確にされた。

　　完全法典　　このようにベンサムは，確立された**功利の原理**と結びつけながら，犯罪による便益とそれにより社会が被る損害の計算に基づく刑法制度について論じ，詳細な犯罪類型論を展開する。続く『法一般論』（1782年執筆，1945年出版）では法の構造，権利や義務など法的概念，各法分野の区分などについて検討が加えられるが，重要な点は，ここで「法とは何か」が論じられていることである。ベンサムは，法とは「主権者の意志を宣言する記号の集合」であるとし，また主権者を，人々が服従の習慣にある一人の人物または複数の人物からなる集団として規定する。こうして，いわゆる**主権者命令説**が定式化され，後の法実証主義への道が開かれる。

　また，この頃のベンサムは完全かつ包括的な法典（彼の造語で言う「パノミオン」）の起草こそが，社会全体の幸福を最大化するため

124　第6章　近代イギリスの法思想

の最善の方策であると考えるようになっていた。まず，実体法として，人々の安全・生計・豊かさ・平等の最大化を目的とし，その意味で最大幸福原理と直接かかわる民法典を中心に，制裁を通じ犯罪による社会への損害を抑止する刑法典，さらには官吏の権力・義務・任命等にかかわる憲法典が構想される。そして，これら実体法を実効的にする各種の手続法と司法制度が設計される。完全法典は，伝統的で因習的な専門用語を避けて，一義的な言葉で記されていなければならず，未知の分野や隙間，省略や規定されていない事柄があってはならない。そして，個々の条文，個別の法規を貫いて法典全体に統一性をあたえるのは**主権者の意志**である。

> ### パノプティコン構想と急進的改革論

だが，ベンサムの関心は1790年頃から1810年頃にかけて，一連の発明へと向けられる。なかでも有名なのは**パノプティコン**——すなわち一望監視型の円形監獄にかんする構想である。この刑務所が，外からは中が見えないような監視塔を中心に据え，それを囲むように多数の独居房を配置した円形の建築物であり，監視されているという意識をつねに抱かせることを通じ犯罪者を内面から矯正することを目的としていた。ベンサムはさらに，この仕組みは刑務所だけでなく病院，学校，救貧院，工場にも応用可能であると考えていた（たとえば，「全国慈善会社」の設置による勤労の習慣づけと貧困対策の結合や，「クレストメイシア学校」という，中産階級の子弟に向けた科学技術を中心とする独自の教育プランなど）。

パノプティコン構想はいわば，産業革命と発明の時代，そして最大幸福原理の結晶であった。ベンサムは実際にこの施設をロンドンに建設するため，多大な財産と時間を費やし時の政府に熱心に働きかけたが，1803年，最終的に挫折する。その失望も手伝ってか，ベンサムは，腐敗しているのは法律家だけでなく，イギリスの支配

I　ベンサムの功利主義と立法の思想　**125**

階級全体であると考えるようになり，急進的な政治改革案を説き始める。司法制度の抜本的改革を論じる『訴訟証拠の理論』（1803-1806年執筆）を皮切りに，『議会改革案』（1817年）では，男子普通選挙権，選挙区の平等，議員の歳費支出，秘密投票，等が主張される。そして，最晩年の『憲法典』（1822年執筆開始，1827年第1巻印刷，1830年出版）では，君主制と上院，およびすべての称号の廃止，「世論法廷」による監視と制裁をともなった，完全な公開原則に基づく代議制民主主義というところにまで，その急進的な改革要求は進められる。

世界の立法者 ところでベンサムは，自己の完全法典（パノミオン）は世界中のどこでも通用すると考えていた。というのも，完全法典の基盤にある最大幸福原理は，どの社会，どの民族にも通用する普遍的な原理と見なされたからである。実際，ジュネーブ出身の友人 E. デュモンがベンサムの立法論を整理，仏訳した『民事および刑事立法論』（1802年）は，ヨーロッパ諸国やラテンアメリカの新興国など海外における彼の名声に大きく貢献した。フランス民法典の制定に深く関与したナポレオンは，ベンサムの業績を高く評価していたと伝えられるし，ベンサム自身もまた，世界各国の首脳に向けて法典編纂の熱心な売り込みを計っている。彼はアメリカのマディソン大統領や，ロシア皇帝アレクサンドル1世に書簡を送っているばかりか，スペイン，ポルトガル，ギリシャ，コロンビアの政府にも自ら法典編纂を行うことを申し出た。こうした文脈のなかで，ラテンアメリカ諸国の建国にかかわったグアテマラの哲学者・法学者・政治家ホセ・デル・ヴァレは，ベンサムに宛てた書簡のなかで彼に「世界の立法者」という称号さえ与えている。

> **ベンサムの影響——
> 法実証主義と功利主義**

一連の改革提案によって晩年のベンサムは，海外のみならずイギリス国内でも大きな影響力を持つようになる。ジェイムズ・ミル（1773-1836）や D. リカード（1772-1823），J-B. セイ（1767-1832）といった経済学者や，制度改革の構想や助言を求める議員たちといったさまざまな人々が，友人や弟子として彼のもとを訪れるようになっていた。ベンサムの周辺に集まった熱心な信奉者たちはやがて**ベンサム主義者**と呼ばれるようになり，晩年のベンサム自身もまた，そうした弟子たちから「立法におけるニュートン」と見なされることを好んだと言われている。

　法思想におけるベンサムの影響を考える上で重要な点は，次のことである。すでに述べたように，ベンサムは処女作『統治論断片』において「現に存在する法」と「在るべき法」の違いについて論じていたが，ここから法に向かい合う際の2つの態度が生じる。その一つは「現に存在する法」を分析し，その整合的な説明を試みる**説明的法理学**であり，もう一つが「在るべき法」の構想について考える**批判的法理学**である。ベンサム自身が最終的に目指したのは言うまでもなく後者であったが，その後の影響からすれば，そこからは2つの学問的な潮流が生まれたと見ることができる。すなわち，説明的法理学からはオースティン（**Ⅲ**）から 20 世紀のハート（第 10 章**Ⅱ**）に至る**法実証主義**の流れが，批判的法理学からはミル（**Ⅱ**）やシジウィックらによる**功利主義**の継承と展開がもたらされるのである。

　*Column*⑪　ベンサムの遺言 ∙∙∙∙∙∙∙∙∙∙∙∙∙∙∙∙∙∙∙∙∙∙∙∙∙∙∙∙∙∙∙∙
　大英博物館に程近いロンドン大学ユニヴァーシティ・カレッジの南端には木とガラスでできた巨大なケースが置かれている。その中に鎮座しているのは，ベンサムの保存された遺骨に生前の服装を着せ，首の上に

Ⅰ　ベンサムの功利主義と立法の思想　**127**

蠟製の頭像を載せたものである（本物の頭はミイラ化し保存状態が悪いため，別の場所に保管されている）。大学の一角に，なぜそのような奇妙なものが置かれているのか。ベンサム自身が自らの死体の保存と展示を求めたのである。彼の遺言書の終わりには，およそ次のような一節がある──「道徳と立法にかんする最大幸福システムの創始者のことを皆で思い出すという目的で，年に数度，友人や弟子たちが集まる機会があってもいい。そしてその際には，ケースを中身ごと会場に運び，参加者からよく見える場所に置いてもらいたい」。ベンサムの最後の断片には「オート・アイコン──生者のための死者のさらなる活用」というタイトルが付されている。ロンドン大学は，ベンサム的理想の実現のために友人や弟子たちが設立した大学とも言われる。ベンサムは自らが発見した原理を自らの亡骸にも当てはめ，死後もなお「最大幸福」の実現に向けた働きを続けている。　　　　　　　　　　　　　　　　　　　　（N）

II　ミルと自由の哲学

社会改革の時代　ヴィクトリア女王がイギリスを統治した1837 年から 1901 年までの時代は，**ヴィクトリア朝**と呼ばれている。産業革命と帝国主義的な海外進出の結果として，豊かな経済発展がもたらされ，それと並行して自由主義的な政治制度と市民文化，各種の芸術が花開いた時代であった。しかし同時に，それが貧困や公衆衛生といった深刻な社会問題の数々に直面した時代であったという点にも目を向けなければならない。若き日にベンサムの助手を務め，科学的手法の導入による行政制度の刷新を目指したエドウィン・チャドウィック（1800-90）は，救貧法の改革を通じ貧困問題の解決を志した。また彼は有名な「労働者人口の衛生状態にかんする報告書」（1842 年）を執筆し，同じくベン

サムと親交があった友人の医師トマス・サウスウッド・スミス（1788-1861）とともに公衆衛生の発展にも尽力している。

ミル『功利主義論』 チャドウィックやスミスの社会改革の試みに協力した一人が，同じく晩年のベンサムに影響を受けたジェイムズ・ミルの長男，ジョン・スチュアート・ミル（1806-73）であった。ただ，ミルにとって，ベンサムが提唱する功利主義論には納得のいかない点があった。快楽と苦痛のみが行動の正しさを決定すると考える点では，ミルはベンサムの功利主義を受け継いでいる。しかし，『功利主義論』（1861 年）において主張されるように，ミルは，快楽には「望ましく，質の高い快楽」とそうでないものがあると考えた。だとすれば，ミルの考えは，「偏見を交えずに言えば，ピン押し遊びには音楽や詩などの学芸と同等の価値がある」と述べたベンサムの立場と真っ向からぶつかることになる。

> 二つの快楽のうち，両方を経験した人の全部もしくは大部分が，道徳的義務感と無関係にはっきりと選ぶものがあるならば，そちらの方が望ましい快楽である。（『功利主義論』第 2 章）

人は時として誘惑に負け，質の低い快楽を選んでしまうということもミルは認める。だが，それは，快楽の質の違いを認識することができないことを必ずしも意味しない。

> 満足した豚であるより不満足な人間である方がよく，満足した愚か者であるより不満足なソクラテスである方がよい。そして，愚か者や豚が異なる意見だとすれば，自分の立場からしか問題を知らないからである。（『功利主義論』第 2 章）

快楽や幸福を量的に計算した上で，それを最大化させる法や政治

制度を築くというベンサムの目的からすれば，快楽の質を問うミルのこうした主張は大きな逸脱である。むしろそれは，人間の尊厳や人格的な自由のような道徳的観念への訴えかけと理解されるからである。

ミル『自由論』 実際，ミルは自由の意義と権力の限界を主題とする『自由論』（1859 年）において，ドイツの哲学者ヴィルヘルム・フォン・フンボルト（1767-1835）の影響の下，個人の自由こそが人間の多様な発展のための不可欠な条件であると論じている。

> 自由の名に値する唯一の自由は，他人の幸福を奪ったり，幸福を求める他人の努力を妨害したりしないかぎりにおいて，自分自身の幸福を自分なりの方法で追求する自由である。人にはみな，自己の身体的健康や，自分の精神や心の健康を自ら守る権利がある。自分がよいと思う生き方を他人に強制するよりも，各々の好きな生き方をお互いに認め合う方が，人類にとってはるかに有益である。（『自由論』第 1 章）

ミルの念頭にあったのは，代議制民主主義という政治制度の宿命とも言える**多数者の専制**，すなわち社会の多数派が自己の意見を少数の者に強制的に押しつけることであった。最悪の場合には，そのような強制が法を手段として行われる可能性もある。しかし，ミルによれば，社会が法律や世論を通じて個人に強制を加えてよいのは，次の原理を満たす場合だけである。

> 個人であろうと集団であろうと，人類がその一員たる他の誰かの行動の自由に干渉する場合，正当と見なされる唯一の目的は自衛である。文明社会にあっては，その成員に対する権力の行使が正当と言えるのは，他人に危害が及ぶことを防止するという目的のみに限られる。

130　第 6 章　近代イギリスの法思想

（『自由論』第 1 章）

この原則は後に，法による強制の限界を画する原則として**危害原理**と呼ばれるようになる。そして，それは思想犯や同性愛行為をはじめ，被害者のいない行為に対する刑罰の廃止を推進するにあたって強力な論拠となった。

ヴィクトリア朝の思想家ミル

ミルはそのほかにも，経済学の古典の一つとなる『経済学原理』（1848 年），友人 A. トクヴィル（*Column*⑫），と同様にアメリカの民主制との比較分析から独自の議会制度論と文明発展論を説く『代議制統治論』（1861 年），後の女性参政権運動に大きな影響をあたえる『女性の隷従』（1869 年）などを執筆している。彼は長らく東インド会社に勤務し，後年はロンドン選出の下院議員も務めるとともに，その一方では社会改革者として数多くの雑誌に寄稿するといったいわば新たなタイプの知識人であった。その一連の仕事からは，海外の植民地に支えられたヴィクトリア朝のイギリスに特有の空気を読み取ることもできるだろう。ただ，ミルの一連の仕事はベンサムとは異なり，利己主義・直覚主義・功利主義の統合を目指したヘンリー・シジウィック（1838-1900）の『倫理学の方法』（1874 年）と同様，必ずしも統治をめぐる体系的な科学を目指すものではなかった。

Ⅲ　オースティンの分析法理学とメインの歴史法学

オースティンの法理学講義

ベンサムのもう一つの遺産は，彼の説明的法理学を受け継いだジョン・オースティン（1790-1859）である。彼が目指したことは，

Ⅲ　オースティンの分析法理学とメインの歴史法学　**131**

法的な概念の定義・分類・体系化であり，それはやがて**分析法理学**と呼ばれることになる。

若き日のオースティンはベンサムやミル親子と親交を持ち，社会改革を目指す弁護士であった。30代半ばに彼は法実務から足を洗うが，1826年にはベンサムの理想の実現として創設されたロンドン大学の初代法理学教授に任命される。

オースティンは講義準備のため約2年をドイツのボンで過ごし，当時の体系的なドイツ法学を学んでいる。当初の予定より1年遅れ，1829年11月，ようやく講義は始まるが，オックスフォードとケンブリッジ以外で開講された初めての法学の授業ということもあり，第1回目の講義には少なからぬ学生を集めた（しかも，聴衆には友人のJ.S.ミルをはじめ，多くの政治家たちやアイルランドの司法長官までもが含まれていた）。しかし，回を重ねるごとに学生数は減少し，1833年，とうとう彼は講義の継続を断念する。オースティンは失意の晩年を送り，1859年に亡くなっている。

オースティンの法理論は，講義の前半を収めた『法理学領域論』（1832年），妻サラが遺稿をまとめた『法理学，あるいは実定法の哲学の講義』（1863年）の2冊に記されている。

法理学の対象　オースティンは**特殊的法理学**と**一般的法理学**を区別し，講義の対象は後者であると述べている。特殊的法理学が特定の国に実在する具体的な法を説明するのに対し，一般的法理学は「在るべき法ではなく，必然的にそうであるところの法」，すなわち，発展した諸国であれば必ず見られるような法の原理・概念・区分の解明を目指す。オースティンはこのような**一般的法理学**を通じ，法典編纂にも役立つような「法の地図」を描き出そうとするのである。

そのための最初の作業は，通常は曖昧な仕方で「法」と呼ばれる

ものを明確に切り分けることにより，法理学の対象を確定することである。まず，「適切にそう呼ばれる法」と「不適切に法と呼ばれるもの」とが区別される。「適切にそう呼ばれる法」には，神の命令に基づく「神の法」と人の命令としての「人定法」が含まれる。そして人定法は，政治的上位者により制定されるか法的権利の履行により定められたものと，そうでないものとに分けられる。前者は「実定法」または「厳密な意味での法」と呼ばれ，後者——つまり政治的上位者による制定行為や法的権利の履行に基づかないものは，法に似ているが実は行為に対する意見や感情に過ぎず，その意味で「不適切に法と呼ばれるもの」と合わせて，**「実定道徳」**と名づけられる（オースティンの考えでは，国際法もここに含まれる）。さらに「不適切に法と呼ばれるもの」としては，比喩や単なる言葉の綾で法と呼ばれるものもあり，重力の法則などがその一例である。

このように，「法」という言葉で呼ばれるさまざまなもののうち，法理学の対象となるのは，「厳密な意味での法」としての**「実定法」**だけなのである（ちなみに，神の法には人定法の善悪にかんする判断基準という役割があたえられており，「功利の原理」はそうした神の法を知るための手掛かりとされている。この点では，無神論的なベンサムの議論と対照的である）。

> **法実証主義と主権者命令説**

このように，オースティンの一般的法理学は，現に存在する実定法だけを対象とするという意味において，ベンサムと同じく**法実証主義**的な試みであると言える。

> 法の存在とその善し悪しは別の事柄である。法が存在するか否かということと，何らかの想定された規準に合致しているか否かということとは別の探究である。現実に存在する法は，我々がたまたまそれを嫌

Ⅲ　オースティンの分析法理学とメインの歴史法学　**133**

いであったとしても……法である。(『法理学領域論』第5講)

ところで，**実定法**とそうでないものとを判別する基準は何だろうか。オースティンによれば，その基準となるのは，それが何らかの主権者が行った一般的な命令であるか否かということである。命令とは，一定の行為を行ったり，差し控えたりすることについての，ある人から別の人へと向けられる「欲求の明示的な表明ないしは黙示」であり，それが明示的な表明である場合には**一般命令**——すなわち「法」となる。命令に特徴的なことは，それが無視された場合に，相手に害悪ないしは苦痛をあたえる力を有することである。そして，その害悪は制裁（サンクション）と呼ばれ，そうした制裁を受ける可能性こそが法的義務の本質をなす。他方，主権者とは，当該社会の大部分から習慣的な服従を受けるが，他のいかなる上位者にも習慣的に服従しない者を指している。このように，オースティンにあっては**主権者——般命令—制裁—服従の習慣**という連鎖が，法とそうでないものを判別する際の核心に位置している。

> **オースティンの遺産**　このようにオースティンの法理論は，ホッブズ（**第3章Ⅲ**）からベンサムに受け継がれた法実証主義と主権者命令説とをその理論的土台としながら，人の法と物の法，諸々の権利の分類，実体法と手続法，等々といった法の構造分析を試みる。しかもそれは，コモン・ローを徹底的に批判した上で**功利の原理**に基づく完全法典（パノミオン）を構想したベンサムとは異なり，当時の現行法制度であったコモン・ロー——とりわけ，裁判官による事実上の法定立（司法的立法）に好意的なものであった。

オースティンは，彼が描き出した「法の地図」が法典編纂の一助となることを願ったが，必ずしもその願いはかなわなかった。しかし，19世紀後半になると法曹学院や大学の教育改革が追い風とな

134　第6章　近代イギリスの法思想

り，法にかんする全体的な知識を提供してくれる教科書として長く使われ，イギリス法学に大きな影響を及ぼすことになる。オースティン流の分析的な法理論は，その後，T. E. ホランド（1835-1926）やS. サーモンド（1862-1924）といった法学者たちに受け継がれ，20世紀半ばにはハートによって新たな息吹をあたえられることとなる。

メインの歴史法学　しかし，イギリス帝国主義の最盛期とも呼べるこの時代には，オースティンのような分析的なアプローチとは異なる，もう一つの**法の科学**の試みが生まれている。それは，ヘンリー・メイン（1822-88）による歴史学的・比較法的・人類学的なアプローチである。メインは，歴史的文脈を考慮せず，ある時代の特定の法を一般化した抽象的な法理論を展開したオースティンらを批判した上で，さまざまな社会における法の比較を通じ，進化論的な法の発展理論を展開する。

　苦渋の後半生を送ったオースティンとは異なり，メインは若くして母校ケンブリッジの教授となり，その後も学者や行政官として華々しい人生を送る。1862年から1869年までの間には，東インド会社による間接的支配からイギリスの直轄植民地となったインド帝国の総督府法律顧問となり，現地で各種の立法作業に加え，複数の民族や文化が衝突する植民地特有の政治問題について助言を行っている。インド滞在中はカルカッタ大学の副学長も兼任し，帰国後も，オックスフォード初の比較法教授，ケンブリッジの国際法教授等を歴任するかたわら，ロンドン所在のインド省参事として，終生，インド統治に関与し続けた。

法の発展段階論　1861年に刊行された主著『古代法』には，イギリスのコモン・ローは当然として，古代ギリシア法，ローマ法，さらには当時のインド諸法にかんする該

Ⅲ　オースティンの分析法理学とメインの歴史法学　**135**

博な知識に基づき，進化論的な法の発展過程論が説かれている。まず，文明の最初の段階では，権威を持った特定の個人の命令が神の啓示として受けとめられ，それに基づいた裁決が行われる。しかし時が経つにつれ，法的な知識を語り伝える少数の人々がいわば特権的な階層として形成され，彼らが不文法による裁判を行う，**慣習法**の時代となる。そして最後に——古代ローマの十二表法に見られるように——法が石版上に文字で記され，広く人々に公知される**法典**の時代に至る。

　メインによれば，インドや中国をはじめ世界の多くを占める停滞的社会では，そこで法の内在的発展は終わる。しかし，ヨーロッパ諸国のような進歩的社会では，社会の変化へと法を適合させるために，本来は別の事案を同じルールの下で取り扱う「法的擬制(フィクション)」，公平性の観点から個別事案を一般的ルールの例外として扱う「衡平法(エクイティ)」，さらに裁判を介さず法を直接に制定する「立法」という具合に，法の新たな形式＝技術が発展していく。また，法の内容の面でも，固定的な「地位」や「身分」にかかわる法から，個人間の自発的交渉に基づく「契約」へとその重心が移動していくことになる。**身分から契約へ**という表現は，メインのこのような法発展の図式を要約するものである。

> **歴史法学と進化論**

このようなメインの歴史的法理論にかんしては，サヴィニーらドイツ歴史法学（**第5章Ⅲ・第8章Ⅱ**）の影響が指摘されることがある（実際，『古代法』でメインは，サヴィニーの名に言及している）。歴史的文脈のなかで法を捉えることの必要性を説いた点，法学と比較言語学の関係性にかんする関心，また，古代ローマ法学を法の高度な発展段階と見なした点で，両者には類似性がある。しかし，法と国民性（ないし「民族精神」）との密接な連関を説いたサヴィニーとは異なり，メインの

関心はむしろ，どのような社会もがたどる一般的な発展段階（あるいは「法の自然史」）にある。また，法典編纂に対する態度の点でも，強硬な反対論を展開したサヴィニーと違い，メインは，法の実証的な歴史研究が立法改革や法典編纂の手助けになると考えていた。

　『古代法』は専門家にとどまらず，幅広い読者層に受け入れられ，いわばベストセラーとなった。『古代法』刊行の2年前，1859年には，C. ダーウィンの『種の起源』が出版され，そこで展開された自然選択による進化論はまさに一大センセーションを巻き起こした。H. スペンサー（1820-1903）の社会進化論もそうだが，当時の読者たちが『古代法』のなかに進化論の精神を読み込んだというのもありそうな話である。

メインの遺産

メインはこのほかにも，『東洋と西洋の村落共同体』（1871年），『初期制度史講義』（1875年），『初期の法と慣習』（1883年），『大衆政府論』（1885年）などの著作を残している。メインによる歴史的アプローチの流れからは，F. ポロック（1845-1937），F. メイトランド（1850-1906），P. ヴィノグラドフ（1854-1925）といったイギリス法制史の巨匠たちが生まれている。また，その比較的アプローチは法人類学の端緒の一つと見なされ，B. マリノフスキー（1884-1942）の『西太平洋の遠洋航海者』（1922年）や，ラドクリフ＝ブラウン（1881-1955）の『アンダマン島民』（1922年）等によって確立される，後のイギリス人類学にもつながっていく。

Ⅲ　オースティンの分析法理学とメインの歴史法学　**137**

第7章 アメリカ建国

1492年，コロンブスが西インド諸島に到着し，それ以降，南北アメリカ大陸へのヨーロッパ人の入植がはじまる。約300年後，北アメリカでは，イギリスの植民地支配からの独立戦争を経て，アメリカ合衆国が生まれた。この新しい国家の建設において，憲法をはじめとする法はどのように作られていったのか。模索の時代から法体系が確立される時代に至るまで，アメリカ法の歩みをたどってみよう。

I アメリカ法のはじまり

「新大陸発見」から

コロンブスのアメリカ海域への到達以降，スペインは南アメリカのみならず，北アメリカにもいくつかの砦や布教区を築いた。16世紀にはフランスやイギリスも，北アメリカへの植民事業に着手する。宗教改革をより厳格に進めようとしたイギリスの清教徒たちも，北アメリカに新天地を求めてやってきた。「ピルグリム・ファーザーズ」と呼ばれる彼ら開拓者たちは，メイフラワー号での上陸前に誓約を結び，自分たちをイギリス国王の臣民であるとしつつ，自由な信仰のための新たな政治的市民団体であると宣言し，平等で公正な法の制定とそれへの服従を誓った。

17世紀を通じて開拓地は拡大し，農業や産業が発展した。しかし，開拓とともに先住民族の排除も進む。アフリカ大陸から連れてこられた黒人奴隷も含め人口は増大し，大商人や地主による上層階

級も形成された。その後，スペインやフランスとの戦争に勝利した
イギリスは，北アメリカでの植民地政策の強化を試みる。しかし，
すでに植民地では，「アメリカ人」としての独自の意識と守るべき
自分たちの財産という感覚が生まれていた。

植民地時代のアメリカ法

18世紀の前半までは，まだ**アメリカ法やア
メリカ法理論**というべきものは存在しなか
った。北アメリカの植民地ではイギリスの
コモン・ローが広く通用していたからである。法律家といえば，イ
ギリス法を学んだ者やイギリス本国から任命された裁判官たちであ
った。

しかし他方では，植民地政策への反感からくる，イギリスやイギ
リス法嫌いの傾向も同時に見られた。アメリカのいわゆる「フロン
ティア精神」は，ロマンティックな自然的正義や自然法，素朴で単
純な法を理想としたため，職業的法律家よりも陪審員や素人裁判官
のほうが好まれたのである。法律家は，単なる技術職と見なされ，
イギリスにおけるような高い社会的地位を得てはいなかった。それ
どころか，イギリスの権益を保護するような法律は反感の念をもっ
て迎えられた。そうした法律への違反行為が法廷で問われることが
あっても，陪審員たちは有罪判決を阻止しようとした。

アメリカ独立戦争の背景

植民地の人々の不満は，その後も蓄積され
ていく。本国イギリスが，長期化する対フ
ランス戦争の費用調達の目的で，多くの税
を課したからである。13植民地州は大陸会議を開催し，和解の道
も模索したが叶わず，1775年4月，戦争の火蓋が切って落とされ
る。その後も，イギリス国王は従来の方針を撤回せず，むしろ武力
制圧へと舵を切ったため，植民地では独立への機運が高まっていた。
こうした機運を加速させたのが，トマス・ペイン（1737-1809）に

I アメリカ法のはじまり **139**

よるパンフレット『コモン・センス』(1776年) であった。そもそ
も政府とは，統治領域が広がった時に，各領域の人々の利益を代表
する代表者が選ばれて作られるはずのものである。しかし，イギリ
ス政府は今や，国王と貴族の暴政によりアメリカの発展を妨げてい
る。また，イギリスがアメリカの母国であるという事実も，次の点
に鑑みれば，まったく重要ではない。そもそもイギリスの王や貴族
はフランスに起源を持つにもかかわらず，イギリスはフランスから
独立していると考えられているからである。それゆえ，アメリカは
自らの繁栄のために独立と共和制の政府が必要である——同書でペ
インはこのように主張したのであった。

アメリカ独立宣言の思想

1776年7月4日，13植民地州は大陸会議
において，トーマス・ジェファーソン
(1743-1826) が起草した**アメリカ独立宣言**を
採択した。この宣言は，**第3章**と**第4章**で取りあげた，ヨーロッ
パの諸地域のさまざまな思想家たちにより育まれ，鍛えられ，そし
て承継されてきた近代自然法・自然権思想の結晶であると評価され
ている。この宣言の前文は，その思想を体現している。

> われわれは，自明の真理として，すべての人は平等に造られ，造物主
> によって，一定の奪いがたい天賦の権利を付与され，そのなかに生命，
> 自由および幸福の追求の含まれることを信ずる。(「アメリカ独立宣言」
> 前文)

　その後，この思想は再び大西洋を渡り，フランス革命の成功と**フ
ランス人権宣言**の成立に力を貸すこととなった。
　もちろん，このような植民地による一方的な独立宣言を，イギリ
ス本国が簡単に容認するはずはなかった。その後も戦争は継続し，
13植民地州が晴れて独立を獲得したのは，ベンジャミン・フラン

140　第7章　アメリカ建国

クリン（1706-90）らの外交努力によりフランスを味方につけ、パリ条約の締結でイギリスからの承認を取り付けた。1783年9月のことだった。

アメリカ合衆国憲法の制定

とはいえ、独立後に存在したのは旧13植民地を引き継いだ諸州であり、まだそこには統一的な政府は存在しなかった。独立戦争中の1781年に締結された**連合規約**に基づく連合議会こそあったものの、その権限はきわめて限定的で、共通の行政機関や司法機関は存在しなかった。しかし、戦費調達のための徴税や、州間での通商の円滑化のために、統一的な政府が必要であるということは認識されていた。

そこで、1787年、フィラデルフィアのペンシルヴェニア州議会議事堂を会場として、旧植民地諸州の代表者が一堂に会し、憲法制定会議が開かれた。独立戦争の英雄ジョージ・ワシントン（1732-99）が議長となり、各州の自治権を維持しつつ統一的な政府を設立することを目指し、新しい**合衆国憲法**の起草が行われた。

この新しい憲法の下で、政府は**連邦政府**と呼ばれた。従来、連邦といえば、複数の独立国が外交などにおいて限定的な協働を行うための、緩やかな連合を意味していた。しかし、「われわれ合衆国の人民は（We the People of the United States）」の言葉で始まる合衆国憲法の前文では、合衆国人民は一体であるとされ、間接選挙で選ばれた大統領を擁し、人民を直接統治する連邦政府が想定されていた。

中央集権的な性格を帯びるこの新しい憲法に対しては、州の独立を維持しようとする反対派から多くの批判が浴びせられた。そこで憲法支持派は、憲法が制定されることが連邦の維持に不可欠であるという理由で自分たちを**連邦主義者**と呼び、反対派を**反連邦主義者**と

I　アメリカ法のはじまり　**141**

呼ぶことで、新しい憲法への人々の反感を和らげ、批准を進めよう
と試みた。

連邦主義と反連邦主義

これ以降、憲法制定前後のアメリカ法をめ
ぐる論争は、統一された中央政府を唱える
連邦主義と、各州の自治の尊重を唱える**反連邦主義**の対立によって特
徴づけられるようになる。

各州による合衆国憲法の批准に際しては、強力な中央政府の出現
による州の自治の縮小を嫌う反連邦主義の勢力が強く、なかなか順
調には進まなかった。これに対抗するため、ジョン・ジェイ（1745-
1829）、アレクサンダー・ハミルトン（1755-1804）、ジェームス・マ
ディソン（1751-1836）の3人は、派閥政治の弊害をとり除き、優秀
な政治家を得るためには大きな共和国のほうが有利であると説く
85編の論文を新聞に発表した。これが政治思想上の古典となる
『ザ・フェデラリスト』（1787-88年）である。

1788年の憲法発効後も、連邦主義と反連邦主義の対立はさまざ
まな主題をめぐって先鋭化した。1791年に設立された合衆国銀行
の是非や、連邦裁判所と州裁判所の優越をめぐる争いなどが、その
主要な例である。そして、最も深刻だったのが、奴隷制をめぐる争
いであった。奴隷制廃止を進めようとする連邦政府に対して、奴隷
制を存続させようとする各州は、その根拠を州の自治に求めた。そ
して最終的に、南部諸州が連邦から離脱することになり、連邦は分
裂の危機に向かい合うこととなった。こうして、連邦主義と州自治
との対立は、南北戦争の勃発へとつながったのである。

連邦党と共和党

フェデラリストの流れをくむ連邦党と、州
の自治を擁護する共和党はいずれも共和主
義を目指すものであったが、その主張の中身には大きな違いがあっ
た。

連邦党はヨーロッパの列強のような力のある統一国家を目指し，産業の振興を重視した。そのためには企業家や専門家，高学歴者らのエリートによる統治が有用であると考えた。一般市民は，自分たちに近い州政府への忠誠心が強く，私的利益に執着するのに対し，エリートであれば，アメリカ全体の利益という観点から考えることができると思われたからである。

　これに対し，共和党のジェファーソンは，共和制の基盤となる公徳心は一般の国民，特に自立した農民のうちに最も顕著に表れるものであり，製造業や工業の発展が過度に推し進められるべきではないと考えていた。マディソンもまた，連邦政府の行政権の拡大について，共和制を危機に陥れるのではないかとの危惧を抱いていた。

マーベリー対マディソン事件

　このような連邦党と共和党との間の政治闘争の過程で，連邦最高裁判所において審理された訴訟のひとつに，1803 年のマーベリー対マディソン事件があった。

　事の発端は，第 2 代大統領で，連邦党員であったジョン・アダムス（1735-1826）が，大統領選に破れて共和党のジェファーソンに政権を移行する際に，連邦党員を連邦裁判所の判事に多数任命し，政権交替後も連邦党の勢力を維持しようと画策したことにあった。ところが，連邦党員を判事として任命する作業が政権交代の間際に急いで行われたため，アダムスは封印した任命状の一部をホワイト・ハウスにうっかり置き忘れてしまう。当然，ジェファーソン新大統領とマディソン新国務長官は，この任命状の送達を行わなかった。そこで，任命状が届かなかった判事候補の一人，ウィリアム・マーベリーが，最高裁判所から任命状の送付を国務長官に命令するように要請したのだった。

Ⅰ　アメリカ法のはじまり　　**143**

司法審査制度の確立　最高裁判所長官のジョン・マーシャル（1755-1835）は，この事件について次のような判決を下した。1789年に制定された裁判所法第13条は，任命状送付を含む職務執行命令の権限を裁判所に認めている。他方，合衆国憲法はこれを認めていない。このように憲法と法律が矛盾する場合には，基本法である憲法が優先するはずである。

> ……成文憲法を制定した者たちはみな，その憲法が国家の根本的で至高の法を形成するものと考えている。それゆえ，憲法に反する立法は無効であるとするのが，そのような憲法を持つ政府のあるべき考え方である。この考え方は成文憲法に本質的に付随するものであり，それゆえ当裁判所はそれを我々の社会の根本原則の一つと位置付けなければならない。

　それゆえ，マーシャルは，裁判所は違憲である裁判所法第13条を無効と宣言しなければならず，違憲である職務執行命令を出すことができない，と結論づけたのであった。

　この判決は新政権である共和党にとって，その意図に反する命令を連邦最高裁判所が出さなかったという点では，有利なものであった。しかし，合衆国憲法の文言には何ら規定がなかったにもかかわらず，「憲法に反する立法は最高裁判所が無効にすることができる」という司法審査制度を，最高裁判所自らが確立したという意味において，統一的な**連邦司法**，とりわけ最高裁判所の権限強化へとつながったという評価がなされている。

アメリカ法の創成期　いわゆる**アメリカ法**は，イギリスからの独立が成しとげられ，アメリカ憲法が制定された後に，徐々に発展していった。アメリカ法はイギリスの**コモン・ロー**をその基礎とせざるをえなかったが，1812年から1815年

144　第7章　アメリカ建国

にかけて繰り広げられた米英戦争（第二次独立戦争）も手伝って反イ
ギリス感情が維持され続けたため，コモン・ローへの反感には根深
いものがあった。いくつもの州で，イギリス法の使用を禁じる法律
が制定されている。たとえばニュージャージー州では，1799年か
ら1819年にかけて，独立戦争以降のイギリス判例を裁判所で引用
することが禁じられていた。それに加え，イギリス法の注釈書，解
説，論文などを使用することも，一切禁じられた。

　しかし，このようなコモン・ローの否定は，いつまでも続けられ
るものではなかった。実際的な必要から，それらを使わざるをえな
かったからである。コモン・ローで足りない部分は，立法，ならび
に裁判における創造的判決によって補われた。このように，初期の
アメリカ法は，コモン・ローの継受を基礎として，新たな立法，さ
らには裁判官による法創造を加えた三本の柱によって形づくられて
いった。

アメリカのコモン・
ロー

この時期のアメリカ法は，法典化を大きく
進めることはなく，**判例法主義**に多くを頼
っていた。

　第6章で見たように，功利主義に基づく制度改革を目指し，コ
モン・ローの法典化を唱えていたイギリスの哲学者ベンサムは，
1811年に，当時第4代大統領を務めていたマディソンに法典編纂
の申し出を行っている。しかし，マディソンがこの申し出を受ける
ことはなかった。彼は，アメリカでは判例の蓄積によるコモン・ロ
ーを基本として，商業など統一が特に必要な分野に限って，確立し
た判例法を法典化していけばよい，と考えていたからである。

　この，確立した判例法やその判例を基礎づける一般的な命題が何
であるかについては，連邦最高裁の裁判官でハーヴァード大学でも
教鞭を取ったジョセフ・ストーリー（1779-1845）の著作やニューヨ

Ⅰ　アメリカ法のはじまり　　**145**

ーク州の大法官ジェームズ・ケント判事（1763-1847）の『アメリカ法釈義』（初版は1826～30年にかけて刊行）が大きな影響をもったとされる。ケントの『アメリカ法釈義』は，1870年代になってもその12版が刊行されるほどによく読まれた。ちなみに，この12版の編集者は，**第9章**で登場するホームズであった（とはいえ，若きホームズの『アメリカ法釈義』に対する評価は，あまり高くなかったようであるのだが）。

「グランド・スタイル」の時代

ジェファーソンは，自作農の自助努力により支えられる農業社会を理想として思い描いていたが，アメリカは，初期の農業社会から脱し，産業化への道を歩んでいった。その結果，社会の変化に沿った判例法の発展が必要となってきた。1811年から1845年まで連邦最高裁の裁判官であったジョセフ・ストーリーは，長官のマーシャルと共に，州憲法や州法に対する連邦憲法の優越を打ち出す方向性を示した。ストーリーは，イギリスのマンスフィールド卿の裁判手法を評価していた。1756年から1788年まで王座裁判所の首席裁判官を務めたマンスフィールドは，革新的な裁判官として知られている。自然的正義に基づく彼の革新的な裁判手法は，先例を重視するブラックストン的な裁判観が強かったイギリス本国ではあまり影響力を持たなかったとも言われている。しかし，アメリカでは，マンスフィールド的な法創造が，判例法の力強い発展を生じさせることとなった。このような連邦憲法と，裁判官中心の法創造の組み合わせによる，初期のアメリカ独自のコモン・ローの発展スタイルは，後に法律家カール・ルウェリンによって，「グランド・スタイル」と呼ばれた。このような時代は，南北戦争から19世紀の終わり頃まで続いたとされている。

146 第7章 アメリカ建国

*Column*⑫　トクヴィルの見たアメリカ････････････････････････

　フランスの思想家アレクシス・ド・トクヴィル（1805-59）は，この建国直後のアメリカ社会を独自の視点から観察・分析したことで知られる。名門貴族の家庭に生まれ，法曹の道に進んだトクヴィルは，刑務所制度の視察と称して滞在したアメリカでの経験と，そこから生まれた考察を『アメリカのデモクラシー』（第1巻1835年，第2巻1840年）にまとめている。

　トクヴィルがアメリカで目撃したのは，人々の「境遇の平等」であり，自由を等しく有する人々が，自己利益追求のために社会構築へと参加する，まさしく「民主制(デモクラシー)」の姿であった。トクヴィルは，たとえば地域共同体，結社，そして陪審員制に，アメリカにおける民主制を発見したのであった。

　トクヴィルは，アメリカの地域共同体における自治の制度に着目する。そこに，人民が主権者として社会を構築するというアメリカの民主制の原型があると考えたからである。さらにトクヴィルは，自由な結社の活動についても，アメリカの民主制における重要な要素として位置づけている。この点でアメリカは，ルソーの社会契約論に示唆を受け，結社を全面的に禁止した革命後のフランスと対照的であったといえよう。（K）

〈参考文献〉トクヴィル『アメリカのデモクラシー』全4巻，松本礼二訳，岩波文庫，2005-8年

••

II　ロースクールの成立とケース・メソッド

南北戦争後のアメリカ　　1861年，奴隷制度の是非をめぐる意見対立から南部11州が連邦を離脱し，それを切っ掛けとしてアメリカを二分する**南北戦争**が勃発する。南北戦争は1865年，北部諸州の勝利により終結するが，それとともに，アメリカ社会は大規模な変容をとげることとなる。

II　ロースクールの成立とケース・メソッド　**147**

戦争の原因ともなった**奴隷制度**の廃止はとりわけ**重要である**（もっとも，黒人に対する差別は南部諸州を中心に，それ以降も温存され続けるのであるが）。これに際し，合衆国憲法には３つの修正条項が追加されるが，その一つである第14修正の第１節に含まれる**法の適正手続条項**^{デュー・プロセス}は，後に憲法解釈をめぐり大きな論争を引き起こすことにもなる（**第9章II**）。

　これに加えて，目覚ましい経済発展も生じている。アメリカ全土に鉄道網が敷かれたため数多くの人々が州を越えて長距離を移動するようになり，また，海外からの大量の移民流入により人口も飛躍的に増大した。こうして拡大した豊富な労働力，ならびに無尽蔵の資源の利用により，数々の新たな産業が興った。これらにより，アメリカは世界最大の工業国としての道を歩み始めることになる。

ラングデルという人物　南北戦争の終結とともに，アメリカ法には新たな波が訪れる。とりわけ1880年から1900年の時期のアメリカ法を，後年にパウンドは「法の成熟期」と称し，ルウェリンは「フォーマル・スタイル」，すなわち形式主義の時代と呼んだ。

　こうした時代のアメリカ法のシンボルとされるのが，クリストファー・コロンブス・ラングデル（1826-1906）であった。ラングデルは法を単なる紛争解決技術ではなく，統一的体系を備えた学問として打ち立てようとした。

　このような考え方を抱くラングデルは，従来のコモン・ローは，雑多で不統一な判例の厖大^{ぼうだい}な集積に過ぎず，社会の近代化や合理化に応じるためには，法が合理的な仕方で体系化される必要があると感じていた。そして，法の学問的な体系化のためには，その当時，近代的な進歩と合理化の理想的な方法と認識されていた「科学」こそが手本となるべきだと考え，**科学としての法**という法学観を提示

148　第7章　アメリカ建国

した。

「科学としての法」 ラングデルの科学的方法論は，法的真理を
科学的真理のひとつと見なすものであった。
そこでは，科学法則と同様，法命題は客観的かつ普遍的なものであ
って，一旦見出されたならば変わることはない。そして，「基本的
な法理の数は，通常考えられているよりはるかに少な」く，単純化
されたものである。単純であればあるほど，一般的適用の幅も広く
なる。

　ラングデルは，雑多な判例の中から一般的・抽象的命題を発見し，
少数の単純な命題に整理することを試みた。

> この科学《つまり法》の素材として利用しうるものはすべて印刷され
> た書物の中に含まれている。……図書館は……われわれ〔法学者〕す
> べてにとって，化学者や物理学者にとっての大学実験室，動物学者に
> とっての自然史博物館，植物学者にとっての植物園と同じである。
> （契約法事例選集）

　ラングデルは契約法や不法行為法について，事例とそこから導か
れると考えられた一般命題をケース・ブックに著した。彼は 1870
年にハーヴァード・ロースクールの学長となり，このケース・ブッ
クを用いた体系的な法学教育を学生たちに施した。これは**ケース・
メソッド**として，全国のロースクールで採用されるようになった。
この教育方法は，古代ギリシアのソクラテスの問答のように質疑応
答を通じ，事例のなかから一般的な法のルールや原理を学生たちに
発見させるという意味で**ソクラティック・メソッド**とも呼ばれる。

**法曹教育方法論として
のケース・メソッド** この新しいケース・メソッドはアメリカ全
土の法学教育と，それを受けた後の法律家
たちの法思考に絶大な影響を与えた。それ

Ⅱ　ロースクールの成立とケース・メソッド　**149**

までのロースクールでは，退職した実務家を教師として採用することが多かった。しかし，ラングデルは優秀な教え子を選び，卒業と同時に教師として採用した。彼らは実務を経験することなく，教育と論文執筆に専念するという，それまでにはなかった，大学における法学教育のあり方の基礎を作った。ラングデル式の教育を初めて受けた世代は，20代から退職まで数十年にわたり次の世代にそれを熱心に伝授し，それが他のロースクールでも行われ，その時代に共通の法的な思考方法や法律家のアイデンティティを形成することとなった。そして，このアイデンティティは，社会の合理化と近代化に貢献し，混乱を退け安定をもたらし，正義を司るといった，専門家，法律家，学者としての法曹の自己イメージや社会的地位の向上にも大いに寄与することとなった。

「科学としての法」の実態

それでは，科学的手法の応用による法の一般命題の発見とはどのようなものであっただろうか。契約法を例にとって説明してみよう。

16世紀までは，イギリスのコモン・ローにおいても「契約責任」という一般概念はなかったと言われている。たとえば，鍛冶屋に馬の蹄鉄の作製を依頼した場合，不具合のある蹄鉄を作ったことによって生じるのは不法行為責任であった。また，履行遅滞など，締結した約束を守らなかったということから生じる契約責任も存在していなかった。産業化以前の社会にあっては，契約責任は重要なものでなく，たとえば，ブラックストンの『イギリス法釈義』でも，契約の項にはわずか数ページしか割かれていない。

だが，産業革命以降，契約は急速にその社会的重要性を増す。イギリスでは契約にかんする書物が出版されるようになり，アメリカでも1844年に契約にかんする最初の著作，W.ストーリー『捺印の

150　第7章 アメリカ建国

ない契約の法に関する論』（ちなみにこの著者はジョセフ・ストーリー裁判官の息子である）が刊行されている。

このような契約責任についてラングデルは，取引対象が何であろうが，相手が誰であろうが，自発的な合意に基づいて発生する，あらゆる債務不履行にも生じる抽象的な責任であるとした。

しかし，この「自発的合意を根拠とした責任」という一般命題は，約束違反による損害賠償が認められた少数の事例のみから，引き出されていた。ラングデルによれば，判例集の中から正しい判決のみを選択し，誤った判決は退けなければならないが，正しい判決はきわめて少ない。正しい一般命題は，少数の判決からでも導かれる。ここからも明らかなように，**科学としての法**は，必ずしも実際に存在する多数の判決に基づくものではなかったのである。

| 形式主義の必要性 | 形式主義は，しばしば新たな思想への反動として現れる。アメリカ法における形式主義的傾向も，科学が発展し，産業化の条件が整い，大企業が出現し，人々の生活が大きく変化していく時代に，その反動として生じている。それは，急激な変化を法という枠組みで固定し，受容可能な範囲に押しとどめようとする試みである。

反動としての形式主義は，当時の判例の出版事情ともかかわっていた。それまでは断片的に知られていたアメリカの判例は，1880年代のウェスト出版社による「ナショナル・レポーター・システム」の確立により，大々的に公刊され始めた。しかし，この出版企画は，十分には系統立てないまま，州裁判所と連邦裁判所の判決を毎年世に送り出すようなものであった。そのため法律家たちは，雑多な判決の厖大な山を前に，途方に暮れることとなった。抽象化され，単純化された命題を与えてくれる形式主義的な方法論は，彼らの悩みを解決してくれた。

Ⅱ　ロースクールの成立とケース・メソッド　　**151**

また，形式主義は，特定の利益団体がその利益基盤を確立した時
点から，自らの既得権を守るという目的でも生じる。19世紀後半
のアメリカにおけるそうした利益団体は，鉄道や石油などにかかわ
る大企業であった。南北戦争以前の奴隷主も，農業社会を基盤とし
ていた時代の既得権者であったと言える。こうした形式主義は，国
家の介入を最小限に抑えようとする**自由放任主義**経済の擁護とも結
びついていた。ラングデル信奉者の多くは，国家による産業政策や
産業立法に対して懐疑的であり，所有権や契約原理による私的利益
の自由な追求こそが，結局は公共の利益につながると信じていたの
である。

*Column*⑬　イギリスとアメリカの法曹教育

　ところで，コモン・ローの伝統を共有するイギリスとアメリカの間で
も，法曹教育のあり方に大きな違いが存在していた。

　イギリスでは，古くからオックスフォード大学やケンブリッジ大学で，
教会法やローマ法が教えられていたが，実務的なコモン・ローは学問と
はみなされず，大学とは別のインズ・オブ・コート──法曹学院と訳さ
れる──が法曹教育の役割を担ってきた。13世紀頃に，土地紛争の増
加などで法律家の必要性が増したため，エドワード1世の命により，ロ
ンドンに集まった法曹志望者たちは，いくつかの決まった宿舎で，先輩
法曹たちの講義を聴くようになったのが，インズ・オブ・コートの発祥
である。このうち最も有名なのがグレイズ・イン，リンカーンズ・イン，
ミドルテンプル，インナーテンプルの4つの宿舎である。宿舎が教育の
場でもあることから，先輩法律家と一緒に会食をしたり，同輩と寝食を
共にすることも法曹修行の重要な部分を占めていた。

　他方，アメリカの法曹教育機関であるロースクールは，1784年にコ
ネチカット州で作られたリッチフィールド・スクールにさかのぼるとさ
れる。それ以前は，イギリスの法曹学院に学びに行ったり，実績のある
法律家の下に弟子入りするなどしていた。

　しかし，南北戦争以降，法律家への需要が高まり，ロースクールの数

が増大した。最初は，実務家による講義が中心であったが，ラングデル方式の導入により，体系化されたカリキュラムとテキストによる教育，厳格な成績評価，法務博士（J. D.）の学位授与，各州での司法試験といった，新たな法律家養成の方式が標準化され，現在に至っている。（A）

〈参考文献〉戒能通弘・竹村和也『イギリス法入門——歴史，社会，法思想から見る』法律文化社，2018 年

第4部

近代法から現代法へ

イェーリング
(dap/時事通信フォト)

マルクス
(ROGER_VIOLLET)

ホームズ
(GRANGER/時事通信フォト)

ケルゼン
(picturedesk.com/時事通信フォト)

| 第**8**章 | ドイツ法学の展開 |

明治以降，西洋法の継受に努めてきた日本にとって，19世紀のドイツにおいて構築された近代的な法律学は今もなおひとつの模範であり続けている。本章では私法学（民法学）と公法学（憲法学）を中心に，日本の法学にも大きな影響を与えたドイツ法学がどのようにして成立し，いかなる展開をたどったかを学習する。

I　パンデクテン法学とドイツ民法典の編纂

ドイツの政治的統一

ナポレオンの脅威が去ったあとのドイツでは，三月革命（1848年）などの紆余曲折を経て，最終的には，プロイセン＝オーストリア戦争（普墺戦争1866年）とプロイセン＝フランス戦争（普仏戦争1870-71年）で勝利を収めたプロイセンが中心となり，ドイツ帝国（第二帝国）が成立した（1871年）。これ以降，帝国の運営は宰相ビスマルク（在任1871-90）の卓抜した政治的手腕に委ねられることになった。

このように19世紀後半にようやく政治的統一を果たしたドイツだが，法の統一はいまだ達成されておらず，依然として邦国ごとに分裂状態にあった。**第5章Ⅲ**で論じたように，法典論争（1814年）を契機とする歴史法学派の台頭によって，法典編纂は時期尚早との雰囲気が支配的だったからである。

ロマニステン

民族精神（民族の共通の確信）を尊重し，立法による性急な法統一に反対した歴史法学

156　第8章　ドイツ法学の展開

派は，その研究対象の相違に応じてふたつの立場に分けられる。ひとつはローマ法研究に従事した**ロマニステン**――直訳すれば「ローマ法学者たち」であり，単数形はロマニスト――である。歴史法学の創設者であるサヴィニーもこのロマニステンに属する。

　法学による法統一を目指したサヴィニーらにとって，ローマ法こそが最良の法的素材であった。なぜなら，ローマ法は近代社会にも通用する自由主義的・個人主義的な性格を有しており，また実務においても数世紀にわたってドイツの普通法であり続けてきたからである。一見すると矛盾するようにも思われるローマ法とドイツ民族の精神は，ロマニステンからすれば十分に両立しうるものだったのである。

> 歴史法学からパンデクテン法学へ

ロマニステンの学問的使命をひと言で言えば，古典期の純粋なローマ法に立ち返り，それらから基本原理を抽出して現代に適した法体系を再構成することであった。そのための方法が，すでに説明した**歴史的方法**と**体系的方法**である。だがサヴィニー以降，ロマニステンの関心から歴史的方法が抜け落ち，体系的方法のみが強調されるようになると，彼らの法学は歴史法学ではなく**パンデクテン法学**と呼ばれるようになった（**第5章Ⅲ**で述べたように，パンデクテンは学説彙纂の別名である）。しばしば指摘されるように，パンデクテン法学には自然法の体系化を目指した近世自然法論（**第3章**）の影響が色濃く見られる。

> パンデクテン教科書とブフタ

パンデクテン法学という名称は，ロマニステンがパンデクテンの講義のためにその名を冠した教科書を数多く執筆したことに由来する。これらの教科書はいわゆるパンデクテン体系――民法全体をおおよそ総則・物権・債権・親族・相続の5編に分ける方式――

Ⅰ　パンデクテン法学とドイツ民法典の編纂　**157**

に即して叙述されている点に特色がある。学説彙纂（パンデクテン）そのものには見られないこうした編別も，パンデクテン法学の進展のなかで培われてきたものにほかならない。

　このパンデクテン法学の成立に寄与した法学者がG.F.プフタ（1798-1846）である。若き日にヘーゲルの薫陶を受けたプフタだが，法学者としてはロマニステンに与（くみ）し，晩年にはサヴィニーの後任者としてベルリン大学に迎えられた。「概念の系譜学」というプフタ自身の表現が示唆するように，彼の理想とする法学は学問的演繹を可能とするような概念体系の構築にあった。その具体的な成果は『パンデクテン教科書』（1838年），『法学提要教程』全3巻（1841-47年）などの著作に見ることができる。

グリムのゲルマン法研究

ロマニステンと並ぶもうひとつの歴史法学派の勢力が**ゲルマニステン**——直訳すれば「ゲルマン法学者たち」であり，単数形はゲルマニスト——である。彼らはドイツ民族の精神にふさわしく，ドイツ民族の固有法たるゲルマン法の研究に取り組んだ。

　弟ヴィルヘルムとともに『子どもと家庭のための童話集』（グリム童話）の編者として知られるヤーコプ・グリム（1785-1863）は，ゲルマニステンを代表する法学者である。サヴィニーの教え子でもあった彼は，歴史法学派の綱領に忠実に従い，法と言語の歴史性を重んじた。言語学の分野でのグリムの主著が『ドイツ語文法』全4巻（1819-37年）だとすれば，法学者としての彼の主著は『ドイツ法古事誌』全2巻（1828年）と『判告集』全4巻（1840-63年グリムの死後に増補され全7巻）である。これらの作品はゲルマン古来の慣習法や裁判記録を熱心に収集したものであり，体系を志向するパンデクテン教科書とは一線を画している。

| ロマニステンとゲルマ
ニステンの対立 |

本来ロマニステンとゲルマニステンは歴史
法学が標榜する民族精神論を補完しあう関
係にあり，必ずしも対立する学派ではなか

った。しかし1830～40年代になると次第に両派の溝が深まってい
き，厳しい批判がゲルマニステンからロマニステンへ投げかけられ
るようになった。その著名な批判者がゲオルク・ベーゼラー（1809-
88）である。彼の著書『民衆法と法曹法』（1843年）の主題は，法曹
主導のローマ法に対して民衆本来のゲルマン法を擁護することであ
った。同書の一節では，ローマ法の継受はドイツにとって国民的不
幸であったとさえ断じられている。

　ゲルマニステンは政治的には自由主義と結びつき，三月革命にも
少なからぬ影響を及ぼした。彼らのリベラルな政治姿勢はグリムが
ゲッティンゲン七教授事件（1837年）——ハノーファー王の保守的な
政策に異議を唱えた教授陣が免職された事件——の当事者であった
ことに象徴されている。また，革命後のフランクフルト国民議会
（1848-49年）では，グリムやベーゼラーのように議員に選出される
者もあった。

| ゲルマン法の素材 |

もっとも，ゲルマニステンは，その政治的
な活躍とは対照的に，法学上の主流派にな

ることはなかった。ゲルマン法は市民法大全に匹敵するような素材
に乏しく，実務への影響が限定的だったからである。ゲルマン法の
史料としては，古代ゲルマン人の慣習と風俗を描いたタキトゥス
（55頃-120頃）の『ゲルマーニア』，アイケ・フォン・レプゴウ
（1180頃-1233頃）が執筆した中世の法書『ザクセン・シュピーゲ
ル』などが有名だが，質・量ともに市民法大全に比肩する素材とは
言い難いのが実情である。それゆえ，結果として近代ドイツ私法学
の基礎は主流派のロマニステン（パンデクテン法学）を中心に形成さ

Ⅰ　パンデクテン法学とドイツ民法典の編纂　**159**

れることになった。

ヴィントシャイトと第一草案

私法統一の機運は，**ドイツ帝国の成立**とともに訪れた。1874 年に**民法典編纂**のための委員会が設置されると，この起草委員会で指導的役割を果たしたのが，パンデクテン法学の代表的人物ベルンハルト・ヴィントシャイト（1817-92）である。

主著『パンデクテン法教科書』全 3 巻（初版 1862-70 年）は彼の存命中に 7 回も版を重ね，当時の法律学，法実務，そして民法典編纂に圧倒的な影響力を発揮した。近年の研究ではヴィントシャイトの貢献を過度に強調することは避けられつつあるものの，起草委員会の成果たる第一草案（1888 年）は「小ヴィントシャイト」と評されるほどであった。

第一草案への批判

第一草案が公表されると，数多くの批判的な意見が寄せられた。なかでもオットー・ギールケ（1841-1921）とアントン・メンガー（1841-1906）の批判が有名である。

ベルリン大学でベーゼラーの指導を受けたギールケはゲルマニステンの立場から『民法典草案とドイツ法』（1889 年）を執筆し，第一草案を次のように批判した。「この草案は，ドイツ的でもなければ，民衆的でもなく，創造的でもない」（第 1 章）。ギールケにとって第一草案は単にパンデクテン教科書を法律の条文に移し替えたものにすぎず，ドイツ民衆の法意識とは相容れないように思われたのである。

また，批判者たちの目には，個人主義的な第一草案には社会的・共同体的な観点が欠如しているとも感じられた。そのひとつが弱者保護の視角である。1850 年代以降，ドイツでも工業化が本格的に進展し，それにあわせて貧困に苦しむ工場労働者も出現していた。社会法の創始者としても著名なギールケは，『私法の社会的使命』

（1889 年）の中でこの点を指摘する。また，法曹社会主義と呼ばれたメンガーも『民法と無産者階級』（1890 年）において，労働者階級（貧民）の保護についてまったく考慮しない第一草案に対し，厳しい批判を加えている（ちなみに，彼の兄カール・メンガー（1840-1921）も，限界効用理論を確立した経済学者として著名である）。

> **BGB の公布・施行**

第一草案へ向けられたさまざまな批判に対処すべく，第二草案（1895 年）が作成された。この修正案にはギールケらの影響も大きかったとされる。最終的に民法典は 1896 年に公布され，1900 年 1 月 1 日に施行された。ドイツ民法典は，「民法典」を意味するドイツ語 Bürgerliches Gesetzbuch の頭文字をとって B゙ G゙ B゙ と略される。

この BGB の成立をもってドイツ国内の民法の分裂状況は解消され，同時に学説彙纂の体系化に努めてきたパンデクテン法学もその役目を終えた。これ以降，BGB の解釈・適用が民法学のおもな課題となり，現在に至っている。

II イェーリングと概念法学批判

> **法律学の無価値性**

I で確認したように，19 世紀のドイツ私法学を主導したのは，サヴィニーからプフタを経てヴィントシャイトに至るパンデクテン法学者たち（ロマニステン）だった。彼らの活躍によりドイツ私法学の基礎が築かれ，最終的にそれは BGB として結実するが，その一方で，法律学の本質や法解釈の方法論をめぐる原理的考察も敵対者たちの批判を通じて深められていく。パンデクテン法学へ向けられた懐疑の眼差しは法律学という学問そのものの再考を迫り，やがてそれは大きなうねりとなって，**自由法運動**と呼ばれる法学の革新運動へと発展してい

Ⅱ　イェーリングと概念法学批判　**161**

った。

こうした潮流の先駆けが，1847年にベルリンの検事キルヒマン（1802-84）による講演『科学としての法律学の無価値性』（公刊は翌1848年）であった。その中で，キルヒマンは法律学と自然科学を比較しつつ，法律学は科学たりえないという過激な主張を展開した。

法律学と自然科学 　キルヒマンによれば，不変の自然法則を扱う自然科学とは異なり，法律学が対象とする法——キルヒマンは「自然的な法」と呼ぶ——はたえず変わりゆくもので，実定法に規定されている事柄も多くは偶然的なものにすぎない。また実定法には少なからぬ欠缺（けんけつ）や矛盾が含まれており，このような不備に対処することが法学者たちのおもな使命となっている。キルヒマンは以上の分析に基づき，この講演を象徴する次の警句を発する。

> 法学は，偶然なものを対象とすることによって，それ自身偶然なものとなっている。すなわち，立法者が三つの文言を訂正すれば，蔵書はすべて紙くずになるのである。（『科学としての法律学の無価値性』第8節）

キルヒマンの見解には必ずしも多くの賛同が寄せられたわけではなかったが，法律学の存在価値を根底から覆しかねないその主張は，当時の法学界において衝撃をもって受け止められた。

イェーリングの経歴 　キルヒマンの辛らつな批判が実務家の立場から唱えられたものであるのに対し，ルドルフ・フォン・イェーリング（1818-92）の批判はパンデクテン法学の内部から表明されたものであった。

北ドイツの名門法律家一族に生まれたイェーリングは，青年時代にベルリン大学でプフタに学び，その後もバーゼル大学を皮切りに，

162　第8章　ドイツ法学の展開

ロマニストとして各地の大学の教授を歴任した。ギーセン大学に移った頃に公刊された『ローマ法の精神』第1巻（初版1852年，第2版1866年）は初期イェーリングの代表作であり，第2版の冒頭部分「ローマは三たび世界に掟を命じ，三たび諸民族をひとつにまとめた」――一度目は国家の統一，二度目は教会の統一，三度目は法の統一――は，今なおローマ史の文献で頻繁に引用される有名な一節となっている。イェーリングはその後も『ローマ法の精神』第2巻第1部（1854年），同第2巻第2部（1858年）と著述を続けた。とりわけ第2巻第2部ではパンデクテン法学の方法論に基づきながら，「法的構成」についても議論を展開している。

イェーリングの転向　このように法学者として順風満帆の学究生活を送っていたイェーリングだったが，ある事件の鑑定（1858年12月）をきっかけに彼の法学観に変化が生じた。その事件は危険負担をめぐる事案であり，鑑定に携わったイェーリングは解決のために大いに苦心したという。というのも，ローマ法の緻密な法的構成や厳格な論理的演繹――要するに，パンデクテン法学の方法論――によっては，納得のゆく結論を導き出すことが困難だったからである。

　本人の回想によれば，この出来事は彼の研究生活にとって決定的な転換点となった。『ローマ法の精神』第3巻第1部（1865年）における次の名言，「概念のために生活が存在するのではなく，生活のために概念が存在する」（第59節）はイェーリングの転向を端的に示す言葉として知られている。いまやイェーリングにとって，パンデクテン法学は現実を無視して概念や論理をもてあそぶ遊戯にすぎず，乗り越えられるべき批判対象となる。そうした批判のために捧げられた一書が『法学における冗談と真面目』（1884年）である。

Ⅱ　イェーリングと概念法学批判　　**163**

法学の概念天国　　同書第3部には「法学の概念天国」という奇妙な表題が付けられており，パンデクテン法学者たちだけが死後に入場できるという「概念天国」の様子がユーモラスに描かれている（もちろんフィクションだが，最初の入場者がプフタというのが興味深い）。イェーリングはその一節で，かつては自らも信奉したパンデクテン法学を次のように回顧している。

> 私はいつも，法学というものは法の数学だと思っていました。法学者というものは，数学者が数値で計算しているのと同じように，概念による計算をしているのです。結果が論理的に正しいものでありさえすれば，その先のことなどには法学者は気にする必要がないわけですよね。（『法学における冗談と真面目』第3部）

概念法学のイメージと実像　　一転してシリアスな論調で語られる第4部では，以上の特色を備えた法学が**概念法学**と言い換えられるが，この表現は概念偏重の法学を揶揄する言葉として現代でも定着している。一般に概念法学という名称からは，次の3点がイメージされることが多い。すなわち，①概念法学にとって，法は無欠缺の体系であること，②それゆえ，法体系の内部での論理的操作（概念の計算）により，あらゆる法的問題の解答が演繹＝導き出されること，③したがって，裁判官には法創造は不要であり，彼らは単に事案を法規に包摂すればよいこと（裁判官＝自動包摂機械），である。

　ただし，このような概念法学のイメージがパンデクテン法学の実像とどの程度一致するかについては，さらに詳細な検討が必要である。たしかに，「概念の系譜学」を志したプフタや，「倫理，政治，国民経済についてあれこれ考慮することは法律家それ自身の仕事ではない」（論文「法律学の使命」〔1884年〕）と明言したヴィントシャイト

164　　第8章　ドイツ法学の展開

にこうした傾向があったことは事実である。法学から非法学的な要素を排除しようとした彼らの姿勢は，学問的実証主義とも呼ばれる。しかし，個別の論点にかんして言えば，ときに彼らは概念法学のイメージから外れるような柔軟な思考を見せており，必ずしも現実を無視して概念に盲従していたわけではなかったのである。

権利利益説と目的法学 イェーリング自身は単にパンデクテン法学を批判するだけにとどまらず，それに代わる新たな法学像を模索し続けた。『ローマ法の精神』第3巻第1部では，権利の本質を意思の力に求める従来の学説（**権利意思説**）に反対して，「権利は法的に保護された利益である」（第60節）という新たな見解を表明している。この**権利利益説**も，そうした彼の新たな法学の試みの一環として理解できる。イェーリングにとって，権利をめぐる争いは抽象的な概念上の対立などではなく，具体的な利益衝突の問題として解決されるべきものだったのである。

さらに後年になると，初版序文で述べられた「目的こそがあらゆる法の創造者である」という言葉が有名な『法における目的』（第1巻1877年，第2巻1883年）が公表される。イェーリングによれば，法の目的とは「社会の生活条件を確保すること」であり，法とは国家の強制力によってその目的を達成するための形式と定義される。未完に終わったとはいえ，この著作にも現実の社会へと視線を向けるイェーリングの一貫した態度が窺われる。

『権利のための闘争』 1892年にゲッティンゲンで没したイェーリングは，死の20年前に，前任地のウィーンを辞去するにあたり告別講演を行っている。その講演原稿をもとにした小著が『権利のための闘争』（1872年）である。自己の権利のために闘争することは国家共同体に対する義務でもある——このように説く本書は，出版当初より多くの読者を獲得し，今なお世

Ⅱ　イェーリングと概念法学批判　**165**

界中で読み継がれている。

> 人格そのものに挑戦する無礼な不法，権利を無視し人格を侮蔑するようなしかたでの権利侵害に対して抵抗することは，義務である。それは，まず，権利者の自分自身に対する義務である，——それは自己を倫理的存在として保存せよという命令に従うことにほかならないから。それは，また，国家共同体に対する義務である，——それは法〔＝正義〕が実現されるために必要なのだから。（『権利のための闘争』）

　ちなみに，イェーリングの葬儀には1歳年長のヴィントシャイトがライプツィヒから駆けつけ，彼もまたそのわずか6週間後に75年の生涯を閉じた——この出来事は，終生にわたる彼らの友情を物語るエピソードとして今に伝えられる。

　転向後のイェーリングは概念法学を手厳しく批判したものの，他方で，パンデクテン法学が重視した法的構成そのものを放棄することはなかった。また近年の研究では，ヴィントシャイトを現実から乖離した概念法学者の典型とみなす従来の一般的理解にも反省が迫られている。こうした事実に鑑みれば，2人の交友が示すように，彼らの法学観は傍から見るよりも案外近いところにあったのかもしれない。

III　自由法運動から利益法学へ

エールリッヒの経歴

自由法運動とは，19世紀末から20世紀初頭に起こった法律学の刷新運動である。この運動に属した人びとは必ずしも一枚岩ではなかったが，イェーリングの概念法学批判を継承しつつ，裁判官の法創造を承認した点でおおむね共通している。ヘルマン・カントロヴィッツ（1877-1940）

166　第8章　ドイツ法学の展開

と並び，この運動の主導者のひとりに数えられるのがオイゲン・エールリッヒ（1862-1922）である。

オーストリア＝ハンガリー帝国領ブコヴィナの都市チェルノヴィッツ（現ウクライナ）でユダヤ系弁護士の家庭に生まれたエールリッヒは，帝国内の名門ウィーン大学で法律学を修めたのち，郷里のチェルノヴィッツ大学で教鞭をとった。彼はドイツ法学の辺境の地にあって『法社会学の基礎理論』（1913年）を執筆し，後述のウェーバー（**第9章Ⅲ**）とともに**法社会学**の開拓者としてその名を残している。同書の序文には，「法発展の動因は，あらゆる時代におけると同様に現代でも，立法や法律学や司法ではなく，社会そのものの中にある」という一文が見られる。この宣言のとおり，エールリッヒは社会一般の人びとに受容され，遵守されている**生ける法**に関心を抱き続けたのである。

フランス註釈学派と科学学派

そのエールリッヒが『法社会学の基礎理論』に至る途上で行った講演が「自由な法発見と自由法学」（1903年）である。自由法論的な考え方が鮮明に打ち出されたこの講演では，フランスの法学者フランソワ・ジェニー（1861-1959）が好意的に参照されている。ドイツの自由法運動と相前後して，フランスにおいても伝統的な法律学に対する批判が巻き起こっており，その批判の急先鋒に立ったのがジェニーとレイモン・サレイユ（1855-1912）であった。彼らの学風はこんにち**科学学派**の名称で知られる。

そもそも19世紀のフランスでは，1804年に成立した民法典を前提にして，これに詳細な註釈を施すことが私法学の主流であった。この作業に従事した一連の法学者たちを総称して**註釈学派**と言う（**第2章Ⅲ**で登場した中世の註釈学派とは別ものである）。註釈学派の信念によれば，民法典にはありとあらゆる事案に対する規範が網羅さ

Ⅲ　自由法運動から利益法学へ　**167**

れており，それゆえ，すべての法的問題は法典の規定によって解決することができる。彼らはこの固い信念に基づき，法典（制定法）の条文を絶対視し，裁判官の法創造を否定した。こうした註釈学派の態度はドイツの概念法学と類似している。

自由な科学的探究　やがて19世紀後半に入り，資本主義経済が急激に進展し社会が劇的に変化すると，民法典と実社会とのあいだに乖離が生じ，註釈学派の条文解釈にも陰りが見え始める。科学学派が登場したのはまさにこの頃であった。

　ジェニーが『実定私法における解釈方法と法源』（1899年）において容赦なく批判したのは，法典は万能であるとの註釈学派の想定だった。立法者が制定時に予見できなかった問題にかんしては，制定法の規定には必ず不備が存在する——ジェニーはこれを率直に認めた上で，次のように主張する。そのような法の欠缺（けんけつ）の場面にあって裁判官は制定法に拘泥するのではなく，そこから自由に，かつ科学的に欠缺を埋める法規範を探究し，妥当な解決を見出さなければならない。この探究方法をジェニー自身は**自由な科学的探究**と名づけている。

自由な法発見　「科学的に」という点では構想を異にするものの，エールリッヒもまたジェニーと同じく**自由な法発見**を肯定する。前述の講演「自由な法発見と自由法学」におけるエールリッヒの主張は，おおよそ次のように要約できる。

　国家制定法が中心の現代では，あらゆる判決を制定法から導き出すことが官僚たる裁判官に要請されており，そのため，法の欠缺の場面においても，裁判官は法的技術を駆使して制定法からしかるべき法を発見すべく努めている。一見すると，こうした「技術的な法発見」は裁判官の恣意や個性を排除するものであり，法的安定性に

資するようにも思われる。しかし，実際には技術的な法発見にも裁判官の価値判断が介在する以上，その長所が発揮されているとは言い難い。そうだとすれば，制定法の規定が欠ける場合には，個々の事案に公正な解決をもたらすためにも裁判官は自由に法発見を行うべきである。

こうしたエールリッヒの見解は，より豊富な素材を用いて法的技術の分析を試みた最晩年の著作『法律的論理』(1918 年) にも息づいている。この著作の最終章で述べられているように，結局のところ，「法規から，その中に含まれている内容以上のものを引き出そうとする技術からは，誤れる帰結しか生み出しはしない」のである。

| 『法学のための闘争』 | エールリッヒ，ジェニーあるいは後に論じるヘックなど，個々に展開されていた法学 |

批判を**自由法運動**のスローガンの下に統合し，大々的な法学の刷新運動にまで高めたのがカントロヴィッツである。彼が若干 28 歳のときにグナエウス・フラウィヌスという変名で出版した『法学のための闘争』(1906 年) は多くの反響を呼び，現在でも自由法運動の綱領的作品として確固たる地位を保っている。

カントロヴィッツの主張をひと言で言えば，次のようになるだろう。「国家法」には必ず欠缺があり，その欠缺は国家権力とは独立に妥当するとされる「自由法〔フライエス・レヒト〕」により補充されなければならない。そして，この自由法の研究に取り組む新たな法学が「自由な法発見」を行い，法源としての地位を占めることになる。

ところで，『法学のための闘争』には，法学が個人の意思に基づくことの例証となる興味深い逸話も紹介されている。それによれば，註解学派を代表する中世の法学者バルトルス（**第 2 章Ⅲ**）は事案を聞くとまず先に結論を述べ，必要となる法文を後から友人に示してもらったという。自由法運動ばかりに注目が集まりがちなカントロ

Ⅲ　自由法運動から利益法学へ　**169**

ヴィッツだが，彼は逸話の題材となった中世ローマ法学の研究者としても名高く，この分野での代表作『ローマ法の註釈学派の研究』（1938年）は，ユダヤ人であった彼がナチスを逃れ，亡命先のイギリスで公表した作品である。

自由法運動の終焉

自由法運動はエルンスト・フックス（1859-1929）を始めとする実務家にも波及して盛り上がりを見せたものの，第一次世界大戦の勃発（1914年）とともにあえなく終焉を迎える。また，そもそも自由法運動には賛同者にも増して敵対者も多かった。エールリッヒにせよ，カントロヴィッツにせよ，「自由な法発見」は制定法を無視した裁判を推奨するものではなかったが，批判者からは恣意的な裁判に陥る危険性が指摘された。実際，時代が下って1920年代になると，ヘルマン・イザイ（1873-1938）のように，法律は裁判官を拘束せず，ただ判決の理由づけとして用いられるに過ぎないと主張する者さえ見られるようになる。

　こうした状況の中で，制定法からの論理的演繹だけを認める概念法学（あるいは，制定法だけを法と見なす制定法実証主義）を批判しつつ，その一方で，裁判官の広範な法創造を訴える自由法運動とも一線を画そうと試みたのがフィリップ・ヘック（1858-1943）である。本人の回顧によると，彼ははじめ数学を専攻していたが，友人に勧められイェーリングの『ローマ法の精神』を読み，法律学に転向したという。ヘックの主導した**利益法学**には，同書におけるイェーリングの**利益**概念が大きな影響を与えている。

利 益 法 学

利益法学にとって，法とは，立法者がさまざまな利益の衝突を衡量して制定したものにほかならない。それゆえ，「これらの利益を正しく歴史的に認識し，事案の判定にあたってはその認識した諸利益を考慮する」こと，彼の

170　第8章　ドイツ法学の展開

用語で言えば，「歴史的利益探究」が裁判官には要請される（『法律解釈と利益法学』〔1914 年〕第 4 章 A）。たしかにヘックは「法律への忠実」をモットーとし，裁判官に対して法律への服従を求めた。しかし彼のいう服従とは，歴史的利益探究が示唆するように，無批判に法律に服従すること（盲目的な服従）ではなく，立法者による利益衡量を考慮しながら法律に服従すること（思慮ある服従）を意味する。さらにヘックによれば，法の欠缺の場面においても裁判官は，自由に法を創造するのではなく，制定法の中に見出される類似の利益衡量に目配りし，それを手がかりに判決を下さなければならない。

増額評価問題と一般条項

第二帝政期からナチス期後半までを生きたヘックは，ワイマール期に下された増額評価判決（1923 年）に批判的だったことで知られる。利益法学の特色は，彼のこうした姿勢の中に最もよく表れている。

同判決のきっかけは，ワイマール共和国を襲った未曾有のインフレーションである。インフレ以前に債権を取得した者からすれば，貨幣価値が暴落している状況下で額面どおりの弁済を受けても満足がいかない。そこでドイツ大審院（当時のドイツの最高裁判所）は既存の通貨法令に反することを承知しつつ，信義誠実の原則（BGB242 条）に基づいて債権の増額評価を認めたのであった。

異常なインフレという汲むべき事情があったとはいえ，「法律への忠実」を謳うヘックにとって，こうした判決は受け入れ難いものだった。なにより同判決は制定法（通貨法令）における立法者の利益衡量を無視している。本判決の論評のなかでヘックが述べるように，「裁判官は法律の奉仕者にして補助者であるが，その主人ではない」のである（論文「抵当権の増額評価に関する 1923 年 11 月 28 日の大審院判決および裁判官の権限の限界」〔1924 年〕）。

Ⅲ　自由法運動から利益法学へ　**171**

もっとも，ヘックの懸念とは対照的に，その後も，信義誠実の原則に代表される一般条項は，裁判官の法創造の道具としてますます重要性を増していった。**一般条項**とは要件などを抽象的に定めた規定のことをいい，その具体的な判断は裁判官の裁量にゆだねられているため，たえず濫用の危険にさらされる。一般条項のこのような危うさは，ナチス期に現実化することになった。

Column ⑭　日本の法解釈論争 ･････････････････････････････

　戦後の日本においても，法解釈の方法論や法学の科学性をめぐって，民法学者を中心として「法解釈論争」と呼ばれる一連の論争が行われた。論争の口火を切ったのは来栖三郎（1912-98）である。彼は 1953 年の私法学会で法解釈の客観性について疑問を呈し，法解釈には解釈者の主観的価値判断が混入すると主張した。これに対し，川島武宜（1909-92）は，法学においても経験科学的な研究が成り立つと主張し，法意識の研究など法社会学の分野で活躍する。

　その後 1960 年代に入ると，加藤一郎（1922-2008）と星野英一（1926-2012）が利益衡（考）量論を提唱する。利益衡量の基準等をめぐりさまざまな批判があるものの，法解釈の有力な手法として少なからぬ影響を残している。さらに平井宜雄（1937-2013）は K. ポパー（1902-94）の反証可能性論を手がかりとして「議論」に基づく法律学を主唱し，星野とのあいだで論争を繰り広げた。来栖らの最初の論争に次ぐものという意味で，「第二次法解釈論争」と呼ばれることもある。　　　　　　　　（M）

〈参考文献〉『来栖三郎著作集 I　法律家・法の解釈・財産法』信山社，2004 年，平井宜雄『法律学基礎論覚書』有斐閣，2001 年

Ⅳ　ドイツ公法実証主義の成立

近代公法学の前史

ドイツでは私法学に遅れ，19 世紀後半に近代的な公法学（憲法学）が成立した。私

172　　第 8 章　ドイツ法学の展開

法と同じく公法という観念そのものはローマ法にまで遡り，公法学という学問領域も19世紀になって初めて登場したわけではない。しかしながら，それ以前の国家をめぐる法思想には，哲学，歴史学，政治学などのさまざまな要素が混然一体となって含まれており，今日の目から見れば純粋な公法学とは言い難いものであった。そうした総合的な法思想の一例として，ヘーゲルの法哲学が思い浮かぶだろう（第5章Ⅱ）。ヘーゲルの影響は当時の公法学にも及び，彼の社会・国家哲学的な発想を取り入れた公法学者も少なくなかった。

このような状況において，パンデクテン法学の概念的・体系的方法を公法学に転用し，**公法実証主義**の成立に大きく貢献した法学者がいた。C. F. W. v. ゲルバー（1823-91）がそのひとである。

> ゲルバー　私法学から
> 公法学へ

ゲルバーは，ゲルマン法の私法学者としてその学問的経歴をスタートさせている。しかし，プフタから多大な影響を受けたゲルバーは従来のゲルマニステンとは異なり，ゲルマン法を素材にパンデクテン風の体系化を試みた。その成果が『ドイツ普通私法体系』（1848年）である。後に私法学から公法学に転じたゲルバーはこの体系化の方向を推進すべく，親友イェーリングとともに機関紙（1857年）も公刊している（ただしイェーリングはその後，概念法学批判へと転向することになるのだが）。

公法学におけるゲルバーの代表作は『公権論』（1852年）と『ドイツ国法体系綱要』（1865年）である。これらの著作で目指されているのは，公法学から非法学的な要素を排除し，学問的な公法体系を構築することであった。『公権論』の一節では「その考察はもっぱら法学的であるべきであり，政治的なものは目的ではなく単に素材にすぎない」と明言されており，また，『ドイツ国法体系綱要』序言では体系の必要性が次のように述べられる。「私の考えでは，〔学

Ⅳ　ドイツ公法実証主義の成立　**173**

問的〕体系を基礎づけることによってはじめて……ドイツ国法は学問的な独立性を獲得し，確実な学問的演繹の基礎を与えられるのである」。

ラーバントと憲法闘争時代

学界を去って政治家に転出したゲルバーに代わり，彼の学問的精神を受け継いだのがパウル・ラーバント（1838-1918）である。「ゲルバーの精神的遺言執行人」とも呼ばれるこの人物によって，公法実証主義は完成を迎えた。もともと商法学者だったラーバントが公法学者として注目を集めたきっかけは，プロイセン政界を賑わせていた**憲法闘争**であった。

　憲法闘争とは，プロイセンにおいて国王（政府）と議会が全面的な対決を繰り広げた出来事を指す（1862-66 年）。この闘争のなかでプロイセン首相ビスマルク（在任 1862-90，71 年よりドイツ帝国宰相を兼務）は議会の承認を得ないまま，軍備拡張予算を執行し続けた。彼はその正当化のために「目下の大問題は演説や多数決ではなく，鉄と血によって解決される」と熱弁をふるい，それにより鉄血宰相のあだ名を得たことは周知の通りである。

ラーバント『予算法論』

ラーバントの『予算法論』（1871 年）は以上の憲法闘争を題材に，議会の予算承認権をめぐる問題を法理論的に論じた著作である。ラーバントによれば，予算の法的性質は次のように説明される。予算とは歳入と歳出の見積りであり，それを確定することは行政の作用に属する。それゆえ，予算は実質的意味では法律（立法）と言えず，単に形式的な意味において法律であるにすぎない。したがって，政府は議会の承認がなくとも予算の執行が可能であるし，他方，議会は予算を自由に否決できるわけではない。

　このようにラーバントは実質的意味の法律と形式的意味の法律との二元論（二重法律概念）に基づいて法的構成を行い，結果として

174　第 8 章　ドイツ法学の展開

ビスマルクの予算執行を合法化したのだった。

> ラーバント『ドイツ帝国国法』

『予算法論』によって学問的な成功を収めたラーバントは1872年にケーニヒスベルク大学からシュトラスブルク大学に移り，同大学の教授として没年までこの地にとどまった。ちなみに，シュトラスブルクはプロイセン＝フランス戦争（普仏戦争1870-71年）の勝利によりフランスから割譲された領地エルザス＝ロートリンゲンの中心都市（現在はフランス領アルザス＝ロレーヌ地方，ストラスブール）であり，ラーバントら教授陣には同大学の再興が託されていた。

そうした期待を受けて書かれたラーバントの主著が『ドイツ帝国国法』全3巻（初版1876-82年）である。第2版（1888年）の序言には次のような一節があり，彼の実証主義的な態度が明快に示されている。

> 実定法の教義学〔解釈学〕が果たすべき学問的課題とは，もろもろの法制度を構成すること，つまり個々の法命題〔法文〕を一般的概念に還元することであったり，逆にこれらの概念から明らかになる結論を導き出すことである。……この課題を解決するには，論理以外の手段は存在しない。……具体的な法素材を扱う教義学にとって，いかなる歴史的，政治的，哲学的考察も重要ではないのである……。（『ドイツ帝国国法』第2版序言）

『ドイツ帝国国法』はギールケ（*I*）から痛烈な批判を受けたにもかかわらず第二帝政期の公法学界を席巻し，帝国憲法（ビスマルク憲法．1871年制定）の解釈に圧倒的な影響力を発揮した。

> イェリネック『一般国家学』

ところで，公法実証主義に従って国家をもっぱら法学的に把握しようとすれば，そこから導かれるひとつの理論的帰結として，

Ⅳ　ドイツ公法実証主義の成立　**175**

国家は法人格（権利主体）として理解されることになる。**国家法人説**と呼ばれるこの学説を唱えたのはゲルバーとラーバントであるが，彼らと並ぶこの学説の有名な主唱者がゲオルク・イェリネック（1851-1911）である。

世紀末に公刊された『一般国家学』（初版 1900 年）は，ハイデルベルク大学で国法学を講じたイェリネックの集大成である。国家法人説は同書において次のように言及される。

> 国家を権利主体として把握することは，人間を権利主体として把握するのに劣らず科学的正当性をもってなされる。この理論によってのみ，国家の統一性，国家組織の統一性およびそこから生ずる意思の統一性も法学的に理解されうるのである。（『一般国家学』第 6 章第 2 節）

このほかにも，「反復された事実的なものを規範的なものとみなす，一般的な心的特性」（第 11 章第 2 節）に規範の妥当根拠を見出そうとする考え（事実の規範力）や，「すべての法はそれが臣民だけでなく国家権力をも拘束するということによってのみ法になる」（第 14 章第 1 節）という見解（国家の自己拘束）などが特に有名である。

法学的考察と社会学的考察　精緻に展開された個別のテーマに加え，『一般国家学』全体の構成も注目に値する。イェリネックは一面ではゲルバー＝ラーバントの公法実証主義を継承しつつ，他面において，国家を法学的のみならず社会学的に考察する必要を強調した。その結果，イェリネックの国家学は 2 つの分野に大別される。

> 国家学は，国家をその存在の全側面から研究しなければならない。国家学は，国家が観察される二つの観点に応じて，二つの主要領域をも

つ。国家は，第一に，社会的形成物であり，つぎに，法的制度である。これに応じて，国家学は，社会的国家学と国法学とに分かれる。（『一般国家学』第1章第2節）

国家両面説と称されるイェリネックの見解には，存在と当為を方法論的に区別する新カント学派の影響が見られる。同学派の代表的哲学者であり，後にハイデルベルク大学で同僚となった W. ヴィンデルバント（1848-1915）の影響が大きかったと言われる。こうしたイェリネックの国家学のうち，国法学は彼の下で一時期学んだケルゼン（第9章Ⅲ）によって純化され，他方，社会的国家学（国家社会学）はケルゼンの批判者たちに受け継がれることとなった。

マイヤーの行政法学

憲法学が近代的な法学として整備されていくのと並行して，隣接分野である行政法学でもその学問的な基盤が構築されていく。その役割を担ったのがドイツ行政法学の父，オットー・マイヤー（1846-1924）である。

「行政法の母国」と言われるフランスでは，19世紀初頭からコンセイユ・デタ（行政裁判所）を中心に行政法学が大きな発展を遂げていた。マイヤーはそのフランス行政法学を模範として『ドイツ行政法』全2巻（初版1895-96年）を著し，ドイツ行政法学を完成の域までに高めた。ラーバント在職のシュトラスブルク大学で教壇に立ったことに象徴されるように，マイヤーの行政法学もきわめて実証主義的なものである。

『ドイツ行政法』の序言（第3版1924年）には行政法学者としてのマイヤーの自負を示す有名な一節がある。「憲法は滅び，行政法は存続する」。ドイツは第二帝政を経て，ワイマール共和国，第三帝国（ナチス・ドイツ），連邦共和国という大きな憲法体制の変革を経験する。しかしマイヤーの言葉どおり，「法律による行政の原理」

Ⅳ　ドイツ公法実証主義の成立　**177**

を始めとする彼の行政法学説は，いまもなお行政法の教科書の中で輝きを放ち続けている。

*Column*⑮　明治憲法と天皇機関説事件

　天皇を国家元首とする明治憲法（大日本帝国憲法）は 1889 年に公布され，1890 年に施行された。この憲法を起草するにあたり，調査のために渡欧した伊藤博文（1841-1909）が教えを請うたのが，ウィーン大学のロレンツ・フォン・シュタイン（1815-90）とベルリン大学のルドルフ・フォン・グナイスト（1816-95）であった。彼らは本文で触れたゲルバー，ラーバントら公法実証主義の一世代前の公法学者として位置づけられる。

　大正デモクラシーが進展するなか，明治憲法のリベラルな解釈を提示したのが東京帝国大学教授の美濃部達吉（1873-1948）である。天皇を国家の最高機関と捉える美濃部の学説はイェリネックの国家法人説に基づくものであり，当時のいわば通説的な見解であった。だが，軍部が台頭し始める昭和初頭になると，彼の著作は発禁処分を受けてしまう。これが天皇機関説事件（1935 年）である。ちなみに，美濃部には O. マイヤー『ドイツ行政法』の優れた訳業があり，わが国の憲法学のみならず行政法学にも多大な功績を残している。　　　　　　　　　　　（M）

〈参考文献〉大野達司・森元拓・吉永圭『近代法思想史入門──日本と西洋の交わりから読む』法律文化社，2016 年

第9章 革命から2つの大戦へ

19世紀後半から20世紀の初頭にかけては，産業構造の変化がもたらす大きな社会変容と貧富の差の拡大，それと同時に繰り返される経済恐慌，さらにはその対案としての社会革命と大規模戦争の時代であった。こうした激動の時代のなかで，法と国家をめぐる思想はどのような変化を遂げていくのか。本章では，ロシア，アメリカ，ドイツにおける法思想の変遷を中心に見てみよう。

I マルクス主義とロシア革命

産業化と社会主義の出現

18世紀末，イギリスで始まった**産業革命**は世界のあり方を根本から変えた。紡績機や蒸気機関といった技術革新により生み出された大量の安価な商品は，地方の伝統的な小規模経営を駆逐し，土地を追われた人々を都市へと追いやった。その結果，劣悪な環境の下，安価な賃金で働く大量の労働者の集団が生まれる。また，これと並行し，新たな産業が生み出す巨万の富は，銀行や株式などの金融の新たなメカニズムを通じ，限られた少数の人々へと集中するようになる。

こうして19世紀の半ばには，労働者たちの過酷な生活状況の改善，および社会における富の不平等な分配状況の是正を目指すさまざまな運動が生まれ，それはやがて「**社会主義**」と呼ばれることとなった。たとえば，実業家であり協働組合的コミュニティの実験を

I マルクス主義とロシア革命 **179**

行ったイギリスのロバート・オーウェン（1771-1858），産業社会の改革を説いたフランスの貴族アンリ・ド・サン＝シモン（1770-1825），同じくフランスで独特の思想に基づく協同組合論を展開した哲学者シャルル・フーリエ（1772-1837）らが，初期の社会主義者として有名である。

　また，技術革新を通じた市場経済の拡大——すなわち，資本主義の勃興による社会の根本的変化は，学問においても新たな物の見方を生み出すことになる。それは，個人の行動にとどまらず，集団——すなわち大量現象としての人々の行動メカニズムを実証的に解明しようとする態度である。そして，それはフランスのオーギュスト・コント（1798-1857）により**社会学**と名づけられる。

　労働者の貧困と**社会主義**運動，そして**社会学**という新たな学問的視座——本章ではまず，これらにかかわる重要な思想家としてドイツのカール・マルクス（1818-83）を取りあげ，それが法にどのような影響をあたえたのか見てみよう。

　マルクスの生涯と業績　マルクスはモーゼル河畔の町トリーアに生まれ，ボン大学，次いでベルリン大学で法学を学んでいる。やがてヘーゲルの思想に関心を抱き，哲学教授を目指すものの挫折し，ジャーナリストとして生計を立てることとなる。この時期に書かれた『ユダヤ人問題によせて』（1843 年）と『ヘーゲル法哲学批判序説』（1843 年）は，ヘーゲル法哲学の批判的な乗り越えを目指す試みであった。

　1843 年にパリに移ったマルクスは社会主義の運動と思想に関心を持ち，共産主義者同盟に参加するとともに，盟友フリードリヒ・エンゲルス（1820-95）とともに『ドイツ・イデオロギー』（1845-46年）や『共産党宣言』（1848 年）といった，社会主義の重要著作を執筆している。1849 年にはロンドンに亡命し，社会主義運動との関

係を維持しながらも，大英博物館に閉じこもりスミスやリカード等の古典派経済学の研究へと専念する。そして，ここから，資本の再生産と集中のメカニズムを科学的に分析しようとする『経済学批判』(1859年)，および『資本論』第1巻 (1867年) が生まれることとなる。

史的唯物論のなかの法　マルクスの理論は，社会の成り立ちを「物」の生産メカニズムの歴史的変動から説明するという意味で**史的唯物論**と呼ばれている。それによれば，まず社会の基部には物質的な生産力，ならびに生産にかかわるさまざまな関係が**下部構造**として存在しており，そして，こうした土台の上に法や政治，さらには宗教・芸術・哲学といった観念体系が上部構造のかたちで存在する。

> 物質的生活の生産様式は，社会的・政治的・精神的な生活の全般的プロセスを条件づける。人間の意識が人間の存在を規定するのではなく，逆に，人間の社会的存在が人間の意識を規定するのである。社会の物質的生産諸力は，その発展がある段階に達すると，従来その内部で運動してきたところの既存の生産諸関係，あるいは——同じことを法律用語で言い表しただけだが——所有関係と矛盾するようになる。これらの諸関係は，生産諸力の発展形式からその桎梏へと変化する。このとき社会革命の時代が始まる。遅かれ早かれ，経済的基盤の変化は巨大な全上部構造の変革へとつながっていくのである。(『経済学批判』序言)

　このようにマルクスの社会理論にあっては，法はあくまでも経済の従属物にすぎず，経済が大きく変われば法的関係もその根本から変化すると考えられている。

| 法と国家の消滅 |

このような考えは，それ以前に書かれた『ドイツ・イデオロギー』や『共産党宣言』のなかにも，社会運動や階級闘争と関連づけるかたちで示されていた。法や国家はつねに各時代の支配階級による支配・抑圧・搾取の道具として働いてきた。そして，現在のブルジョワ社会にあっては，法と国家は支配階層たる資本家たちの道具となっている——「近代の国家権力は，全ブルジョワ階級の共通事務を取り扱う委員会にすぎない。」（『共産党宣言』第1章）——。

しかし，階級闘争を通じて労働者が政治権力を獲得し，生産手段を手中に収めることに成功すれば，社会は一部の資本家のものから労働者たちのものへと移行する。こうして，階級的支配・抑圧・搾取が根絶され，協同組合的な共産主義社会が実現されるならば，従来の法と国家はその役割を終える。

> 階級と階級間対立をともなう旧来のブルジョワ社会の代わりに，私たちは，一人一人の自由な発展が全員の自由な発展の条件となるような協同社会（アソシエーション）を手にすることになるだろう。（『共産党宣言』最終部）

マルクスのこうした考えは**法と国家の死滅**を説くものとして，『家族，私有財産，および国家の起源』（1884年）等，エンゲルスの諸著作，さらには後に述べるように，マルクス主義の名の下にロシア革命を導いた V. I. レーニン（1870-1924），同じくソヴィエト＝ロシアの法理論家 E. パシュカーニス（1891-1937）へと受け継がれていく。

| アナーキズム |

アナーキズムは「無政府主義」と訳されるように，国家による外的強制を廃絶し，個人の自由と自律の最大化を目指す思想である。ドイツのシュティルナー（1806-56），フランスのプルードン（1809-65），ロシアのバクー

ニン（1814-76）などが有名である。

　哲学者シュティルナーは主著『唯一者とその所有』（1844年）において，ヘーゲル（**第5章Ⅱ**）の絶対精神を絶対自我へと置き換え，唯一の存在としての個人の自由を強調する哲学的アナーキズムを展開した。

　『財産とは何か』（1840年）における「財産，それは窃盗である」という言葉でも有名なプルードンは，『貧困の哲学』（1846年）等の著作を通じ，ルソーの社会契約論（**第4章Ⅲ**）が唱えるような，個人の権利放棄による国家の樹立を否定し，市民社会＝市場における個人の自由な 連 合^{アソシアシオン}を主張した。中世の相互扶助組織にもつながる彼の連合主義の思想は，20世紀初頭までフランス労働運動で中心的役割を担った。

　貴族出身のバクーニンは若き日にドイツで哲学を学んだ後，世界各地を飛び回り，アナーキズム運動を広めた（ちなみに，開国直前の函館や横浜にも彼はその足跡を残している）。また，『神と国家』（1882年）や『国家制度とアナーキー』（1873年）を執筆し集産主義的無政府主義を説くとともに，どんな政府でも必ず支配と抑圧をもたらすため，一斉蜂起によってすべての国家権力を根絶する必要があると主張した。マルクスらが提唱するプロレタリア国家でもそれは同じであり，1864年設立の国際労働者協会（第一インターナショナル）でもマルクスとバクーニンの意見は激しく対立した。

> **社会民主主義**

第一インターナショナルにおけるマルクスのもう一方の論敵は，F.ラッサール（1825-64）らの**国家社会主義**であった。マルクスと同じくヘーゲル左派に属するラッサールは，マルクスの史的唯物論や階級闘争論を批判し，国家による市民社会の止揚，すなわち，労働者が普通選挙権を獲得することにより，議会制民主主義を通じ貧富の差や社会経済的不平

等を解消することを目指した。マルクスはこれに対抗し、『ゴータ綱領批判』(1875年) を執筆し、革命過渡期におけるプロレタリア独裁の必要性を説く。そして、この段階がさらに高度化すれば、労働は生活の単なる手段ではなくその第一の要求となり、その結果、ブルジョワ的な法と権利を超えて「各人はその能力に応じて、各人はその必要に応じて」財の分配がなされるような、平等主義的な正義原理に基づく理想社会が実現されると論じた。

1875年、ラッサール派とマルクス派は合同し、ドイツ社会民主党が結成される。また、海を渡ったイギリスでも、シドニー・ウェッブ (1859-1947)、ベアトリス・ウェッブ (1858-1943) 夫妻を中心に**フェビアン協会**が結成される (1884年)。フェビアン協会は、J. S. ミル的自由主義の延長線上で、国家が社会経済生活に介入することにより実質的自由の保障を目指す、L. T. ホブハウス (1864-1929) らの新自由主義の影響の下、議会制民主主義を通じた社会改革を説き、後の労働党に思想的な基盤を提供した。

イギリス亡命中にフェビアン社会主義の影響を受けたE. ベルンシュタイン (1850-1932) は、階級闘争や革命を否定、議会制民主主義を通じて普通選挙権、労働者保護立法、労働組合の結成を目指すべきだと主張し、ドイツ社会民主党内部で**修正主義論争**を巻き起こした。しかし、中間派のK. カウツキー (1854-1938) と左派のローザ・ルクセンブルク (1870-1919) は世界恐慌と革命の必然性を説き、これを批判した。

ロシア革命

1917年、資本主義の後進国ロシアで、世界最初の社会主義革命である**十月革命**が起こる。革命の指導者レーニン (1870-1924) は、いまだ産業資本主義が発展せず、農業中心の社会であった当時のロシアに合わせて革命の戦略を描き出し、ボルシェビキ党を率いてプロレタリアによる国

家権力の掌握を実現させた。レーニンは著書『国家と革命』（1917年）を執筆し，革命過渡期における法と国家について論じているが，それは後進国ロシアに合わせた独自の理論でもあり，カウツキーやローザ・ルクセンブルクといった西欧社会主義者たちから激しい批判を招いた。また，ボルシェビキ＝共産党によるソヴィエト政権の一党支配が進むにつれ，広大な領土と多様な民族をかかえる社会内部での矛盾や対立も顕在化し始める。こうして，対外的にはコミンテルン（第三インターナショナル）による海外社会主義勢力の糾合が，国内的には反革命勢力や不満分子の押さえ込みが，その後のソヴィエト＝ロシア政権にとっての重要な課題となってゆく。

> ソヴィエト＝ロシアの法理論

革命の成功は世界に衝撃をあたえ，法思想にも変化をもたらした。ソヴィエト＝ロシアの法理論家パシュカーニス（1891-1937）は，革命の争乱が一段落し，新経済計画により新たな法律が次々に施行された1924年に『法の一般理論とマルクス主義』を公表する。そこで彼は，マルクスの『経済学批判』や『資本論』に依拠しつつ，経済という下部構造の単なる反映ではない，法固有のメカニズムを分析する。

法的関係は独立かつ平等な主体間の意志の関係であり，権利義務関係として現れる。しかし，法的権利とは主体間の意志関係が「物象化」したものにすぎず，その真の基盤は商品交換にある。こうして，家族法や刑法も含め，各種の法概念が「市場」という物質的基盤から説明される。

だが，1930年代以降，政治主導の農業集団化や経済の中央集権化が進むと，国家やソヴィエト法の固有の意義を軽視する理論として攻撃される。そして彼は，スターリン時代の大粛正の嵐の中で反革命勢力として断罪され，その短い生涯を終える。

Ⅰ　マルクス主義とロシア革命　**185**

| マルクス主義法理論の
その後 |

その後，ソヴィエト＝ロシアの法理論で指導的立場となるのは，パシュカーニスの粛正裁判で検事を務めた A. ヴィシンスキー（1883-1954）であった。しかし，その著作『ソヴィエト社会主義法学の基本的任務』（1938年）で示されるように，彼の法理論は法を支配階級，つまりプロレタリアートの意志の表現であり，支配の道具と捉えるものであり，共産諸国以外で力を持つはずはなかった。むしろ後の法理論に影響をあたえるのは，マルクス主義とフロイトの精神分析を融合させて現代社会特有の諸現象を鋭く分析するドイツの M. ホルクハイマー（1895-1973），T. アドルノ（1903-69），H. マルクーゼ（1898-1979）ら**フランクフルト学派**の理論家たちや（**第11章V**），独自のヘゲモニー論を展開したイタリアの A. グラムシ（1891-1937）など，マルクスの視座をさまざまな仕方で応用する諸理論であった。

II ホームズ判事とリアリズム法学

| 自由放任主義とロック
ナー判決 |

アメリカは，19世紀末には世界一の工業国へと発展した。炭鉱・鉄道・銀行などの大企業が巨万の富を手にする一方で，都市への労働者の流入と過酷な労働条件，特に不況時における彼らの困窮は社会問題となった。しかし，伝統的なフロンティア精神と，産業・工業の目覚ましい発展のために，基本的には，国家は市民の経済活動に介入すべきでないとする夜警国家観に基づく**自由放任主義**（レッセ・フェール）への信頼が強かった。それでも，各州政府は自らの州民の福祉を増進する権限（ポリス・パワー）を駆使し，規制を試みていた。

1905年の**ロックナー対ニューヨーク事件**は，このような時代背景か

186　第9章　革命から2つの大戦へ

ら生じた事件である。1895年にニューヨーク州議会が，パン職人の労働条件をめぐる法律を制定した。この州法に背いて職人に長時間労働を強いたため起訴されたロックナーは，同法が合衆国憲法に違反するものだと主張したのである。

連邦最高裁判所は，5対4の投票で州法を違憲無効とする判決を出した。法廷意見を執筆したペカム判事は，憲法第14修正の**法の適正手続条項**が契約の自由という実体的な権利を保護するものと解釈した上で，当該州法には規制を正当化する事実が存在せず，個人の自由を不当に侵害するものであるため，州の権限を逸脱するものと指摘したのであった。

ホームズ判事の反対意見　この事件の判決において有名な反対意見を著したのが，オリヴァー・ウェンデル・ホームズ・ジュニア判事（1841-1935）である。ホームズは，弁護士として活動した後，短期間のハーヴァード・ロースクール教授職を経て，1902年から1932年まで連邦最高裁判所判事を務めた。

ロックナー事件において，ホームズは，合衆国憲法は特定の経済理論を採用せず，法律がさまざまな考え方に基づいて作られることを許容すると指摘する。それゆえ，裁判官は特定の経済理論に依拠した憲法解釈に基づいて法律を審査すべきではないと断じた。そのうえで，憲法第14修正の定める自由について，伝統的に認められてきた根本原則を法律が侵害すると合理的かつ公正に判断されるのでない限り，多数者の意見を尊重すべきであるとし，必ずしも不合理とはいえない当該州法の違憲性を否定したのであった。

ホームズは，他の事件でも有名な反対意見を著している。煽動取締法により，ロシア革命を支援するパンフレットを配布した者への起訴が問題となった1919年のエイブラムス対合衆国事件では，い

II　ホームズ判事とリアリズム法学　**187**

わゆる**思想の自由市場**論を展開し,「明白かつ現在の危険」を引き起こさない限り表現の自由は広く認められるべきとした。

ホームズのプラグマティズム法学

ホームズは,**第7章**でみたラングデルと同様に,**科学としての法**という考え方を支持したが,その科学観は,1870年代に彼が参加していた研究会「形而上学クラブ」を通じ,そのメンバーの一人であったプラグマティズムの哲学者チャールズ・サンダース・パース(1839-1914)の影響を受けたものであった。そこでは,科学とは仮説と事実とのギャップを埋めていく継続的な試みであると考えられていた。それゆえ,ホームズは体系化よりも経験を重視した。その主著『コモン・ロー』(1881年)の一節「法の生命は論理ではなく経験であった」という言葉は,その態度を端的に表明している。ロックナー事件の反対意見でもこの態度を貫いたホームズは,社会の実態,実際の経験を重視する**プラグマティズム法学**の祖として,形式主義から**リアリズム**への移行の橋渡しを行ったと捉えることができる。

また,同書のなかでホームズは「共同社会の現実の感情および要求が正邪いずれであろうとも,それと調和することが健全な法体系の第一の要件である」と述べている。法を道徳から切り離そうとするこのようなホームズの考えは,青年期における南北戦争への従軍体験に起因するとも言われている。『法の小径』(1897年)で示される,「法と道徳の混合は避けるべきであり,法を知るとは,単に裁判官の判決を予測することであって,悪人が,どのような行為をしたときに公権力から制裁を受けるのかを知り,その行為を回避するためのものである」という,後に**法予測説**と呼ばれるホームズの考え方にも,そうした深いペシミズムを垣間見ることができるかもしれない。

統一法とリステイトメント

ところで，法典化の動きはアメリカでは発展せず，南北戦争の時分にはすでに，すっかりなりをひそめていた。しかし，1890年代に入ると，アメリカ法曹の全国団体であるアメリカ法律家協会は統一州法全国理事会を作り，商法の統一化の方針を打ち出した。その後20年間で，統一売買法や流通証券法などの6つの法案が作成され，多くの州において立法化された。ラングデルの方法論の影響を大きく反映するこれらの統一法は，明確なルールを規定したものではなく，コモン・ローにおける合理的な一般的規則を提示することにより，時代遅れであったり，明らかに一般的規則に合わない州法を排除する目的で作られていた。

1920年代には当時の著名な学者と実務家が参加するアメリカ法学会が中心となり，制定法の形で記されてはいるが，立法ではないリステイトメントと呼ばれる統一指針が，契約法，不法行為法，代理法，信託法，所有権法などの分野で作成された。この時にあっても，「州法の判断が分かれている場合でも，コモン・ローの中には不変の正しい原理が存在しており，それを発見することは可能である」というのが，リステイトメントの作成者たちの公式見解であった。

カードーゾとリアリズムのはじまり

1920年にベンジャミン・ナータン・カードーゾ判事（1870-1938）がイェール・ロースクールで行った『司法過程の性質』と題する講演は，このような法律家の公式見解とは相いれない考えを表現するものであった。

年月が過ぎて，司法判断過程の性質について考えれば考えるほど，私は不確実性に慣れるようになった。それは避けられないと理解するよ

Ⅱ　ホームズ判事とリアリズム法学　**189**

うになったからである。判断過程のいきつくところは発見ではなく，創造であることがわかるようになったのである。疑いと誤解，希望と恐れは精神の苦悩の一部であり，死の苦しみと生の苦しみにおいて，一時代用いられた諸原理は消えてゆき，新たな諸原理が生まれる。
（『司法過程の性質』第4講）

　この講演は，アメリカの法律家達の衝撃と憤激を招いた。カードーゾはそのために，ホームズの後任として連邦最高裁判事となるという，誰もが予想した出世の道を断たれたのではないかとさえ言われた。しかし，実際にはそうはならなかった。こうして，アメリカ法学にリアリズムの時代が到来することとなる——もっともリアリズムという一枚岩の学派が実在したわけではないとも言われ，中には多様な論者が含まれ得る。自然権論的理解を排して分析的権利概念を唱え，後の法律関係論に影響を与えたW. N.ホーフェルド（1879-1918）もリアリストといわれることがある。

ルウェリンの新しいケース・ブック

　カール・ルウェリン（1893-1962）は，そのマニフェスト的な論文からリアリズムの代表的論者とされてきた。ルウェリンもまた，形式主義を掲げる伝統的な法学に批判的であった。裁判過程の分析を通じてルウェリンは，法原理や法規則のみが判決を決定するわけではないとする，**ルール懐疑主義**と呼ばれる立場を唱えた。

　1930年，ルウェリンは売買についてのケース・ブックを刊行している。これは，重要判例について，関連する何百もの判決の要約を加えながら，1800年代からのアメリカにおける売買法にかんする分析的で歴史的な説明を試みるものであった。また，その後まもなくルウェリンは，同じく売買について書かれた歴代の主要論文を集め，まとまった書物のかたちで刊行した。彼がそこで証明したこ

とは，ラングデル（**第7章Ⅱ**）やその方法論を受け継いだ法学者たちの提示する統一的原理とされるものが歴史と事実を捻じ曲げており，実際にはまったく存在していないということであった。ルウェリンによれば，そもそも売買という統一的な法観念を立てること自体が間違いであり，商人間での売買と，商人と非商人との売買は区別されるし，信用売買と現金売買，単発の売買と継続的な売買も区別されなければならない。これは，既存の統一売買法への真っ向からの批判であった。

フランクの「法の神話」 ジェローム・フランク（1889-1957）は，その主著『法と現代精神』（1930 年）や『裁かれる裁判所』（1949 年）において，リアリストのなかでも最も過激な主張をした人物として知られている。

> 有能な法律家なら誰でも，雨降りの日曜日の午後の間に，何百もの比較的単純な法的問題——しかしそれに対しては，同様に有能な法律家でさえも明瞭な解答をまず与えないような法律問題——の一覧表を作ることができる。（『法と現代精神』第 1 章）

このように述べるフランクは，法の確実性というのは一種の神話であると主張し，そのような神話が信じられる理由について，フロイトの心理学を用いて，裁判官の権威は人が幼児期に信じ込む父親の権威と同じようなものであると説明した。

フランクは，裁判過程における法規則の役割に対する懐疑を超えて，**事実懐疑主義**と呼ばれる立場を打ち出した。つまり，司法判断の基礎になる事実は必ずしも客観的なものではなく，あくまでも裁判官による解釈の所産であると主張したのである。このことを踏まえてフランクは，裁判とは裁判官個人の政策判断や価値判断に依存するものであり，判決は法規則と事実から出てくる（R×F＝D）の

Ⅱ　ホームズ判事とリアリズム法学　**191**

ではなく，実際のところは刺激と人格から出てくる（S×P＝D）ものと唱えたのであった。

リアリズムと社会改革

ところで，フランクは「法の不確実性の多くは不幸な事故や偶然ではない。そこには計り知れない社会的価値がある」として，法の不確実性は社会変化への対応という観点から望ましいことであると肯定的に評価している。フランクは実際に，ルーズベルト大統領のニューディール政策の下，農業調整局において生産者や消費者の保護にかかわる法務に携わっている。このように，リアリストたちは法を通じた社会改革を試みる人々であった。

法を社会改革の道具とする発想は，リアリズムに先行するホームズやロスコー・パウンド（1870-1964）にすでに見られた。パウンドは，法を社会統制の手段と捉え，対立する社会的諸利益の調整と実現という役割を法のうちに見出す。そして，このような法の役割を促進するために，法学を他の社会科学の諸分野と接合する必要を唱え，それに「社会工学」としての位置づけを与えようと試みた。このように「社会学的法学」を提唱したパウンドは，法学者の視野は**紙の上の法**（law in books）から**動いている法**（law in action）へと拡大されなければならないと主張したのである。

ところで，裁判所は，対審構造を基本とするなど制度的な制約に縛られていることもあり，社会科学に裏打ちされた，法の基礎となる社会的事実の広範な把握には必ずしも適していない。そのため，社会改革のための手立ては，むしろ立法や行政という領域のなかに見出されることとなった。リアリズムは，第一次世界大戦前の社会主義運動，その後のリベラリズム，そしてニューディールに至る立法・行政政策と協働した。リアリズムのこのような動きと，伝統的に自由放任主義を擁護してきた裁判所との衝突は，いずれは避けら

れない運命にあった。

ニューディール政策　　アメリカでは，度重なる深刻な不況の経験に基づき，部分的な産業政策や社会保障政策による対応が，一応は施されていた。しかし，大企業の出現に牽引された経済発展とそれに呼応する投資の急激な拡大と，一般の消費生活水準の向上との間のギャップは，1929 年，ニューヨーク株式市場における株の大暴落という形でその限界を露呈する。大恐慌とそれに続く長い不況，そして大規模な失業への対策として，ルーズベルト大統領が講じた一連の政策が，ニューディール政策である。ニューディール政策は，1933 年の第一次と 1935 年以降の第二次に分けられ，前者では生産量の抑制によるデフレ阻止と賃金の上昇，後者ではケインズ主義に基づく労働・失業問題対策と需要拡大へと焦点が当てられた。

　連邦最高裁は，一定量以上を超えて生産された石油を州を越えて輸送することを禁じる規制や，鶏肉製造者に対する生産量と品質の規制，労働時間規制，最低賃金制度，児童労働の禁止，労働組合の許可など，多種多様な内容を含む規制の数々に，次々と違憲判断を下した。憲法上の議論の焦点は，政府による規制が本当に必要であるのか，仮に必要であったとしても，これらの規制に伴う行政への大幅な権限委譲を憲法が許容するかどうか，などであった。だが，これらの問題にかんしては，結局のところ，ルーズベルトが自身の任命する判事を最高裁に送り込む「コートパッキング・プラン」もあり，最高裁判所の側が譲歩して自らの立場を変更することにより，政治的な解決が図られた。

*Column*⑯　もうひとつのリアリズム・・・・・・・・・・・・・・・・・・・・・・・・・・・・
　本章で取りあげたアメリカのリアリズム法学のほかに，リアリズムの名で呼ばれるもう一つの潮流として，スカンディナビアのリアリズムが

Ⅱ　ホームズ判事とリアリズム法学　**193**

あったことを忘れてはならない。スウェーデンの A. ヘーガーシュトレーム（1868-1939），同じく K. オリヴェクローナ（1897-1980），デンマークの A. ロス（1899-1979）などが代表的な論客である。法概念や法規則の拘束力に対する懐疑という点ではアメリカのリアリストたちと軌を一にするが，その理論的な基盤はずいぶん異なっている。

　スカンディナヴィアのリアリストたちは，いわば法を心理的事実に還元し，それにより法の実在性を否定するのである。たとえば，学派の創始者ヘーガーシュトレームによれば，法とはかつての未開人たちが信じていた超自然的で呪術的な力の残滓にほかならず，「権利」や「義務」といった言葉が拘束力を持つのは，かつての畏怖や拘束の感情が呼び起こされるからに過ぎない。オリヴェクローナもまた，法の文言は目や耳を通じて反復されることで内面化され，それにより威嚇や強制なくしても人々は法に遵うようになると述べている。ロスはこうした考え方を受け入れながら，そこに事実と言明の一致という検証可能性の規準を組み入れる。

　このようにスカンディナビアのリアリストたちは，法を一種の心理学的な「共同幻想」であるかのように捉えるのである。　　　　　　　　（N）

III　ワイマール期の法思想

ウェーバーという人物　　19 世紀末からワイマール期にかけて活躍したマックス・ウェーバー（1864-1920）は，**第 8 章III**で取りあげたエールリッヒと並んで，法社会学の創始者と呼ばれている。若き日に法学を学び，憲法学者イェリネックとも交友関係にあった彼は，法律家とは異なる理論社会学的な視座から，ほぼ完成状態に達していたドイツ近代法学の意義について社会史的考察を加えている。

エアフルトの裕福なプロテスタント家庭に生まれたウェーバーは，ベルリン大学，ハイデルベルク大学で法学と経済史を学び，28歳でベルリン大学の私講師としてローマ法と商法を教え，30歳でフライブルク大学経済学部，その2年後にはハイデルベルク大学に招聘される。だが，その数年後には父との確執から神経疾患を患い，教職を辞して在野の研究者となる。病気から回復した1904年には『プロテスタンティズムの倫理と資本主義の精神』を執筆，経済学者ヴェルナー・ゾンバルト（1863-1941）らとともに「社会科学＝社会政策雑誌」の編集と運営に携わる。また，ジャーナリズムに近い立場から政治時評を数多く執筆し，世紀転換期のドイツ政治に大きな影響をあたえた。

ハイデルベルクの彼の自宅には，イェリネックや宗教学者のE.トレルチ（1865-1923），若き日の哲学者K.ヤスパース（1883-1969），マルクス主義思想家のG.ルカーチ（1885-1971），E.ブロッホ（1885-1977）といった面々が集い，独自の知的サークルが形成された。1910年には論文集『経済と社会』に収録されることになる一連の論文の執筆を開始，『世界宗教の経済倫理』（1911年），『儒教と道教』（1916年），『古代ユダヤ教』（1917年）を刊行している。第一次世界大戦後の混乱期には，学生たちに向けて連続講演『職業としての学問』（1919年），『職業としての政治』（1919年）を行っている。

ウェーバーの問題関心 　ウェーバーはマルクスとも並び称されることがある。しかし，マルクス主義にあっては，法は必ずしも独立した主題とはされず，あくまでも経済に従属するものと捉えられていた。これに対しウェーバーの社会理論では，近代の合理的な資本主義を可能としたものとして，法に中心的な位置づけが与えられる。彼の問題関心は「いったいどのような事情の連鎖が存在したために，ほかならぬ西洋という地盤において，またそ

Ⅲ　ワイマール期の法思想　**195**

こにおいてのみ，普遍的な意義と妥当性を持つような発展傾向をとる文化的諸現象が姿を現すことになったのか」（『宗教社会学論集』序言）という言葉に集約される。そして，法もまた，この問題関心から捉えられる。

ウェーバーは，合理的資本主義を可能としたのは種々の**計算可能性**にほかならないと考えたが，その基盤の一つは**法と行政の合理的構造**である。

近代の合理的な経営資本主義は，計測可能な技術的労働とともに，形式的な規則に基づく法と行政をも必要としているからであって，それを欠いた場合には……固定資本と確実な勘定を伴わなければならぬ私経済的経営は不可能になってしまう。ところで，そのような法，そのような行政が経済活動に対して，これほどまでに法技術的・形式主義的に完成した形で与えられることになったのは，西洋だけであった。
（『宗教社会学論集』序言）

ウェーバーの法社会学　　こうした関心から，彼は『経済と社会』の中核部分とも言える『法社会学』（執筆1911-13年，公表1921年）に取り組む。ウェーバーによれば，社会学とは「社会的行為を解明しつつ理解し，そうすることによって社会的行為の経過とその結果とを因果的に説明しようとするひとつの学問」（『社会学の根本概念』）であり，したがって法の社会学も，いわば法実践の内部での法概念の妥当性を問題とする「法学」と明確に区別される。

こうした視角からウェーバーは，まず，習俗や習律とは異なった社会秩序のあり方として，**強制装置**によって外的に保障された秩序の妥当として法を定義する。イスラム諸国のカーディ裁判やイギリスの陪審制など，さまざまな法類型の比較の後，近代法の発展を形

196　第9章 革命から2つの大戦へ

式合理性の進展過程として捉え，その最も完成した形態としてドイツ普通法学が引き合いに出される。つまり，法命題と法適用の分離，形式論理的＝演繹的性格，欠缺なき体系性などの点で，いわゆるドイツ概念法学こそが形式的合理化が最も進んだ法であると考えたのである。

　また，ウェーバーは『法社会学』の終わり近くで，当時の法発展における「反形式的傾向」についても言及する。信義誠実や善良な取引慣行といった倫理的概念の多用，「社会法」の提唱に見られるような階級的＝イデオロギー的な実質的正義の要求，素人にもわかるような判決の要求，「裁判官による法創造」といった法律家たちの主張などである。だが，ウェーバーによれば，これらはあくまでも反動的な現象にすぎず，法の形式化・技術化・専門化は歴史的に後戻りできない宿命であると結論づけている。

> **晩年のウェーバーとワイマール体制**

ウェーバーは，科学的認識における**価値自由論**や方法概念としての**理念型論**に代表される学問方法論の論争だけでなく，早くから政治に深い関心を抱き，数多くの政治的論争に関与した。ドイツの運命に対する実存的関心から，状況を見据えつつ現実主義的な政治的介入を行い続けたウェーバーであったが，その晩年には自由主義的な議会主義という長年の主張とともに，指導者民主主義を体現した大統領制の導入を主張する。そしてこれは，1919年に制定された，自由主義と民主主義を基調としつつ，社会権の保障も新たに盛り込んだ，通称**「ワイマール憲法」**の体制を形づくる重要な構成要素となった。

Column ⑰　支配の三類型 ･･････････････････････

　ウェーバーは，「支配」についても考察を行っている。支配とは，一定の個人や集団が示す意志や命令により他の人々が影響を受ける，ない

Ⅲ　ワイマール期の法思想　**197**

しは服従するといった関係を指す。だが，安定した支配のためには，支配される側がそれを「正統」なものと受けとめる必要がある。ウェーバーは「正統な支配」として次の3つを提示している。

合法的支配　正しい手続で制定された規則——それが命令に服すべき人々の範囲と服従の程度を定め，命令者もこれに従い命令を行う，そうした支配のあり方である。個人的感情を廃し，規則だけに基づいて淡々と案件を処理する，官僚制的支配がその純粋なかたちである。

伝統的支配　昔から受け継がれた秩序や伝統の神聖性——これを信じる信念を前提に，秩序や伝統の威信をまとった個人や集団が行う支配である。「主人」と「しもべ」の関係と言ってもよい。その純粋なかたちは家父長制的支配である。

カリスマ的支配　支配者の人柄や生来的魅力，とりわけ呪術的能力，英雄性，弁舌——これらへの情緒的な帰依に基づく支配のあり方である。予言者・軍事的英雄・偉大な扇動政治家による支配がその純粋型である。

〈参考文献〉マックス・ウェーバー『支配の社会学Ⅰ』世良晃志郎訳，創文社，1960年

(N)

━━━━━━━━━━━━━━━━━━━━━━━━━━━━━━━━━━

ケルゼンという人物　しばしばワイマール憲法体制の擁護者の筆頭に挙げられるのが，ハンス・ケルゼン(1881-1973)である。ケルゼンは，オーストリア＝ハンガリー帝国プラハのユダヤ人家庭に生まれ育った。ウィーン大学で法学を修め，1917年に同大学の正教授に就任した。彼の下には多くの法学者が集い，行政法学者のアドルフ・メルクル(1890-1970)や国際法学者のアルフレッド・フェアドロス(1890-1980)など，後に**ウィーン法学派**と呼ばれる一団が形成された。

ケルゼンはウィーンで，同時代の多くの知識人と交流を持った。とりわけ，カール・レンナー(1870-1950)やオットー・バウアー(1881-1938)など社会民主主義者たちとは親密な関係を有していた。

198　第9章　革命から2つの大戦へ

ケルゼンは，新たに成立したオーストリア共和国の憲法案起草にかかわり，新設された**憲法裁判所**の裁判官を務めることになったが，それを依頼したのは，当時首相であったレンナーであった。

ウィーン大学でケルゼンが担当した講座は国法学であった。国法学に関連する著作として，教授資格論文となった『国法学の主要問題』（初版 1911 年，第 2 版 1923 年）をはじめ，『一般国家学』（1925年），『法と国家の一般理論』（1945 年）などがある。また，ケルゼンはマルクス主義にも関心を持ったが，その非科学的・ユートピア的性格に対しては批判的であった。『社会主義と国家』（初版 1920 年，第 2 版 1923 年，第 3 版 1968 年），『共産主義の法理論』（1955 年）など，こうした関連でも多数の著作を執筆している。

> **ケルゼンの純粋法学**

このように多くの著作を持つケルゼンであるが，その主著は『純粋法学』（初版 1934年，第 2 版 1960 年）だと言えるだろう。同書においてケルゼンは，ゲルバーやラーバントなど先世紀の公法実証主義者たち（**第 8 章 IV**）が，実定法の客観的な認識を標榜しつつも，一方で社会学的・心理学的な事実の考察を，他方で倫理的・政治的な価値判断をその理論に混入したことを批判し，いわゆる**新カント学派**の認識論に依拠することで，これらの不純物を徹底的に除去した自立的な法理論，すなわち**純粋法学**の構築を試みる。

> この法学が，自らを「純粋」法学だと性格づける理由は，それがもっぱら法に向けられた認識を確保しようとするもので，厳密に法と定義された対象に属さない一切のものを定義から排除しようとするからである。換言すれば，法学を一切のそれと異質な要素から解放しようとするのである。（『純粋法学』第 1 版／第 2 版 1）

このような方針の下でケルゼンは，規範——すなわち，権威によ

Ⅲ　ワイマール期の法思想　　**199**

り定立された人間行動への指令——の体系として法を捉えた上で，この規範の内的な構造を，要件と効果の結合という図式の下で客観的に記述する規範科学として，法学を構想したのであった。

法の静態的理論　まず，ケルゼンは，法を定立された規範の体系として，つまり静止状態において捉えようと試みる。

　ケルゼンは，法を**強制秩序**として理解する。すなわち，法を一定の要件の充足をもって，刑罰や執行など，強制作用の実現を指図するものと捉える。それゆえ，こうした強制作用を規定する規範のみを本来の意味での法規範とし，それ以外の諸規範については，本来の意味での規範が規定する強制作用を実現するための条件を定めるような，あくまでも副次的な意味での法規範として位置づける。そのうえで，この副次的な意味での法規範を構成する要素として，義務や責任，権利や権能，さらには機関や人格といったさまざまな法概念を位置づけ，独自の分析を展開した。

法の動態的理論　次いでケルゼンは，法を規範定立の側面から，つまり運動状態において捉えようと試みる。

　ケルゼンは個々の法規範について，その妥当根拠を，内容的な正当性や事実上の実効性ではなく，上位の規範による**授権**に基づいた権威による定立という事態に求める。そして，このような授権を通じた法規範間の妥当性付与の関係に着目し，法体系の全体像を，授権の連鎖が形成する**段階構造**として描き出す。さらに，この妥当性付与の関係の連鎖を遡れば，その終着点には，あらゆる法規範に妥当根拠を提供し，それを通じて法体系の全体的な統一性を保障する**根本規範**が見出されると主張する。

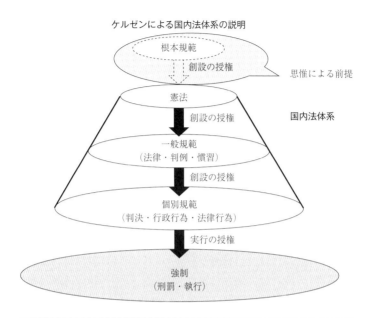

> 妥当根拠の探求は，……，無限に続くものではなく，究極で最高のものとして前提とされる規範で止まらざるを得ない。それは最上位の規範であるから，より上位の規範に基づく権限を持った権威により定立されたものではあり得ず，前提されたものでしかあり得ない。その妥当はより上位の規範から導き出されず，その妥当根拠を問うことはもはやできない。そのように最上位のものとして前提された規範を，ここでは「根本規範」と呼ぶ。(『純粋法学』第2版 34a)

　時期によって理解に変化はあるが，ケルゼンは，根本規範を，他の法規範のように授権により定立されるものではなく，思惟により**前提**されるものであるとする。そして，この前提を，実効的な強制秩序を客観的な妥当性を有する法秩序として扱うための，認識論的な条件として説明するに至った。

| 国家法と国際法 |

このような理論を出発点に，ケルゼンはさまざまな領域で独創的な議論を展開する。国家と法の**同一性**をめぐる議論は，そうしたものの一つである。純粋法学においては，国家は，何らかの社会的な実体などではなく，さまざまな法規範の集合体としての法体系，つまり「国家法」に還元されるものと理解される。そして，国家の本質的属性とされる主権もまた，社会的・政治的な権力ではなく，この国家法に組み込まれたものとして理解されることとなる。こうして，ケルゼンは自らの理論を「国家なき国家学」と称することになる。

国家法と国際法の**一元性**の議論も重要である。ケルゼンは，「国際法」が，個々の国家に対してその憲法の定立を授権すると考えて，妥当性付与の関係という観点から，国際法の下位に諸々の国家法の置かれるような一元的な法体系を形成するものと理解するのである。一切の倫理的・政治的な価値判断を排除したはずの純粋法学が，国家主権の否定や国際法を上位とする理論構成について，国際法の発展や，さらには世界法秩序の樹立を後押しするような理論的基礎を提供しうるという展望をケルゼンが描いていた点は，非常に興味深い。

| 自然法論批判 |

ケルゼンはそもそも，絶対的な価値は人間の認識では到達不可能であるとする「相対主義」の立場をとる。純粋法学が，他の一切の倫理的・政治的な価値判断を排除し，あくまでも実定法固有の性質の探求に終始する**法実証主義**の理論であるのは，彼のそうした立場の帰結である。

さらにケルゼンはこの相対主義の立場から，絶対的価値としての**正義**を探求する一切の試みを否定する。ケルゼンはこのような試みを，プラトンのイデア論（第1章Ⅲ）やイエスの愛の教え（第2章Ⅱ）など形而上学的なものと，アリストテレスの中庸説（第1章Ⅳ）

202　第9章　革命から2つの大戦へ

やカントの定言命法（第5章 I）など擬似合理的なものとに分類した上で、いずれも不適切であると退ける。

またケルゼンは、「自然法」の存在を唱える議論にも、同様の欠陥を見出している。つまり、正しい秩序のあり方の指針を「自然」のうちに見出そうとするこうした議論もまた、形而上学的な性格を有していたり、あるいは合理性の装いの下で事実から規範を導こうとするなどの誤りを犯しているとケルゼンは批判したのである。

<u>民主主義の擁護</u>　こうした一連の批判とは対照的に、ケルゼンは、相対主義の立場を実践的な議論の基礎に据えることによって、政治体制としての**民主主義**の擁護も試みている。その『民主主義の本質と価値』（初版 1920 年、第 2 版 1929 年）のなかで、ケルゼンは「相対主義こそ民主主義思想の前提とする世界観である」（第 10 章）と主張する。

ケルゼンによれば、相対主義が直ちに非道徳的な姿勢を誘発するわけではない。むしろ、相対主義は、人々が相違する意見に対し**寛容**であること、それゆえ各々の思想について**自由**であることを可能とする道徳原理として理解される。そしてケルゼンは、この原理を体現する政治体制として、民主主義を支持するのである。

こうして、ケルゼンは民主主義の中核に人々の自由を据え、この自由を可能な限り多数の個人に認める**多数決**の原理、さらに、その実現を支える**議会制**を擁護する。そのうえで、議会制民主主義は必ずしも多数者の絶対的支配を生み出すものではなく、むしろ、討議や妥協を通じての少数者に対する政治的な承認を伴うものであると考えた。そして、少数者の権利保護や比例代表制のように、少数者の承認を促進する制度的装置を整備することが望ましいと主張した。

Ⅲ　ワイマール期の法思想　**203**

ケルゼンの批判者シュミット

ケルゼンがこのような議論を展開していた同じ頃，隣国ドイツではワイマール憲法の理念や制度が揺らぎをみせ始めていた。そして，それに呼応するように，ケルゼンの議論に対して多くの批判が向けられた。エリッヒ・カウフマン（1880-1972），ルドルフ・スメント（1882-1975），カール・シュミット（1888-1985），ヘルマン・ヘラー（1891-1933）らが，その主たる批判者であった。批判の内容や政治的指向はさまざまであったが，それでも，ケルゼンが自らの理論的探求から放逐した社会学的・心理学的な事実の考察や倫理的・政治的な価値判断を，むしろ重視するという姿勢では共通していた。

なかでも，最も仮借なき批判を投げかけたのはシュミットであった。シュミットは，ベルリン大学やミュンヘン大学で法学を学び，その後，ベルリン商科大学などで教授を務めていた。ナチスの政権奪取後は，その政策に積極的に加担したため「第三帝国の桂冠法学者」とも称された。なお，ケルン大学に在職していた際，同校に教授として招聘されていたケルゼンをナチスが解職しようとしたことに対し，同僚教授陣が作成した助命嘆願書に唯一署名しなかったというエピソードは有名である。

シュミットの決断主義

シュミットの批判は，たとえば，ケルゼンの**主権**をめぐる議論に向けられる。『政治神学』（1922年）の冒頭「主権者とは例外状態についての決断者である」（第1章）という文章に現れているように，シュミットは主権を，法秩序そのものの根本にかかわる，その秩序全体の停止を決断することについての無限定の能力と理解し，その有り様を「神の全能」との類推により説明しようと試みる。また，その後の著作『政治的なものの概念』（1927年）においてシュミットは，この**例外状態**にお

204　第9章　革命から2つの大戦へ

ける友・敵の実存的な対立に，法に対する政治的なものの優位を見出している。

　シュミットのこのような理解からすれば，ケルゼンの純粋法学は，例外状態に適切な理論的位置づけを与えることにまったく関心を示さず，むしろ，主権そのものを理論から放逐しようとする実証主義的国法学の極致として，根本的に誤った試みであると批判されることになる。

シュミットの民主主義論

　さらに，ケルゼンの「民主主義」論にも，シュミットの批判は及んでいる。シュミットは『現代議会主義の精神史的状況』（初版 1923 年，第 2 版 1926 年）において，とりわけルソーの『社会契約論』に言及しつつ（**第 4 章Ⅲ**），民主主義を「治者と被治者との同一性」であると規定する。そのうえで，この同一性の基盤として，国家を構成する人民のあいだの**同質性**を挙げる。

　シュミットのこのような理解からすれば，ケルゼンが擁護する議会制民主主義は，利害の多元性を重視する点で真の民主主義を阻害するものにほかならない。さらに，現実の議会は単なる利害調整の場に堕してしまっており，そもそも「公開の討論」という議会制の本質からも逸脱している。こうしてシュミットは，直接民主主義の発露として，同質の人民による喝采をむしろ支持する。そして，このような喝采民主主義の延長線上に，**独裁**という体制の可能性すら見出そうとしたのである。

ナチスの台頭と法思想

　1930 年代に入ると，ヨーロッパ諸国では，相次いで自由主義や民主主義の理念が翳りをみせ始める。ドイツでは，多額の戦後賠償に対する社会的不満から生まれた不安定な政治状況に乗じて，アドルフ・ヒトラー率いる国家社会主義ドイツ労働者党，通称「ナチス」が急速にその勢力を

Ⅲ　ワイマール期の法思想　　**205**

拡大させる。そして，1933年にはついに国政を掌握し，ワイマール憲法を破棄して，アーリア人種の優位を掲げる全体主義体制を確立することとなる。

ユダヤ人であったケルゼンはナチスによる迫害の手から逃れるため，アメリカに亡命する。それに対して，少なくない法学者がナチスの体制に好意的な態度を示した。たとえば，シュミットは，1934年に発表した論文『ナチズムと法治国家』で，司法における一般条項の運用について，「不確定概念，つまりいわゆる一般条項はすべて，絶対的かつ無条件にナチス的意味に従って用いられなければならない」と論じている。

もちろん，法学者によるナチスへの加担の方法はさまざまであったが，そこには，いくつかの共通する論調がみられる。すなわち，自由主義や個人主義，議会制民主主義や権力分立原則などに対する攻撃，独裁や全体国家，指導者原理といった全体主義的な統治制度の肯定，基本権に対する大幅な干渉や，異人種に対する差別的扱いの正当化，等々——こうした立場に沿いながら，彼らはそれぞれに民族主義的色彩を帯びた法理論を展開したのであった。

Column ⑱　ワイマール憲法と緊急事態条項 ･･･････････････････････････

　本文でも触れたように，ワイマール憲法は当時の最先端を行く輝かしい憲法典だったが，その一方で制定当初より深刻な闇も抱えていた。48条2項の緊急事態条項がそれである。この条項によれば，ライヒ大統領は緊急事態が生じたときには国民の基本権——表現の自由や人身の自由など——を停止できるものとされていた。いわば大統領の独裁を容認する条項であり，この点に検討を加えたシュミットの論考が『大統領の独裁』（1924年）である。

　現実の政治で48条2項を最大限に利用したのがヒトラーだった。彼は1933年1月に政権を獲得すると，同年2月に同条項に基づいて「民族と国家を保護するためのライヒ大統領命令」を公布した。その1条に

は基本権が「当分の間」停止されると定められていたが，実際には1945年のナチス崩壊までこの状態が継続された。さらに同年3月の「民族及び国家の危難を除去するための法律」（全権委任法）において，ナチス政府の法律が憲法に優位することが明文化された。こうしてワイマール憲法は事実上失効するに至ったのである。　　　　　　　　　（M）

〈参考文献〉高田敏・初宿正典編『ドイツ憲法集〔第7版〕』信山社，2016年

第5部
現代の法思想

人種差別撤廃を求め、全米から多数の人々が首都ワシントンに集結した**ワシントン大行進**（1963年8月）。
(GRANGER/時事通信フォト)

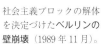

社会主義ブロックの解体を決定づけた**ベルリンの壁崩壊**（1989年11月）。
(dpa/時事通信フォト)

2001年9月11日、**アメリカ同時多発テロ事件**が発生。攻撃を受けて炎上するニューヨーク世界貿易センタービル。
(dpa/時事通信フォト)

| 第 **10** 章 | 戦後の法理論 |

史上最悪の惨禍をもたらした第二次世界大戦が終結し，人類は，法思想の歴史のなかでも最も難しい問題の一つ——すなわち「悪法に従う義務は存在するのか，悪法はそもそも法なのか」という課題に，再び正面から向かい合うこととなった。本章では，「悪法」をめぐる種々の議論を追いながら，20世紀前半の法思想の概観を行う。

I ラートブルフ・再生自然法論・人権

**第二次世界大戦の終結
と戦争裁判**

1945年，第二次世界大戦はアメリカ，ソ連，イギリス，フランスを中心とする連合国の勝利に終わった。世界中の多くの国々が徹底的に破壊され，無数の命が失われた。のみならず，ドイツ，イタリア，日本といった敗戦国は戦争開始，さらに戦時中のさまざまな違法行為の責任を問われることとなった。ニュールンベルグ軍事裁判や極東国際軍事裁判では，戦時国際法に照らして政治家や軍人たちの戦争開始責任が問い糾された。さらに前者では，ナチスが行った種々の残虐行為に対して**人道に対する罪**という新たな考えも採用されることとなった。また，ヨーロッパ諸国や東アジア・東南アジアの各地の戦場で開かれた軍事法廷でも，一般の兵士や将校による違法行為——捕虜への虐待や，一般市民への残虐行為など——が裁かれた。

また，とりわけドイツの人々は過酷な状況に置かれていた。とい

210 第10章 戦後の法理論

うのもドイツ国内では，ほかならぬドイツ人たちの手によって，戦時中の多くの行為が犯罪として裁かれることとなったからである。

このような状況の中で，戦前からの著名な法哲学者であり法律家であったグスタフ・ラートブルフ (1878-1949) は，「南ドイツ法律家新聞」紙上に『制定法の形をとった不法と制定法を超えた法』(1946 年) と題する論説を発表し，ドイツ国内だけでなく各国の法学者に大きな反響を呼ぶこととなる。その意味の大きさを理解するためには，まず戦前のラートブルフの法哲学を概観しておく必要があるだろう。

法実証主義者ラートブルフと価値相対主義　19 世紀以来，ドイツ法学を支配していたのは法実証主義の思想であった。第 9 章で取りあげたケルゼンをはじめ，彼の師であったイェリネック (第 8 章)，ケルゼンと同じマールブルク学派の新カント派 R. シュタムラー (1856-1938)，同じ新カント派でも西南ドイツ学派に属する E. ラスク (1875-1915) やウェーバーも，すべて法実証主義に近い立場であったと言うことができる。

ラートブルフもまた，新カント派の一員として，存在 (Sein) と当為 (Sollen)，ないし「〜である」と「〜べきである」を峻別する方法二元論の立場をとっていた。事実にかんする知識をいくら集めても，そこから当為をめぐる争いや対立する世界観に最終的決着を引き出すことはできない。それゆえ，法学のような学問ができることは，(1)制度目標とその達成手段との連関，(2)価値判断と世界観のつながり，(3)価値判断をめぐる推論構造を説明し，分類することにとどまる。どのような価値を選択するかという問題にかんしては，各人が自らの意志と責任において決断するしかない。

このようにラートブルフの法実証主義は，ケルゼンの場合と同様に，価値をめぐる相対主義と緊密に結びついたものであった。そし

て彼はこの**価値相対主義**を，多様な政治的＝道徳的立場を許容する**寛容**の原理，**民主主義**の社会哲学として，積極的に擁護したのである。

　だが，このような民主主義的法思想が，ナチスドイツに受け入れられるはずはなかった。ラートブルフはハイデルベルク大学の教授資格を剥奪され，12年もの長きにわたり一種の国内亡命を余儀なくされる。

ラートブルフと
戦後ドイツ

ドイツの敗北により，ラートブルフは再び教壇に立つことになったが，同時に新たな困難にも直面する。ドイツ各地の裁判所では，ナチス党員，協力者，公務員たちを被告として，数々の戦争裁判が始められたからである。被告の多くは「自分たちはあくまでも法律に従って職務を遂行していただけだ」と主張した。つまり，裁判所は次のような抗弁に直面したのである——戦時中なされた行為は，道徳的な観点からすれば邪悪な法律であったとしても，あくまでもドイツの法律に則って行われたものであった以上，合法と言わねばならず，違法行為として裁くことはできない——。

　ラートブルフの論説『制定法の形をとった不法と制定法を超えた法』は，まさにこうした状況の真っ直中で公表された。彼はそこでかつての信念を覆すかのように，法哲学を安楽死へと導いた責任の一端が法実証主義にあると明言する。

> 本当のところ，法実証主義は「法律は法律だ」という確信によって，恣意的かつ犯罪的な内容をもつ法律に対して抵抗する力を，ドイツの法律家階層から奪ってきた。しかもその上，法実証主義は，自らの力では法律の妥当性を基礎づけることが全くできない。法律の妥当性は，法律が自己貫徹力を有することによってすでに実証済みであると，法

実証主義は信じて疑わない。しかし，必然はおそらく力によって基礎づけられるとしても，当為や妥当性を力に基づかせることはできない。後者はむしろ法律に内在する価値によってのみ基礎づけられるのである。（『制定法の形をとった不法と制定法を超えた法』）

法的安定性・合目的性・正義

続けてラートブルフは，そうした法内在的価値として，戦前から彼が主張してきた3つの価値，すなわち**法的安定性**，**合目的性**，**正義**の相互連関について論じている。しかし，戦前とは異なり，制定法の遵守という法的安定性の要請と正義の要請とが衝突する場合について，ラートブルフは次のようにも述べるのである。

正義の追求がいささかもなされない場合，正義の核心をなす平等が，実定法の規定にさいして意識的に否認されたような場合には，そうした法律は，おそらく単に「悪法」であるにとどまらず，むしろ法たる本質をおよそ欠いているのである。なぜなら，実定法を含めて，法を定義づけるとすれば，その意義からして正義＝公平性に奉仕するよう定められた秩序であり制度であるというほかないからである。（同）

自然法論の再生

ラートブルフは法実証主義から自然法論に転向したのか，それともかつての法実証主義を部分的に修正したに過ぎないのか。これについては今なお決着がついていない。だが，彼のこの論説が，自然法論を信奉する論者たちを活気づけ，いわゆる**自然法の再生**（ルネッサンス）へと結びついたことは事実であるだろう。ドイツの H. ロンメン（1897-1967），オーストリアの J. メスナー（1891-1984）や A. フェアドロス，フランスの J. マリタン（1882-1973）や M. ヴィレー（1914-88），ベルギーの J. ダバン（1889-1971），イタリアの A. P. ダントレーブ（1902-85）といった論客たちが，それぞれの理論的基盤から自然法の再生に力を尽くし，

Ⅰ　ラートブルフ・再生自然法論・人権　**213**

その結果，**人権や人間の尊厳**といった理念が，法哲学や法理論の根幹に据えられるようになったのである。

> 人権概念小史

特筆すべきことは，これら自然法再生の潮流と**人権**の概念の復活が連動していたことである。

ところで，本書の各所でも論じてきたように，**人権概念のルーツ**は哲学的には，ホッブズ，ロック，ルソーらの自然権概念（**第3章Ⅲ・第4章Ⅲ**），そして実践的にはイギリスにおける一連の市民革命，アメリカの独立と合衆国憲法の制定，フランス革命と人権宣言にあるとされている。しかし，18世紀の市民革命の時代が終わり，19世紀を迎えると同時に，人権思想に対する激しい攻撃が開始される。

> 人権概念への攻撃

第一の攻撃は，フランス革命が引き起こした暴力と恐怖に対する，保守思想からの批判である。たとえば，イギリスのバーク（**第4章Ⅲ**）は，自然権という考えは無益な形而上学的妄想であるばかりか，各国民に固有の歴史や文化を無視することにより，社会の秩序や紐帯を解体させてしまいかねない，硬直的で独善的な思想であると批判する。言うまでもなく，この種の批判は，今日でもさまざまな機会に耳にするような，歴史主義的，共同体主義的，文化相対主義的な反人権論のプロトタイプと呼ぶことができる。

第二の攻撃は，**第6章**で取りあげた功利主義者ベンサムによる批判である。ベンサム（**第6章Ⅰ**）は，自然権は無政府主義的混乱を引き起こす「大言壮語の戯言」にほかならないと痛烈な非難を行い，法や権利はむしろ，「最大多数の最大幸福」，すなわち社会全体の福利の最大化をもたらすために人為的に作られるものであると主張した。

214　第10章　戦後の法理論

第三の攻撃は，19世紀に勃興し始める社会科学からの攻撃である。たとえば，マルクス（**第9章I**）は次のような趣旨の批判を行っている。人権は共同体から切り離された利己的人間の権利であり，実際にはブルジョワ階級の利害に奉仕するにもかかわらず，普遍的な権利を僭称することで，むしろ現実の不平等を隠蔽している。また，社会学の開拓者であったE. デュルケーム（1858-1917）やウェーバーにとっても，人権論は個人の行為を指図する古い政治＝道徳哲学にすぎず，産業社会をもたらす諸要因を解明し，社会のメカニズムの総体的な解明を目指す社会科学によって乗り越えられるべき，時代遅れの思想であった。

　こうして19世紀終盤には，労働運動，貧困問題，少数民族問題，植民地支配等をめぐる議論においても，人権は必ずしも欠かせないものではない単なる道具的理念と見なされるようになる。たとえば，第一次世界大戦終結後の1919年に締結された国際連盟規約には人権の言葉が一言も見当たらないが，それはこの時代における人権概念の凋落を物語るものと言える。

人権概念の復活と世界化

第二次世界大戦の終結，とりわけナチズムがもたらした惨禍は，いかなる圧制からも個人を護る強い原理として，人権概念を再び歴史の表舞台へと引きずり出した。1948年，国連総会は**世界人権宣言**を採択する。**国連憲章**（1945年）でもすでに，前文の「基本的人権と人間の尊厳及び価値と男女及び大小各国の同権とに関する信念をあらためて確認」するとか，第1条「人種，性，言語又は宗教による差別なく全ての者のために人権及び基本的自由を尊重する」といった言葉が見られるが，世界人権宣言は，各国の憲法典の比較調査に基づく第一草案を叩き台として，2年もの長きにわたる計200回近くにおよぶ委員会討議を経て，ようやく採択に至っている。各

I　ラートブルフ・再生自然法論・人権　**215**

国の文化やイデオロギーの違いが採択への道程を険しくはしたものの，人類は歴史上初めて，世界中で通用する普遍的な人権文書を手に入れることとなった。1966年には世界人権宣言に法的拘束力を持たせるため，**経済的，社会的及び文化的権利にかんする国際規約**ならびに**市民的及び政治的権利にかんする国際規約**の2つの**国際人権規約**も採択される。

このような流れと並行して，1950年代の終わりから1960年代の初めには，再生自然法論をめぐる一連の動きも最盛期を終える。遡及法の問題をはじめとする自然法論それ自体が抱える理論的な弱さもあるが，裁判を通じた戦争責任の追及が一段落したことや，さらには自然法論の主張の多くが**人権**の概念として各国の実定法や国際法のなかに組み入れられたことが，その大きな理由として考えられる。

こうして，敗戦国ドイツをはじめヨーロッパ各国では，「法実証主義か自然法論か」といった二者択一的な議論は次第に姿を消すようになり，両者の「融合」やそれらに代わる「第三の道」といった問題関心が現れ始める（第11章）。

Ⅱ　ハートと現代分析法理学

ハート＝フラー論争

ラートブルフが取り組んだ「邪悪な制定法をどう扱うか」という問題をめぐる議論は，戦勝国であるイギリスやアメリカにおいても，姿を変えて継続される。

1957年，客員教授としてハーヴァード大学を訪れていたイギリスの法哲学者 H. L. A. ハート（1907-92）は『実証主義と法と道徳の分離』と題する記念講演を行った。そこでハートは，ベンサムやオ

ースティン以来のイギリス法実証主義（第6章I・Ⅲ）の後継者として，自然法論者たちの**法と道徳**の混同を批判する。彼は，「悪意の密告者」裁判（ナチス期ドイツで制定された密告奨励法を用いて夫を死に至らしめた女性が，戦後になってから裁判にかけられた際に，このナチス期の法律が有効であるか否かが問われた事案）を引き合いに出し，ラートブルフを批判しつつ，次のように主張した。「法が妥当性を有するか否か」ということと「人々がその法を受け入れ，遵守するか」ということは別の問題であり，道徳的観点からすれば邪悪な内容の法であっても，一定の手続を通じて妥当な法として認められるなら，それはやはり法と呼ばなければならない。

これに対し翌年，ハーヴァード大学のアメリカの法哲学者ロン・フラー（1902-78）は論文『実証主義と法への忠誠——ハート教授への応答』（1958年）のなかで，次のように反論した。問題は「法に対する忠誠」，つまり「遵守に値し，そしてそれゆえ，人々が実際にも遵守するようになる，そうした法はいかなるものか」ということである。「法の妥当性」と「法の受容」とは決して切り離すことができず，人々が法を受け入れ，法に対する忠誠を示すか否かは，それが道徳的に「善き法」であるかどうかにかかっている。それゆえ，そもそも道徳性——法の内在道徳——が欠けているナチスの法令は「法」ではない。こうしてフラーは**法と道徳**の不可分性を主張する。

両者の論争は，「法と道徳」の関係という伝統的な問題設定と重なる一方で，**法の自立性**や**法の支配**といった論点の再検討にもつながるものと評価できる。その思想史的な意義を理解するために，両者の法理論を詳しく見ておこう。

Ⅱ　ハートと現代分析法理学　**217**

ハートが生きた時代と新たな哲学

ハートは 1907 年に裕福なユダヤ系商人の家庭に生まれ，オックスフォード大学を優秀な成績で卒業，哲学者になることを志したが挫折し，弁護士となった。第二次世界大戦が始まると軍の諜報機関（MI5）に採用され，ドイツ軍の暗号情報を解読する業務にかかわった。軍務の合間に，哲学者ギルバート・ライル（1900-76）をはじめとする同僚たちと交わしたアイデアの数々は，後に**日常言語の哲学**と呼ばれる新たな哲学へとつながっていく。

大戦に勝利したイギリスは，戦時中の国民との約束であった，いわゆる**福祉国家**の建設へと向かう。それは，「国民健康サービス」（NHS）を主軸とする社会保障制度を通じ，国家の手で「ゆりかごから墓場まで」の安定した暮らしを人々に保障しようとするものであった。ハートがオックスフォード大学の法理学講座を引き継いだ 1952 年は，まさにこうした復興と新制度構築の時代であった。

福祉国家の建設に成功したイギリスは，国民の多くが経済的な繁栄を享受する「豊かな社会」となった。そして，その一つの帰結として，1960 年代から 1970 年代には，さらなる「自由」を求める声が響き渡るようになる。戦後生まれの若者を中心に，新たなライフスタイルやこれまでとは異なる新たな文化を目指すさまざまな動きが生まれ，大学でも社会や教育システムの変革を求めて学生反乱がわき起こった。ハートの法理論，そして彼が信奉するリベラリズムは，こうした時代的背景と連動している。

法理論における言語論的転回

ハートの法理論の新しさは，すでに言及した**日常言語の哲学**も含む，言語分析の視点を法理論へと導入した点にある。言語に固有な構造や働きに着目することを通じ，人間の思考や社会の成り立ちを明らかにしようとする一連の動きを，思想史では「言語論的転

218　第 10 章　戦後の法理論

回」（Linguistic Turn）と呼ぶことがある。ハートの法理論もまた，この文脈のなかに位置づけられる。そして，ハートの法理論に影響をあたえた重要な哲学者として，J. L. オースティン（1911-60）とウィトゲンシュタイン（1889-1951）の2人の名前を挙げておかなければならない。

オースティンは，すでに言及した**日常言語の哲学**ないし**日常言語学派**の中心的な理論家である。それは，日常的な言葉の用法や機能の詳細な分析を通じて伝統的な哲学的課題の解決を目指す立場である。たとえば「真理とは何か」といった伝統的な問いも，「真に」とか「間違っている」とかいった表現が使われる用例をつぶさに分析し，その働きを調べることで解明される。また，オースティンは，言語表現には現実の物事を説明＝記述する**事実確認的**な言明だけでなく，それ自体が何らかの行為となっているような**行為遂行的**な言明も存在することを明らかにした（たとえば，「この子を太郎と命名する」といった言明のように）。オースティンは後に，このような言明を**言語行為**と名づけている。

ハートは大学の同僚であったオースティンと共同研究を行い，法で用いられる言語の独自の用法や働きを分析するとともに，法の言語の**遂行的**側面に光を当てている。ハートの教授就任講義『法理学における定義と理論』（1953年）は，まさにそのような一連の研究の成果と言える。そして，このような視点は，当初は教科書として構想されたものの，結果的には彼の主著となった『法の概念』（1961年）へと引き継がれる。

> **社会的ルールと内的視点・外的視点**

『法の概念』の出発点となるのは，法を慣習やマナーと同様の**社会的ルール**として捉える見方である。法のような社会的な制度を捉える際には，次の2つの視点を分けることが重要となる。その

Ⅱ　ハートと現代分析法理学　**219**

一つは，人々の行為を単なる規則的な反復行動として観察するような視点であり，ハートはこれを**外的視点**と呼んでいる。それに対し，もう一つは自分自身がルールを受け入れ，行為や判断の基準として使用する場合の視点であり，これは**内的視点**と呼ばれる。たとえば，宇宙からきた観察者は人々が赤信号で立ち止まるのを見て，「地球人は赤い光が点灯したときその行動が一時ストップする」と考えるもしれない（外的視点）。これに対し，赤信号をルールとして受け入れている人々は，それを自らの行動の規準，あるいは他者の逸脱行為を非難する判断の規準として使用している（内的視点）。

> 必要なのは，一定の行動様式に対する批判的で反省的な態度が共通の規準として存在しなければならないということであり，そうした態度が（自己批判も含む）批判，ルール遵守への要求や，さらにはこのような批判や要求が正当なものであるという確認のうちに表れていなければならないということだ。そして，こうしたことの全ては「すべきである」「しなければならない」「するのが当然だ」「正しい」「間違っている」といった規範的用語を通じて，特徴的な仕方で表現される。
> （『法の概念』原著57頁）

　つまり，**社会的ルール**として法を捉えるとは，**内的視点**から法を受け入れ，行為や判断の指針としている人々の行動を理解することにほかならない。こうした着想のヒントとなったのは，ウィトゲンシュタインの後期哲学——すなわち，社会的実践や制度は，諸々の生活形式に対応した種々の**言語ゲーム**から成り立っており，そのなかで人々は一定の言語を**規準**として使用するといった捉え方である。このようにハートの法理論は，ウィトゲンシュタイン的観点から法を記述しようとする試みであると言うこともできる。

| 一次的ルールと二次的ルール |

ハート理論のもう一つの特徴は以下に述べるように，法を二重の体系（システム）として捉える点である。社会的ルールにはすでに挙げた慣習やマナーのほかに，人々に一定の責務を課すルール群がある。責務のルールには道徳的ルールと法的ルールがあり，法的ルールはさらに2つのグループに分類される。その一つは人々に暴力や窃盗，詐欺等を禁じるような**義務付加的**なルール群であり，ハートはこれを**一次的ルール**と呼んでいる。

原始的社会ではこうした一次的ルールだけで十分だが，社会が複雑化すると別種のルールが必要となる。すなわち，諸々の一次的ルールを変更したり，一次的ルールの違反に対し裁決を行ったり，そもそも何が一次的ルールであるかを承認したりする場合に参照されるルール群である。ハートはこれら各々を**変更のルール**，**裁決のルール**，**承認のルール**と呼び，すべてをまとめて**二次的ルール**と呼んでいる。そして，変更のルールと裁決のルールは，一定の義務を課すというよりも，一定の人々に権限を与える**権限付与的**なルールであると言うことができる。

| 承認のルール |

承認のルールは「何が妥当な法か」の識別ないしは承認するためのルールであり，主として裁判官はこれと照らし合わせて個々の法ルールの妥当性を判断する。だが，承認のルールそれ自体の妥当性が問われるとすれば，どうだろう。ハートによれば，それはかつてのメートル原器のようなものであり，自分自身の妥当性を測ることはできない。それは，ただ正しい基準として裁判官たちに受け入れられているとしか言うことができない。

ハートは法体系が存在するということの意味を，次のように説明する。

Ⅱ　ハートと現代分析法理学

> 法体系が存在するという主張は……一般の人々がそれに服従している
> ということ，および，公的行為にかんする共通の批判的規準たる二次
> 的ルールを，公務を担う人々が受け入れているということ，この二つ
> の事柄に目を向ける，ヤヌスの顔のように二面的な言明なのである。
> (『法の概念』原著117頁)

　つまり，妥当とされる一次的ルール群を一般の人々が遵守し，公
務を担う人々が変更のルールや裁決のルールを受け入れていれば，
それで十分なのである。一方，承認のルールにかんしては，公務を
担う人々だけが，それらを**内的視点**から受け入れることを求められ
る。

開かれた構造と司法裁量

このような仕方で法体系が存在していると
すれば，裁判官は通常，その一部である法
的ルールにしたがって裁判をすればよい。
つまり，単純な事案では法的ルールの意味の「中心部」を見ればよ
いのである。しかし，時にルールそれ自体が不明確な場合がある。
ハートはそのような難しい事案（ハード・ケース）は，言語の「曖昧な周辺部」あるい
は「疑わしい半影部分」にかかわる問題であると主張する。たとえ
ば，「公園内で車は禁止」という立て看板につき子供用三輪車やベ
ビーカー，あるいはスケートボードはどう扱えばよいのか。こうし
た意味の不確定性は，法が自然言語で書かれた**開かれた構造**（オープン・テクスチャー）である
以上，避けられない。

> このような事案では，明らかに，ルールを決定する権威的機関が裁量
> を行使しなければならない。また，様々な事案によって提起される問
> 題を……あたかも唯一の正しい解答があるかのように取り扱う可能性
> は存在しない。(『法の概念』原著132頁)

実際，法の開かれた構造が意味するのは，次のことである。つまり，裁判所や公機関が諸々の状況に配慮しつつ，事案ごとに異なる競合する諸利害のバランスをうまく取りながら発展させるべき多くの点が残されていなければならないような，そうした行為領域が存在する。……こういったルールの周辺部や判例理論が開いたままにしている領域においては，行政機関が主に可変的規準を明確化する際に行使するようなルール創設機能を，裁判所が行使する。（『法の概念』原著135頁）

こうしてハートは，既存の法的ルールだけですべてが解決するわけでなく，裁判官が制定法解釈や過去の判例参照という名目の背後で準立法的な作業を行わなければならないと明言するのである。

法と道徳　このように，ハートは言語哲学的な視座から出発して，法をルールの体系として記述する。一般の人々が一次的ルールを遵守し，公務を担う人々が二次的ルールを受け入れているかぎり，そこには妥当性を持つ法体系が存在すると言えるのであり，そのことは，たとえその法体系が道徳的に邪悪なものであっても変わらない。つまり，法的な妥当性と道徳的な是認とは，切り離された別の話なのである。

ハートによれば，ナチスの法のような邪悪な法と向かい合うとき，人は次のように語るべきなのである——「確かにこれは法であるが，道徳的にあまりに不正なものであるため，それに従うことも適用することも不可能である」。むしろ，「法と道徳」を分離するこうした語り方こそが，一定の道徳的立場からの実定法批判を可能としてくれるのである。

Ⅱ　ハートと現代分析法学　　223

*Column*⑲　ハート＝デヴリン論争

1957 年,「同性愛と売春にかんする委員会」は 3 年にわたる調査の末,いわゆる『ウォルフェンデン報告』を英国下院に提出した。成人間の同意による同性愛や売春は公衆に不快感を与えない限り, もはや犯罪とは言えず, 私的道徳の問題にすぎない。これに対し, 裁判官の P. デヴリン (1905-92) は「公共道徳は社会の絆であり, それを蔑ろにし, 悪徳を野放しにすれば社会は崩壊する」と危惧を表明した。法と道徳を重ね合わせるこうしたデヴリンの主張に, ハートは自由主義の立場から真っ向から反論を加えている。公共道徳や社会的紐帯にかんするデヴリンの考えは想像の域を出ず, 多数者の道徳を少数者に強要するという意味で, 多数者による専制をもたらしかねない。実際に他人の生命・身体・自由・財産に危害を及ぼす行為がないのなら,「不道徳だ」という理由だけで処罰することは許されない。ミルの「危害原理」(**第 6 章 Ⅱ 参照**)を引き継ぐこうした主張は, 個人の自由とリベラリズムに対するハートの強固な信頼と支持を示すものにほかならない。　　　　　　　　(N)

自然法の最小限の内容

他方, ハートは『法の概念』のなかで, そもそも人が法という社会制度を必要とする理由として, **自然法の最小限の内容**といったことも述べている。(1)人間の傷つきやすさ (どんな人でも怪我や病気をする), (2)人間のおおよその等しさ (人はそれほど違わない), (3)限られた利他性 (多くの人は自己を犠牲にしてまで他人に尽くすわけではない), (4)限られた資源 (人はみな食料や衣類, 住居等を必要とするが, それらは無限にあるわけではない), (5)限られた理解力と意志の弱さ (人々は協働して暮らす必要があるが, 互いの言葉を間違って受けとめたり, 約束を守れなかったりもする)。

これらはいわば, 人々の集まりが一つのまとまりを持った単位として存続していくために, 考慮に入れなければならない人間の条件

のようなものである。人間にはこのような弱さや限界があるからこそ，法を必要とする。その意味で，ハートの言う「自然法の最小限の内容」は，必ずしも伝統的な意味での「自然法」ではないし，ましてや法と道徳の必然的連関を示すものでもない（もっとも，本節の冒頭でふれたフラーとの論争があったからこそ，ハートはこのような人間学的洞察を『法の概念』のなかに書き入れたのかもしれない）。

*Column*⑳　現代法実証主義のその後

ハート理論はさまざまな仕方で継承される。まず，法の記述の出発点となる「内的視点／外的視点」の区別が，後継者のJ.ラズ（1939-）やN.マコーミック（1941-2009）により，「自分はルールを受け入れないが，内的視点から人々がルールを受け入れている様を外から記述する」視点，つまり「距離を置いた視点」や「解釈学的視点」の明確化を通じて洗練される。そこからラズは『法体系の概念』（1975年）や『法の権威』（1979年），マコーミックは『法的推論と法理論』（1978年）等の論考を展開する。

次に，ハートの死後に出版された『法の概念』第2版「後書き」が，新たな論争を引き起こす。そこでハートは，ドゥオーキンへの応答として承認のルール次第では道徳的原理が法として認められる場合もあるといった考えを示したが，そこから，これを継承するJ.コールマンらの「包摂的実証主義」（「ソフトな実証主義」）と，「法と道徳」の峻別をあくまで維持し，「立法や判例など社会的事実により確証されるものだけが法である」とするラズらの「排除的実証主義」（「厳格な実証主義」）とが対立した。

また，「法と道徳」の分離テーゼの捉え方をめぐっても論争が生まれている。ハート自身は「法と道徳」の区別を現実の記述と考えていた。それに対し，J.ウォルドロンやT.キャンベル等の論者は，この区別はむしろ「法と道徳は峻別されるべきであり，それが望ましい」という規範的要求であると主張する。こうした立場は「規範的法実証主義」と呼ばれている。　　　　　　　　　　　　　　　　　　　　　　　　　　　　（N）

Ⅱ　ハートと現代分析法理学

〈参考文献〉深田三徳『現代法理論論争——R. ドゥオーキン対法実証主義』ミネルヴァ書房，2004 年

III　フラーとプロセス学派

フラーの人柄と業績

IIの冒頭で取りあげた「論争」のもう一方の主役は，ハーヴァード大学の法哲学者フラーであった。20 世紀初めにテキサス州に生まれたフラーは，まず経済学を学び，次いで法実務の前提となる法務博士号（J. D.）をスタンフォード大学で取得する。その後は研究者の道へ歩み，ドイツ軍のポーランド侵入により第二次世界大戦が始まる 1939 年，ハーヴァード・ロースクールに赴任している。

社交的で親切な人柄であったフラーは，ナチスから逃れアメリカに亡命していたケルゼンの就職先探しや，ハートをはじめ海外からの研究者の招聘にも力を尽くした。また，教育熱心でもあったフラーは，印象的な論文『洞窟探検家事件』を書き残している。洞窟の探検中に遭難した人々が，くじ引きにより仲間の一人を殺害し，その肉を食べて生き残るが，救出後に裁判にかけられる。これに対し，複数の裁判官が各々異なる法的推論を通じ，まったく異なった判断を下す——こうした内容のこの論文は，ロースクールでの初学者向け教材として長らく用いられ続けている。

契約法学者としてもフラーは重要な業績を残している。フラーは当時の通説であった意思主義的な契約理論から離れ，原状回復に力点を置いた現実主義的（リアリズム）な議論を展開し，コモン・ロー圏におけるその後の契約法理論に大きな影響をあたえた。

226　第 10 章　戦後の法理論

リアリズム法学から自然法論へ

法哲学者としてのフラーの仕事はどのようなものであっただろうか。まずフラーは、ハーヴァード大学移籍翌年の連続講義を収めた、『法の自己探求』（1940 年）のなかで、契約法における彼の業績でも見られたようなリアリズム法学的側面を含みつつも、同時にこれを批判する議論を展開している。フラーによれば、リアリズム法学も実証主義の一種であり、ともに「現に存在している法」（is）と「在るべき法」（ought）を切り離そうとするが、われわれが実際に経験する生のデータにあっては、いわば両者は互いに混じり合っている。よって、法学が取り組むべき課題は「道徳的事実とでも呼ばれ得るもの」つまり法の道徳的次元を解明し、「法を倫理的な文脈において」理解することにほかならない。こうしてフラーは**自然法の再生**を主張する。

しかし、フラーの自然法論はあくまでも世俗的なものであって、決して実定法を超えた**高次の法**を主張するものではない。また、それは近代社会の変質を見据えたものでもあった。経済や社会の再編を伴う高度化した現代社会では、政府の**命令**を後ろ盾とする立法的・行政的法令が頻繁に発せられる。だがその一方で、何らかの道理にかなった**理性＝理由**がそれらに伴っていなければ、そうした法令の遵守の強要がもたらすものは専制でしかない。そこからフラーは、事実として**命令**がありさえすれば「法」と認める法実証主義を批判し、**理性＝理由**による裏づけを求める自然法論を擁護するのである。

法の内在道徳

IIの冒頭で紹介したフラーによるハート批判は、このような文脈のなかにある。「論争」の後に出版された主著『法の道徳性』（1964 年）では、そうしたフラー独自の法理論が、法の**法律性**（legality）――すなわち、法

III　フラーとプロセス学派　　**227**

を法たらしめるもの，ないしは法を法とする手続的条件としての**法の内在道徳**をめぐる議論として展開される。

フラーは想像上の立法者レックスを登場させ，彼の立法作業がことごとく失敗する様を描き出す。彼が失敗するのは，彼が制定する**法が法の内在道徳**と呼ぶべき次の8つの条件を満たしていないからである。

(1) 一般性（法は誰にも分け隔てなく適用されなければならない）

(2) 公布（法は公布を通じ，広く人々に周知されなければならない）

(3) 将来効（法が効果を有するのは公布後のみであり，それ以前に遡って適用されてはならない。遡及効の禁止）

(4) 明瞭性（誰にでも理解できる表現で書かれていること）

(5) 首尾一貫性（法令相互間に矛盾がないこと）

(6) 遵守可能性（到底遵守などできない無理なことを要求していないこと）

(7) 恒常性（むやみに変更されないこと）

(8) 公権力との合致（公布された法令が公権力の行動と合致していること）

これらの8条件，つまり**法の内在道徳**には，人間の生存と社会生活のために必要となる最小限度の**義務の道徳**という側面とともに，「さらに完成された姿へと近づくべし」といった**熱望の道徳**の側面もある。「法の内在道徳」は一種の自然法であるが，**高次の法**として法の具体的内容を外側から規制するような**実体的自然法**ではなく，むしろ立法や裁判等の個別的な適用過程において，法が本来の在るべき姿から逸脱しないよう指針を提供する**手続的自然法**にほかならない。そして，このようなものが存在すること自体，**法と道徳の必然的な不可分性**を示すものであるとフラーは考えるのである。

228　第10章　戦後の法理論

| 法の制度＝手続研究と
| プロセス学派

以上のフラーの法哲学の根本にあるのは「法は人間の行動をルールの支配に服せしめようとする目的追求的な企てである」という法理解である。

このような法理解から，狭義の法哲学を超えた，学際的なアプローチによる「法 過 程」の研究を行っている。彼は，紛争や社会問題をめぐる個別類型ごとに，その解決のためにはいかなる手続形式——たとえば，裁判，立法，仲裁，調停，契約，管理的指示，くじ引き，慣習など——が相応しいかを明らかにしようと試みている。死後に出版された論文『裁定の諸形式と限界』は，フラーのこうした業績の一つの頂点であるが，実はその最初の版は「論争」の端緒となった1957年に執筆され，ハートも参加した「法哲学討論グループ」で配布されている。しかも，まさにこの時期に，フラーは『社会秩序の原理』という未完の著作を構想しており，ここでも彼は，法を「社会的アーキテクチャー」と捉えた上で，法の実質的目的である「善き秩序」の実現に必要な制度的手段に目を注いでいる。

こうした関心は，ハーヴァードの同僚ヘンリー・ハートと A. サックスによる画期的な法学教科書『法 過 程』（1957年）とも密接に関係している。謄写版として流通し，同校の学生たちや若い研究者たちに大きな影響をあたえたこの本は，**プロセス学派**ないし**プロセス法学**という言葉を産むこととともなった。プロセス学派は，かつてアメリカ法学を席巻した演繹論理的な形式主義（第7章Ⅱ）や，法的判断を裁判官の直感や政治信条に還元してしまうリアリズム法学（第9章Ⅱ）をともに批判し，法的判断の特質をそこに内在する「理性的なもの」との関連で捉えようとする立場であり，主流的な法理論として現在もアメリカ法学に大きな影響を残している。

Ⅲ　フラーとプロセス学派　　**229**

フラー理論の全体像

この文脈で特筆すべきことは次の点である。

法過程の制度＝手続的研究にあってフラーの参照枠組みとなったのは──分析的な言語哲学にこだわったハートとは異なり──むしろ，人類学や社会学，そして経済学といったさまざまな社会科学であった。「暗黙知」を論じたことで有名な物理学者＝科学哲学者 M. ポランニーの「多中心性」の概念，社会学者 E. ゴッフマンの役割理論，経済学者 J. M. ブキャナンや G. タロックによる創生期のゲーム理論と公共選択理論といった具合に，さまざまな理論を参照しながら，フラーは人間相互のコミュニケーションにおける道徳的に善き目的の実在や，通常の国内裁判，労働＝商事仲裁，行政調停，国際法廷といった裁定の諸形式とそれに対応する問題類型の連関が経済学的合理性とも合致するものであることを確証しようと試みている。

つまり，ここでもやはりフラーの関心の核心は，社会秩序のなかから人間の自然法則を導き出すこと，しかもそれを，単なる効率性にとどまらない，互恵性，正義や公正，他者に危害を加えないことといった具体的な価値，すなわち制度内在的な道徳性へと結びつけることであった。制度的デザインと道徳性の不可分な関係性を明らかにすること，諸々の法過程を取り仕切る一定の類型を素材として，そこから独自の自然法理論を創り上げること，これがフラーの目指した全体的な研究アジェンダであったと言えるかもしれない。

ハート＝フラー論争がもたらしたもの

本章**Ⅱ**のはじめに紹介したハート＝フラー論争にあっては，議論の土俵を設定し，分析的で緻密な議論を展開したハートの勝利であったかのように語られる場合が少なくない。しかし，両者の立場や関心はそもそも異なっており，どちらが勝ったか負けたか，あるいは「法実証主義か自然法論か」といった次元で「論争」を捉え

230 第10章 戦後の法理論

るならば，そこに含まれていた豊かな論点の数々は失われてしまうだろう。

　この2人の法理論にかんしては，次のような指摘もある。ハートの分析法学が，法をめぐる営みの流れをある一時点でスライスした上で，その断面に見えてくる法体系に着目し，その構造を分析するような「法の解剖学」であったとすれば，フラーの法理論は，その研究アジェンダ全体として眺めれば，法をめぐる諸制度を時間の流れのなかにある動態として探るといった，いわば「法の生理学」であった。実質的には，両者の「論争」はすれ違いに終わったが，このような2つの関心はその後の英米法理学においても，J. ラズ，N. マコーミックといったハートの理論的な後継者，そして，ハート理論に対する徹底的批判から独自の解釈的法理論を構築したR. ドゥオーキンへと引き継がれることとなる。

Ⅲ　フラーとプロセス学派　　231

第11章 現代法理論の展開

> 1960年代から90年代にかけては、資本主義ブロックと共産主義ブロックが対峙する東西冷戦の時代であり、それは1989年のベルリンの壁崩壊まで続く。同時に、この時代は公民権運動、ベトナム反戦、学生反乱、女性解放運動と、それにともなうライフスタイルの大きな変革の時代でもあった。このような時代に直面し、法理論はどのように対応したのだろうか。

I ドゥオーキンの「解釈としての法」

ドゥオーキンとその時代

ロナルド・ドゥオーキン（1931-2013）は、第10章で取りあげたハートとならんで、20世紀の英語圏を代表する法哲学者と呼ぶことができる。オックスフォード大学法理学講座をハートから引き継ぐとともに、アメリカのニューヨーク大学でも教鞭をとり、ジェット機で大西洋を横断し、いわば2つの大陸を股にかけて活躍した、最初の世代の法哲学者である。ドゥオーキンは、法を道徳の一部と捉えた上で、法を一貫性ある建設的な解釈の営みと捉える独自の法理論を展開した。また、それとともに、そうした法理論が「各人の自由を等しく尊重し、その境遇に等しく配慮する」リベラリズムの立場と不可分なものと考え、政治的デモの権利と市民的不服従、アファーマティブ・アクションと逆差別、人工妊娠中絶や尊厳死の是非、9.11同時多発テロと緊急事態法といった時代の政治的な諸課題についても、一貫した態度で発言し続けた。

232 第11章 現代法理論の展開

> **ハートの法実証主義批判**

ドゥオーキンのデビュー作は，1970年代に公表された『権利論』——原題は「権利を真面目に考える」——であった。彼の出発点は，ハートの実証主義的な法理論——とりわけルール中心の法理解を批判した上で，そこからハートの司法的裁量論を堀り崩すという点にあった。ハートが法を「社会的ルールの体系」と捉えたのに対し（第10章 *II*），ドゥオーキンは，法はルールでなく，むしろルール適用を統制する**原理**群からなる隙間のない全体であると主張した。

　もし法という営みが，「全か無か」といった仕方で適用される**ルール**だけで作られているのであれば，そうしたルールが事前に存在しない**難事案**に直面した際，裁判官は，立法者と同様に新たなルールをつくる——つまり**裁量**を行って解決を図るほかない。

> **法の原理と「唯一の正しい解答」**

しかし，実際の裁判例を振り返ってみると，裁判官たちはルールとは異なる別の規準，すなわち**原理**を用いながら，難事案を上手に解決していることが分かる。ここで言う原理とは，国民の基本的権利にかんする憲法の諸規定や民法の一般条項のように，ルールが存在する場合はその適用の指針となり，ルールが存在しない場合でも，その原理が使われている一連の事案を参照すれば解決の方向が自ずと見えてくるような，独自の働きをする法的規準である。また，これらの**原理**は，法や社会の歴史の中で生まれ，その検証に耐えてきたような道徳的内容を有するものでもある。

　一見するとルールが存在しないと思われる**難事案**であっても，法の原理に訴えかけることによって法制度内在的な**唯一の正しい解答**を見つけ出すことができる。このようにドゥオーキンは，ルールに代えて**原理**を法理論の中心に据えることにより，どんな難問にも

I　ドゥオーキンの「解釈としての法」　**233**

「正解」を見出すことのできる隙間のない全体として法を捉えるのである。

解釈的実践としての法　その後，ドゥオーキンは，1986年に出版された主著『法の帝国』のなかでこうした法理解をさらに洗練させ，理論的な意味でも道徳的な意味でも首尾一貫した**解釈**の営みと捉えるような，全体的な法理論を展開する。まず，ドゥオーキンは，法解釈と文芸解釈の類似性を指摘する。ある1枚の写真が芸術か否かといった判断が，芸術についてのその人の理解を指し示すのと同様，1つの事件にかんするある裁判官の判断は法という営み総体にかんするその人の理解を示すからである。

法解釈における3つの態度　ドゥオーキンは，英米法史に残るいくつかの重要判例を取りあげて，それを実際に解釈しながら，法解釈における3つの態度を区別する。一つは「先例を遵守して，社会の安定性を維持すれば十分である」とする**コンベンショナリズム**であり，もう一つは「既存の判例を無視してでも社会的に最善の解決策を見つければ良い」とする**プラグマティズム**である。しかし，ドゥオーキンは実際にも見られるこれら2つの態度を批判し，3つめの態度として，形式的な意味でも道徳的な意味でも過去の判決との首尾一貫性を何よりも尊重しながら，建設的判断を創造し続けていく営みとして法を捉える態度，すなわち，**インテグリティ（純一性＝一貫性）としての法**という法の捉え方を提示する。

インテグリティとしての法　法の強制力を人々が受け入れるのは，同じ「法の共同体」の成員である誰に対しても，一貫した「同じ一つの声」で語るからにほかならない。つまり，法は，複数の作者が同じ一つの物語を語り続ける**連鎖小説**にも似た営みなのである。こうしてドゥオーキンは，

234　第11章　現代法理論の展開

超人的な能力を持つ哲人裁判官ハーキュリーズを登場させて，純一性としての法のあるべき解釈モデルを次のように説明する。まず，考えられるいくつかの解決案の中から，過去の判断＝判例と形式的に矛盾しないものを選び出す（適合性テスト）。次いで，こうして選ばれた解決案のなかから，法制度の全体から見てそれと道徳的に合致しているものを選び出す（正当性テスト）。そして，これら二段階のテストをくぐり抜けた解決案だけが，形式面においても，道徳的な意味においても唯一の正しい解答であると言うことができるのである。

政策と原理・権利テーゼ・インテグリティ

彼の法理論の道徳的次元を理解するためには，まず，政策と（狭義の）原理の違いを理解する必要がある。政策が「達成すべき何らかの目標――一般的には，共同体についての何らかの経済的，政治的，ないし社会的側面の改善――を設定するような規準」であるのに対し，原理とは「正義や公正，あるいは何かそれ以外の道徳的次元が要請するがゆえに遵守されるような規準」であり，権利の概念とも密接に結びつく。そしてドゥオーキンは，法はつねに政策の論法よりも，原理の論法が優先すると主張する。つまり，法的判断にあっては，経済的，政治的に社会が改善されるといった政策的理由によって，個人の有するいわば「切り札」としての権利が犠牲にされるといったことは許されないのである（権利テーゼ）。そして，これはインテグリティの道徳的次元とも関連する。インテグリティは個人の権利とその平等性と密接にかかわる。

インテグリティとしての法は，法や法的権利といったものを心底から受け止める。……インテグリティとしての法によれば，法による諸々の制約は単に予見可能性や手続的公正を提供するとか，あるいはそれ

I　ドゥオーキンの「解釈としての法」　**235**

以外の何らかの道具的な仕方で社会の利益となるのではない。法による制約が社会の利益となるのは，市民たちが形作る共同体をさらに正真正銘の本当の共同体へと変化させ，その共同体によりなされる政治的権力の行使の道徳的正当化を向上させるような，そうした類の市民間の平等を保障するからなのである。(『法の帝国』第3章)

批判と意義　ドゥオーキンの法理論は，同時代の諸理論や政治や社会の動向との関連の中に置くことで，最もよく——彼自身の言葉では「最善の光の下で」——理解することができる。彼がハート批判から出発した点はすでに見たが，『法の帝国』におけるコンベンショナリズム理解も，ハート流の法実証主義の再構成と見ることができる。また，**政策論法**と**原理論法**との対置，そしてプラグマティズム批判は，功利主義や後述の「法と経済学」への応答としても読むことができる。さらには，最も論争を呼んだ「唯一の正しい解答」テーゼについて言えば，法的判断の不確定性とその最終的な政治性を説く「批判法学」(Ⅲ)と関連させて理解することにより，その意義はさらに明確なものとなる。

　そもそも「インテグリティ」という言葉は，首尾一貫性とともに道徳的な誠実性も意味している。2001年9月11日にニューヨークで起こった貿易センタービルへのテロ攻撃の反動として，市民の権利の制限を可能とする一種の緊急事態法——「米国愛国者法 USA PATRIOT Act」——が制定されたとき，いち早くその危険性について警鐘を鳴らしたのはドゥオーキンその人であった。遺著となった『ハリネズミの正義』(2011年)にも示されているように，ドゥオーキン理論の最大の魅力は，個人の尊厳の基盤である自由を守り抜こうとする，その首尾一貫した誠実性にあると言うことができるだろう。

II 「法と経済学」

ポスト・リアリズム

リアリズム以降のアメリカにおいて主流となった理論は，ハート，サックス，ウェクスラー，そしてフラーを中心とするプロセス学派（第10章*III*），さらには*I*で取りあげたドゥオーキンの解釈理論であったと言うことができる。しかし，今日のアメリカ法学には，リアリズム法学の問題関心を引き継ぎながら，それを新たな理論的基盤の上で展開するような，「ポスト・リアリズム」とでも呼ぶべき別の流れも存在する。

その一つが，リアリズムにおける社会科学への着目と実用主義的な側面を受け入れながら，経済学的合理性から法を説明しようとする「法と経済学」（Law and Economics）であり，もう一つが，リアリズムが強調した「法の不確実性」の考えをさらに進め，法の政治化を推し進めようと試みた「批判法学」（Critical Legal Studies, CLS）であった。

「法と経済学」の始まり

「法と経済学」ないし法の経済分析は，第9章*II*で示したような，リアリズム法学における社会科学的知見の取込みに基づく，学際的領域の拡大の最初のケースとして始まった（今日では，これ以外にも「法と開発」，「法と文学」，「法と心理」等々の，「法と○○」の名称を冠した学際研究が活発に繰り広げられている）。

従来から，独占禁止法などの分野では法と経済理論が密接不可分の関係にあったが，1960年代以降，不法行為法や契約法などの伝統的なコモン・ローの分野や，憲法，行政法，正義論にも経済学的分析をとりいれようとする動きが生じた。

ノーベル経済学賞を受賞したロナルド・コース（1910-2013）は，

『社会的費用の問題』（1960年）において，契約などの交渉にかかる時間や金銭などの「取引費用」がゼロの場合には，法による損害賠償などの権利の設定とは無関係に，当事者間で効率的な資源配分が行われるという，いわゆる**コースの定理**を打ち立てた。しかし，取引費用がゼロでない場合には，法が資源配分に影響を与えるため，その経済的効果について裁判所は考慮しなければならないと主張した。

また，イエール・ロースクールの学長でもあったグイド・カラブレイジ（1932-）は，現代の事故社会における損害賠償責任のあり方を経済学的に分析した。彼は，『事故の費用』（1970年）において，個人の過失責任制度にとどまらず，最も安い費用で損害を回避できる者が負担する危険分散や損失分配の仕組みについて論じることで，「経済的に余裕のある者が責任を担う」というディープ・ポケットの理論を含め，企業責任の経済的意義を明らかにし，それにより現代的な事故補償制度の理論的基礎を築いた。

ポズナーによる法の経済分析

「法と経済学」の隆盛は，リチャード・ポズナー（1939-）の登場によるところも大きい。彼は，ブラウン判決を出したウォーレン・コートを支えたブレナン裁判官のロー・クラークや，黒人初の合衆国最高裁判事となったサーグッド・マーシャルのアシスタントを務め，アメリカのリベラルの申し子のような経歴を持つ。しかし，第二次世界大戦後の大学紛争や社会的混乱を経験した後に，理性的な話し合いによる正義の実現というリベラルな信念と決別し，「富の最大化」という没価値的な客観的基準を提供するものとして，経済学的な法分析を採用するに至った。

パレート効率性や**コースの定理**といった諸理論は，必ずしも特定の法政策を支持するものではなかった。しかし，ポズナーは，彼らの

238　第11章　現代法理論の展開

理論を既存のコモン・ロー解釈に巧みに適合させることによって，学者として，また裁判官として，国家による市場介入や再分配政策に反対する論文や判決を精力的に執筆した。この方向は「戦後の脱イデオロギー化の要求に応えるものである」として，経済界の絶大な支持を得ることとなった。しかし，1980年代以降の新自由主義（ネオ・リベラリズム）の政策推進に寄与したように，現在では，こうした方向性は脱イデオロギー化とはむしろ逆に，特殊な解釈を施された経済学によって法を一元的に評価する，形式的な疑似科学主義の再来とも評価されている。ポズナー自身は，その後，経済学的考察は法の多様な判断要素の一部に過ぎないとする，よりプラグマティックな立場へと方向を転換させている。

III 批判法学

批判法学の時代的背景　IIで述べた，いわゆる「ポスト・リアリズム」のもう一つの潮流が**批判法学**である。批判法学には2つのルーツがあると言われている。その一つは，1960年代に試みられたラテンアメリカ諸国へのアメリカ法学の輸出を理論面で支えた「法と開発」が，結果的にアメリカ的価値の押しつけと現地の社会システムの破壊をもたらす結果に終わり，失敗したということ，そして，もう一つは，ほぼ同じ時期に世界中を席巻した，社会の不公正に対する怒れる若者たちの「学生反乱」が挫折したことである。そのどちらもが，アメリカ法や主流的法理論の普遍性や中立性に対する，深い懐疑を育むこととなったと言われている。

法の不確定性と法の政
治性

批判法学はリアリズムと同様に**法の不確定
性**について論じ，さらにはその**決定不能性**
を問題とする。法は首尾一貫した体系など
ではなく，さまざまな対立するイデオロギーの複合体であり，その
ため，それらを反映するルールや原理は法体系の内部で互いに矛盾
した状態にある。このような不確定性や矛盾のため，法のルールや
原理は多様な解釈を許容し，その結果，政治的に操作可能なものと
なる。

リアリズムとは異なり，法の中立性やリベラリズムの価値に対し
ても懐疑的な立場から，批判法学は，アメリカの法理論や法実務は
実際には企業を利して，弱者を抑圧する秩序を正当化してきたと主
張した。彼らは，1954年の**ブラウン判決**や1964年の公民権法に結
実した**公民権運動の流れ**（*Column*㉓）を支持しつつ，理論面では，
フロイトの精神分析，A. グラムシやH. マルクーゼのネオマルキシ
ズム，ウィトゲンシュタインの言語ゲーム論，M. フーコーやJ. デ
リダなどフランス現代思想など，多様な思想を取り込みつつ，既存
の法秩序と価値観を批判し，東西のイデオロギー対立のような大き
すぎる対立枠組みでは見逃されてしまうような，ミクロな権力関係
も含めて，さまざまな制度改革の提案を試みた。

アンガーとケネディ

批判法学運動を導いた主要な理論家として
は，2人のハーヴァード・ロースクール教
授，ロベルト・アンガー（1947-）とダンカン・ケネディ（1942-）を
挙げることができる。

後に祖国ブラジルの政府閣僚としても活躍したアンガーは，リベ
ラルな権利論や主流的法理論の保守性を批判し，社会制度の非必然
性と可塑性を論じ，豊かな「制度的想像力」によって，新しい社会
に相応しい多様な代替案を提示すべきであると主張した。また，ア

240　　第11章　現代法理論の展開

ンガーとともに批判法学運動の立役者となったケネディも，法学文献の丹念な読解を通じ，その内的矛盾を暴き出すといった理論的実践や，リベラルな法教育を目指すロースクールそれ自体が社会的階層構造を再生産する装置となっているといった主張で有名である。

フェミニズム法学・批判的人種理論へ
批判法学の真骨頂は，東西対立のような大きなイデオロギー対立やグランド・セオリーに対する懐疑の表明にあった。しかし，ベルリンの壁の崩壊とともに，ネオマルクス主義の残滓をはらんだその理論的な魅力は次第に色褪せ，後に「ポストモダン法理論」と呼ばれるさまざまな試みへと解体していくこととなった。

　また実践面でも，より直接的な社会意識の変革を目指し，個別的事案をめぐる裁判闘争を通じ，体制による不正や抑圧の是正を呼びかける，**フェミニズム法学**や**批判的人種理論**（Critical Race Theory）が台頭し始めると，批判法学は，現状批判の有効性においてもその意義を薄れさせることとなった。

Ⅳ　フェミニズム法学

前史としての女性参政権運動
アメリカ独立宣言とそれに継ぐフランス人権宣言は，すべての人の平等と自由を高らかに宣言したが，そこに女性は含まれてはいなかった。女性は知力や体力の点で本来的に男性に劣り，家長や夫に従うべきものとされ，そのため政治参加や教育の機会を否定されていたのである。

　フランスのオランプ・ド・グージュ（1748-93）は，人権宣言に対抗し，『女性の権利宣言』（1791 年）を執筆した。しかし，彼女は反革命的であるとして処刑されてしまう。また同じ時期のイギリスで

Ⅳ　フェミニズム法学　**241**

は，メアリ・ウルストンクラフト（1759-97）が『女性の権利の擁護』（1792年）を著したが，女性にも男性と同等の教育が必要であると説く彼女の主張はあまりに先進的であるとして受け入れられることはなかった。その後，1804年に制定されたフランス民法典においても，既婚女性の権利能力は否定されたままであった。

　それでも，普遍的な人権の理念は，19世紀後半において，女性の権利獲得に力を与え，各先進国における女性の参政権獲得運動につながっていった。たとえば，ミルは，『女性の隷従』において（第5章Ⅱ），個人の解放や自己決定の自由という近代法の根本原則が，女性に対しては適用されないことの不当性を指摘した。このような一連の意識改革の結果，19世紀末のニュージーランドを始めとして，1918年にはイギリスで部分的に，1920年にはアメリカで女性に全面的な選挙権が認められた。これらの実現には，第一次世界大戦における各国の挙国一致政策，すなわち勝利のための総動員体制の一貫として女性の協力を得たいという政治の思惑も働いていた。

*Column*㉑　日本のフェミニズム——戦前

　日本では，大正デモクラシーの時代に女性の参政権運動の萌芽が生じた。平塚らいてう（1886-1971）による女性解放雑誌『青鞜』（1911-16年）が出版された時代は，西欧世界における第一波フェミニズムの時代と呼応する。青鞜とは，女性がはく従来の黒いシルクの靴下ではなく，青い毛糸の靴下のことであり，それはロンドンでの女性解放運動のシンボルであった。

　当時の先端的な女流歌人であり，既婚者であった鉄幹と恋愛の末に結婚するなど，新しい女性像にも寄与した与謝野晶子（1878-1942）も，『青鞜』創刊号に「山の動く日来る」で始まる，女性を今はまだ眠っている山に喩えた詩を寄稿した。らいてうと晶子は，異なる女性観を持っていた。与謝野晶子が，他者への「依頼主義」，または，女性が母や家

242　第11章　現代法理論の展開

庭の主婦であることから脱し，経済的自立を含めた個人としての生き方を追求することによって自由を得られると「女権」を論じたのに対し，平塚らいてうは，政府による貧困対策を含め，母性の保護が女性の権利の実現につながるとする「母権」を論じた。

　平塚らいてう等による女性解放運動は，市川房枝（1893-1981）や奥むめお（1895-1997）等に引き継がれ，三十余年にわたる婦人参政権運動の末に，戦後，日本でも女性に参政権が認められた。1946 年に実施された戦後初の総選挙では，日本初の女性議員 39 名が誕生した。 （A）

〈参考文献〉青鞜社編『青鞜〔復刻版〕』不二出版，1983 年

第二波フェミニズム

　第二次世界大戦の終了を挟み，1944 年にフランスで，1945 年には日本でも，新たに女性の参政権が認められた。これらの成果を踏まえて，1960 年代には新たな潮流が生まれる。これは現在では，第二波フェミニズムといわれるが，それに対し，女性参政権運動を主眼とする男女同権を目指した従来の運動は，第一波フェミニズムと呼ばれるようになった。

　第二波フェミニズムの特徴は，参政権や所有権などの政治的・法的な男女同権だけでは女性差別の問題は解決せず，人々の意識や社会構造の変革が必要であると主張する点にある。婦人参政権の獲得に示されるような，公共的な場所での女性の権利容認のみでは到底解消されえない，日々の生活の中での男女差別が指摘され，「個人的なことは政治的なことである」という言葉をスローガンに，この運動は目覚ましい進展を見せた。家庭に閉じこもる主婦の社会的疎外を描き出したベティ・フリーダン（1921-2006）の『女性らしさの神話』（1963 年）は，「ウーマン・リブ」といわれる女性たちによる広範な抗議活動を生み出した。

Ⅳ　フェミニズム法学　　243

ラディカル・フェミニズムとカルチュラル・フェミニズム

このような中で，ミシガン大学ロースクールで教鞭をとるキャサリン・マッキノン（1946-）は，社会に横たわる**家父長制**の権力構造と意識を批判する，ラディカル・フェミニズムを主導した。

女性の日常生活が展開されている領域，すなわち日常の多くの虐待がなされているこの舞台は，「私的領域」と名づけられている。……日常生活においてはプライヴァシーは男のものである。……日常生活における女性は，私的領域ではいかなるプライヴァシーも持っていない。私的領域では，女性は男性の主体性と男性権力の客体である。（マッキノン『女の生，男の法』〔2005年〕第1章）

さらにマッキノンは「実生活で権力をもつ者が法においても権力をもつ」として，家庭内暴力，ポルノグラフィ，セクシュアル・ハラスメントを許している法の現状を厳しく非難する。現行法は，プライヴァシーの名の下で家庭内暴力を許容し，表現の自由の下にポルノグラフィやセクシュアル・ハラスメントを許容し，中絶禁止法によって助けを求めている女性を犯罪者としている，と痛烈な批判を浴びせた。

しかし，ラディカル・フェミニズムの描く支配者＝男性，被支配者＝女性という図式は，女性自身が女性に対する偏った見方に囚われ，その結果，構造的な差別を支持し，助長するといった事態を十分に説明できない。またこの図式では，女性が女性であることの積極的な意味についても，抑圧の被害者であること以上の意味を見出すことができない。また，このような敵対関係としての両性の描写は，現状批判としての力はあっても，新たな男女関係の道を示すものとしては示唆に乏しいとの批判も受けている。

これに対し，カルチュラル・フェミニズムといわれる理論動向は

244　第11章　現代法理論の展開

異なった視点を打ち出している。発達心理学者であったキャロル・ギリガン（1936-）は，著書『もう一つの声』（1982年）において，人々の間には正か不正かの**正義の倫理**だけではなく，痛みを抱える人間同士が，傷つけあわずに支えあう**配慮の倫理**が存在しており，関係性に重きを置くそうした倫理が子供や老人や障碍者などの生活を支える女性によって体現されてきたことを示した。これは，ロールズに代表されるリベラルな正義論（第12章 I・II）の盲点を指摘するものであると同時に，ケアや福祉の倫理の社会的制度化を促す理論ともなりえるものであった。しかし，このような「女性性」の倫理を唱えることに対しては，女性の本質的価値は他者へのケアに長けていることであるという伝統的な女性観への回帰にもつながりかねないという批判もある。

*Column*㉒　日本のフェミニズム──戦後・━•━•━•━•━•━•━•━•━•━•━

　戦後の日本では，与謝野晶子と平塚らいてうの女権・母権論争の現代版とでもいうべき「主婦論争」が生じた。1955年『婦人公論』誌上に掲載された石垣綾子（1903-1996）の「主婦という第二職業論」は，結婚して離職し，専業主婦となった女性は，社会から離脱することによって人間的な成長が止まるとし，女性も経済市場で職業を持つべきだと主張した。これに対し，武田京子（1933-）は，労働と競争市場への参加にのみ価値を認める生き方よりも，日々の生活に確固と足を据えた生き方のほうが，自由で人間的であるとし，「主婦こそ解放された人間像」であると主張した。強さを競う市場から距離を置いた生活の場で，葛藤と弱さに直面しながら人間の生を支えるということの人間性を再評価する点において，武田のような主婦のあり方の再評価と，ギリガンの「ケアの倫理」は重なる。しかし，これは，男女にかかわらず人間生活を支える価値観であることがきちんと理解されず，女性に特有の「美徳」であると誤解されると，特定の女性像を称賛する「本質主義」となりかねない。

IV　フェミニズム法学　　**245**

本来は性別に関係はないが，歴史的に女性が主に培ってきたこのような「ケアの倫理」は，近年，岡野八代（1967-）によって，一国内の福祉を超えて，グローバルな連帯と平和を支える理論として提示されるに至っている。　　　　　　　　　　　　　　　　　　　　　　　　　　　　　　（A）

〈参考文献〉服部正『女たちの世紀——近代日本のヒロイン群像』大阪書籍，1986 年

| ポストモダン・フェミニズム |

第二波フェミニズムのさまざまな主張からは，女性の解放は，女性を支配する側とされる男性にも解放や自由をもたらす，という新たな見方が生まれることとなった。社会に存在する不平等や不自由が解消されれば，社会全体の偏見や不正義が無くなり，自由で豊かな関係性がすべての人々にもたらされるという考えは，男性女性の区別を前提とせず，またそれを前提とした異性愛を当然ないしは自然のものとせず，多様なセクシュアリティを認めることへも拡がっていく。このような主張は，ゲイ，レズビアン，トランスジェンダーなどの性的マイノリティの自由と平等，これらの人々に対する偏見から解放された社会という理想にもつながっていく。この新たな流れはポストモダン・フェミニズム，あるいは，元来は「奇妙な」を意味する「クイア」理論とも呼ばれる。第三波フェミニズムという言葉が使われることもある。

　デリダの脱構築やJ・ラカンの精神分析の影響を受けつつ，ドゥルシラ・コーネル（1950-）は，人は，性的な存在としての自己のあるべき姿を，他者との相互作用の中で可変的に見出していくと論じ，従来の「男性／女性」の性的区分を超えて，自己の新たなあり方を追求し続けていくことを可能とする「イマジナリーな領域」の重要性を説いている。

Ⅴ　戦後ドイツの法思想

> 東西ドイツの分裂

敗戦国となったドイツでは，占領国の米ソ対立が引き金となり，ドイツ連邦共和国（西ドイツ）とドイツ民主共和国（東ドイツ）という2つの国家が誕生した（1949年）。冷戦下に建築された**ベルリンの壁**（1961年）によって民族分断が決定づけられたが，その反面，西側諸国に属した連邦共和国では奇跡的な経済復興がなしとげられ，安定した社会の下，多彩な法思想が生み出された。

　その潮流のひとつが，すでに言及した，法実証主義と自然法論の「融合」や，それらに代わる「第三の道」を模索する動きである（**第10章Ⅰ**）。ヘルムート・コーイング（1912-2000），ハンス・ヴェルツェル（1904-77），ヴェルナー・マイホーファー（1918-2009），アルトゥール・カウフマン（1923-2001）らが代表的な論者であり，彼らは**事物の本性**をキーワードとして，それぞれが依拠する哲学的＝理論的基盤から両者の対立を乗り越えようと試みた。

> 自然法論と法実証主義
> のかなた

なかでも，ラートブルフの最晩年の弟子として，ドイツ法哲学界の第一線で活躍したのがカウフマンである。初期に独自の法存在論を展開したカウフマンは，自らの法哲学の集大成である『法哲学〔第2版〕』（1997年）において次のように主張する。「われわれは，**実体存在論的な自然法と機能主義的な法律実証主義のかなたにひとつの道を発見しなければならない**」（第3章）。カウフマンの解釈によれば，ラートブルフは当初よりこの「第三の道」を表明していたのであり，戦後に法実証主義から自然法論に転向したのではないとされる。

　ちなみに，『法哲学』第2版の最終章で取り上げられているテー

Ⅴ　戦後ドイツの法思想　**247**

マは**寛容**である。青年時代をナチズムという不寛容の時代に生き，自らも戦傷による後遺症に苦しめられたカウフマンにとって，寛容こそが彼の法哲学を締めくくるにふさわしい課題だったのかもしれない。

法律学的ヘルメノイティク

1960 年代に入り「第三の道」を探求する試みが落ち着きを見せると，裁判官の法解釈・法適用のあり方をめぐって法学方法論が活発に議論されるようになった。その有力な立場の一つが**法律学的ヘルメノイティク**（法律学的解釈学）である。主唱者の民法学者ヨーゼフ・エッサー（1910-99）と憲法学者マルティン・クリーレ（1931-）は裁判官の判決行動を分析するにあたって，当時隆盛していた哲学的ヘルメノイティクの知見を活用している。

ハイデガー（1889-1976）とその弟子ガダマー（1900-2002）によって提唱されたこの哲学によれば，人間の理解（解釈）は直線的ではなく循環的に深まっていくとされる。これを受けてエッサーとクリーレも，裁判官が法的三段論法（本頁下の例を参照）の順序に従って思考しているわけではないことを強調した。むしろ，刑法学者カール・エンギッシュ（1889-1990）が「視線の往復」という表現で主張したように，裁判官は規範（大前提）と事実（小前提）の両方を往復しながら判決（結論）へとたどり着いているのである。

> （大前提）人を殺した者は，死刑に処せられる。（法規範）
> （小前提）X は人を殺した。（事実）
> （結　論）よって，X は死刑に処せられる。（判決）

> **トピクとレトリック**　さらに法律学的ヘルメノイティクの登場と相前後して，**実践哲学の復権**の動きが見られるようになり，法哲学においてもアリストテレス（**第 1 章IV**）の『弁論術』や『トピク』などの作品が見直されるようになった。たとえば，テオドール・フィーヴェク（1907-88）は『トピクと法律学』（1954 年）において次のように主張する。法律学では厳密な論理を重んじる**体系思考**よりも目下の事案の解決に向けられた**問題思考**が重要であり，それゆえ，アリストテレスが上記の著作で扱った蓋然的な実践的推論が再評価されるべきである。

　法学におけるレトリックの研究者としては，ほかにも『法律家のレトリック』（1978 年）などの一連の著作で知られるフリチョフ・ハフト（1940-），『法律家の論理』（1976 年）を公刊したベルギーの哲学者カイム・ペレルマン（1912-84）らが有名である。

> **ルーマンの経歴と著作**　以上のように戦後の西ドイツでは多種多様な法思想が登場したが，現在でもとりわけ熱心に研究されているのが，ニクラス・ルーマン（1927-98）の**システム理論**とユルゲン・ハーバーマス（1929-）の**コミュニケーション理論**である。

　フライブルク大学で法学を学んだルーマンは，行政実務に携わったのち，アメリカ留学の機会を得て，社会学の権威であったタルコット・パーソンズ（1902-79）に師事した。ドイツに帰国後，新設のビーレフェルト大学社会学部の教授に着任すると，死の間際まで「システム理論」に基づく大量の著作を執筆し続けた。

　ルーマンが扱うテーマは，社会をトータルに理解しようとした彼の企図にふさわしく，政治，経済，宗教，教育，芸術，科学などほぼすべての社会領域に及んでいる。とりわけ法に関する著作は，『制度としての基本権』（1965 年），『手続を通しての正統化』（1969

V　戦後ドイツの法思想　　**249**

年），『法社会学』（1972年），『法システムと法解釈学』（1974年），『法の分化』（1981年），『法の社会学的観察』（1986年），『社会の法』（1993年）など多数にのぼる。

| ルーマンの法理論 |

しばしば指摘されるように，ルーマンの著作は俗に「ルーマン語」と呼ばれる独特の用語を駆使して叙述されているため，彼の法理論に近づきにくいのは事実である。しかし，システム理論の視点から法を観察することによって，従来の法理論では見落とされていた法の特質や機能に気づかされることも多い。彼の法システム論の要点のみを拾い出すと，おおよそ次のようになる。

ルーマンによれば，法システムとは，政治システム，経済システム，科学システムなどと同じく全体社会のなかで分化した部分システムのひとつであり，その特色は「法／不法」の二分コードに基づいたコミュニケーションによって作動する点にある。平たく言えば，法システム——特に裁判の場面——においては「あなたの行為は合法（あるいは不法）だ」といったたぐいのコミュニケーションのみが有意味とされ，「法／不法」の二分コードから逸脱する要素は法システムの外部へと排除される。このように閉じられたシステムとして法システムが作動することにより（作動上の閉鎖性），さらなる法的なコミュニケーションが自己産出（オートポイエーシス）されていき，法システムの自律性が強化される。ルーマンが述べるように，「法は，自分自身から出発する閉じられた宇宙として把握されなければならない」のである（『社会の法』第7章第4節）。

こうしたルーマンの法理論は，グンター・トイプナー（1944-）の『オートポイエーシス・システムとしての法』（1989年）などにも批判的に継承され，いまも独自の展開を続けている。

ハーバーマスの経歴と著作

ハーバーマスはフランクフルト学派第二世代を代表する哲学者であり，戦後ドイツのオピニオン・リーダーとして数多くの知識人と論争を繰り広げたことで知られている。ルーマンとのあいだにも，1960年代末から1970年初頭にかけて論争が行われている。

　フランクフルト学派とは，第二次世界大戦前にフランクフルト大学に設立された社会研究所で活動した人びとを指し，『啓蒙の弁証法』（仮綴版1944年，初版1947年）の共著者ホルクハイマーとアドルノ（**第9章I**）らがその第一世代にあたる。アドルノの助手として彼らの薫陶を受けたハーバーマスは『公共性の構造転換』（1962年）で脚光を浴びると，フランクフルト大学とマックス・プランク研究所を中心に旺盛な研究活動を展開した。その最大の成果が，彼の主著『コミュニケーション的行為の理論』全2巻（1981年）である。

コミュニケーション的行為の理論

複雑な構成をもつ同書で取りあげられるテーマは多岐にわたるが，その核心にあるのは，タイトルにも掲げられた**コミュニケーション的行為**である。ハーバーマスによれば，コミュニケーション的行為とは言語実践を通じて相手との合意を得ようとする行為であり，（ときに権力などを背景にして）自己の目的を実現しようとする戦略的行為とは区別される。もちろんコミュニケーション的行為においても，話し手の妥当性要求に対して聞き手が同意しないこともありうる。その場合には，討議（ディスクルス）が行われる。このとき，参加者たちが完全に対等の立場で，いかなる強制も受けずに自由に討議を行うことができれば，参加者たちが合意に達することは期待できるし，その合意は真の合意であると見なされる。

　ハーバーマスの提唱するこうした**理想的発話状況**は文字どおり理想にすぎないが，彼によると，「われわれはどの討議においても理想

V　戦後ドイツの法思想　　**251**

的発話状況というものを想定せざるを得ない」（論文「コミュニケーション能力の理論のための予備的考察」〔1971年〕第3節）。その意味において，理想的発話状況は現実とは無縁の空虚な概念ではなく，むしろ現実を導く統制的な理念なのである。

ハーバーマスとアレクシー

ハーバーマスは当初，法そのものを研究対象とはしておらず，法に対する関心も強くはなかった。しかし，彼は共同研究を通じて法哲学的な関心を強めていき，後年に自らの討議理論を法理論に応用した大著『事実性と妥当性』（1992年）を公表する。以下の一節には，法においても討議を重視する彼の姿勢が端的に示されている。

> それ自体として法的に組織化された討議による法制定過程において，すべての法仲間の同意を得ることのできた制定法だけが，正統的な妥当性を主張することができる……。（『事実性と妥当性』第3章）

こうしたハーバーマスの法哲学上の考察には，法学者たちが少なからぬ影響を与えている。そのうちのひとりがロベルト・アレクシー（1945-）である。憲法学の分野では『基本権の理論』（1985年）の著者として有名なアクレシーは，自らもハーバーマスに刺激を受け，『法的議論の理論』（1978年）の公表により法哲学の分野においても注目を集めた。法的な議論＝討議に着目するこの著作は，先に言及した法律学的ヘルメノイティクやレトリック論のほかに，イギリスの哲学者スティーヴン・トゥールミン（1922-2009）の『議論の技法』（1958年）などの影響を受け，それらを批判的に受容している。

アレクシー『法的議論の理論』

『法的議論の理論』を貫くアレクシーの基本的なアイデアをひと言で言えば、法的議論においては判決（結論）の**発見の過程**ではなく**正当化の過程**が重要だということである。つまり、いかにして結論を見出すかではなく、どのようにしてその結論を正当化するかが法的議論の中心的な課題とされる。アレクシーによれば、この正当化の過程は**内的正当化**と**外的正当化**に二分される。

まず**内的正当化**は個別的事案の判決にかかわる正当化であり、法規範（大前提）と事実（小前提）から判決（結論）を導き出す、法的三段論法がこれに当たる。他方、**外的正当化**とはそれらの前提となる法規範それ自体の正当化を指す。ただし、このような構造を有する法的議論にあっても一般的な実践的議論が排除されるわけではなく、法律・判例・学説などの法学固有の素材に拘束される点を除けば、法的議論も一般的な実践的議論と異なるところはないとされる。アレクシーはこのことを「法的討議は一般的な実践的討議の特殊事例である」というテーゼで表現している。

この**特殊事例テーゼ**には数多くの批判が寄せられている。しかし、「議論」に焦点を合わせるアレクシーのアプローチは、法的議論にかんする重要な業績として、今日でも頻繁に参照されている。

東西ドイツの統一

1980 年代後半に入り、東側諸国の共産主義体制が次々と崩壊するなか、永久に続くかと思われた東西ドイツの分裂状況にも終止符が打たれた。1989 年 11 月にベルリンの壁が開放されると、翌 1990 年 10 月には西ドイツが東ドイツを吸収するかたちで統一が達成される。この統一に対し、苦言を呈したのがハーバーマスだった。東ドイツ国民の声に耳を傾けることなく、西ドイツの基本法（憲法）をそのまま用いて性急な統一をなしとげたことがハーバーマスには不満だったのであ

V　戦後ドイツの法思想　　**253**

る。**憲法パトリオティズム**（憲法愛国主義）を唱える彼にとって，東西の統一に向けた憲法改正をめぐる国民的議論は不可欠のプロセスだった。

　また統一後のドイツでは，旧東ドイツ時代の国家的犯罪が白日の下にさらされ，大きな論争を呼んだ。なかでも「壁の射手」事件――東ドイツの国境警備兵が上官の命令に基づいて西ドイツへの逃亡者を射殺した事案――はナチスの犯罪を連想させるものであり，審理にあたった連邦憲法裁判所が依拠したのが**ラートブルフ定式**だった（ドイツ連邦憲法裁判所決定 1996 年 10 月 24 日）。この定式によれば，正義との衝突が耐えがたいほどにまでに達した不法な法に対しては，服従を拒絶しなければならない。このように統一後のドイツにおいても，ナチズムが投げかけた問いは決して遠い過去の出来事ではなかったのである。

第12章 現代正義論の展開

法に固有の価値とされてきた「正義＝公平」をめぐる論争が，1970年代初頭のアメリカを舞台に，主として政治哲学者たちによって開始される。それ以降，リベラリズム，リバタリアニズム，共同体主義などの，正義をめぐる多様な理論が提示されてきた。本章では，今日の法思想の一大潮流を構成する，この現代正義論の展開を追いかけていこう。

I ロールズの正義論

アメリカ社会の動揺と学問の停滞

1950年代から60年代にかけてアメリカ社会では，マッカーシズムの台頭や人種差別の継続，ベトナム戦争の深刻化など，合衆国建国の理念とされてきた「自由」や「平等」といった基本的な価値が毀損される事態が相次いで発生した。そして，これに対し，公民権運動や反戦運動など，市民からの激しい異議申立てが噴出した。

しかし，学問の世界では，実践的な価値をめぐる社会的論争に関与し，それに直接的に取り組むということに謙抑的な空気もあり，むしろ価値を表現する諸概念の中立的な分析を行う**メタ倫理学**や，社会構造の経験科学的な探求といった**実証的政治学**が盛んに行われていた。その一方で，現実の政策立案やその評価といった文脈では，無批判のうちに功利主義的な発想が受け入れられていた。

ロールズという人物

このような時代背景のなかで，「正義」の概念を中心に据えて，実践的な価値問題を

I ロールズの正義論 **255**

真正面から取り扱う学問的著作『正義論』（1971 年）を公表したのが，哲学者ジョン・ロールズ（1921-2002）である。彼の大著は，福祉国家を擁護するこの時代の**リベラリズム**を正当化するものとして捉えられたが，それと同時に，今日まで続く規範的な正義論をめぐる論争の口火を切ることともなった。

ロールズは，プリンストン大学で道徳哲学の博士号を取得し，若手教員となった後は，フルブライト奨学金を得てオックスフォード大学でも学んでいる。同地では法哲学者のハート（**第 10 章 II**）や政治哲学者のアイザイア・バーリン（1909-97）などとも親しく交流している。プリンストン大学在学中に勃発した第二次世界大戦では，陸軍に招集されニューギニアやフィリピンの前線で戦い，終戦直後は進駐軍の一人として，短い期間ではあるが日本滞在の経験も有している。

ロールズは長らくハーヴァード大学の教授として教鞭を取り，その温厚で誠実な人柄も手伝って多くの道徳・政治哲学者を育てた。ハーヴァード大学におけるその講義の一部は，弟子たちによる編集を経て，『道徳哲学史講義』（2000 年）および『政治哲学史講義』（2007 年）として出版されている。

ロールズ『正義論』の主題

すでに述べたように，ロールズが自らの理論の中心に据えるのは正義の概念である。ロールズは，その『正義論』を「真理が思考体系の第一の徳であるように，正義は社会制度の第一の徳である」（第 1 章第 1 節）という印象的な一節から始め，それにより議論の主題を明確にする。

社会は，人々が相互的に利益を追求する**協働の企て**と理解される。したがって，そこでは，人々のあいだの基本的な権利と義務の割り当て，そして協働が生み出す利益と負担の分配をめぐる方式，すな

わち**社会の基本構造**のあり方が問題となる。こうして，この社会の基本構造を規定する**正義**の原理を探求することこそが，ロールズにおける正義論の主題となる。

原初状態での選択　このような原理は，協働に参画する人々のあいだで公正（フェア）な仕方で設定される必要がある。そこでロールズが導入するのは，ロック（第3章Ⅲ），ルソー（第4章Ⅱ），そしてカント（第5章Ⅰ）といった，社会契約論者たちが提示した自然状態をめぐる議論から着想を得た，**原初状態**と呼ばれる思考装置である。

　正義の原理を選択する当事者たちは，この原初状態において**無知のヴェール**に覆われているとされる。つまり，彼らは自分の自然的な特性や社会的な地位，価値観などの偶然的な要素にかんする知識を欠いており，社会や人間にかんする一般的な情報のみを有すると仮定される。こうした状況の中で，彼らは平等な発言権と拒否権を与えられ，自己の利益の最大化のみを目指して，いくつかの予め与えられた複数の候補の中から，正義の原理の選択を行うものと想定される。

　このように不確実性を伴う状況下では，当事者たちは自分が最も恵まれない者であったとしても深刻な損害を被ることのないよう行動する——すなわち，ゲーム理論で言うところの，最悪の結果を最善にするように行動することを求める**マキシミン・ルール**に準じたような行動原理に則って，選択を行うものと考えられる。こうして，人々は次に説明する2つの原理の採択に合意するよう導かれる——ロールズはそう主張する。

正義の二原理　こうして，原初状態で当事者たちが合意することになる原理を，ロールズは**正義の二原理**と呼び，最終的に次のように定式化した。

Ⅰ　ロールズの正義論　257

> 第一原理—各人は，平等な基本的諸自由の最も広範な全システムに対する平等な権利を保持すべきである。ただし，そのシステムは，すべての人の自由の同様なシステムと両立可能なものでなくてはならない。
>
> 第二原理—社会的・経済的不平等は次の二条件を充たすように編成されなければならない。
>
> (a) 正義にかなった貯蓄原理と首尾一貫しつつ，最も不遇な人びとの最大の便益に資するように。
>
> (b) 公正な機会均等の諸条件のもとで，全員に開かれている職務と地位に付帯するように。 (『正義論』第5章第46節)

　この正義の二原理では，第一原理は第二原理に，また第二原理の後半部分は前半部分に辞書的に優先する。

　第一原理は**自由の平等原理**と呼ばれ，思想・良心の自由や表現・集会の自由などの重要度の高い自由を人々に平等に割り当てることを要求する。第二原理の前半部分は**格差原理**と呼ばれ，人々のあいだで恣意的に生じる自然的な特性の配分を社会の共有資産とみなし，その行使によって生じる経済的な利益の分配について，最も不遇な人々の境遇を最善化することを求めるものとされている。他方で，後半部分は**公正な機会均等の原理**と呼ばれ，正しい手続きにより生み出される分配を正しいものとする**純粋な手続的正義**の体制を確保するものとされる。

　なお，この正義の二原理によって分配される対象を，ロールズは社会的な**基本財**と呼んでいる。それは，人々がいかなる善の構想を有していたとしても，共通して必要とする社会的な財だからである。具体的には，「自由と機会，収入と富，そして自尊の社会的基盤」を指す。

258　第12章　現代正義論の展開

功利主義との対決　ところで，すでに述べたように，原初状態において人々は，正義の二原理を，複数の候補の比較検討を通じて選択するものとされていた。ロールズは，『正義論』のなかで実際にいくつかの候補を列挙したリストを提示するが，そのなかでも特に功利主義（第6章 I）に基づく諸原理を強力な対抗案と見なして，詳細な検討を加えている。

しかし，ロールズの結論は，功利主義的な諸原理は人々に選択されないというものである。というのも，功利主義の原理には，他の人々の便益の増大のために一部の人々に犠牲を強要するといった恐れがあり，それゆえ人々を平等な善の構想を持つ個人として適切に扱うことができず，各人が有する自尊という重要な感覚を害することが危惧されるからである。

なお，ロールズは，原初状態で選択される原理とわれわれの「熟慮された判断」との整合性の確保——すなわち反省的均衡を通じて，正義の二原理の正当化がなされるものと考えている。ただし，無制約な反省では均衡に到達することが困難なので，正義の二原理と功利主義的な諸原理など他の候補との比較により近似的に達成されると論じるのである。

正義の二原理の制度化　ロールズの『正義論』では，このようにして獲得された正義の二原理を現実の社会制度に適用することも試みられる。ロールズは，①原初状態での原理の採択，②憲法制定会議での憲法の制定，③議会での法律の制定，そして④裁判所や行政機関による適用と市民による遵守という4つの段階として，正義の二原理の制度化を説明している。

なかでも憲法制定の段階では，正義の二原理のうち，第一原理が考慮の対象となる。この第一原理が含む基本的な諸自由のうち，政治的な自由と関連して，それが市民のあいだで平等に保障されるた

I　ロールズの正義論　**259**

めには，これを十分に行使できない人々に対する補償的措置が必要になるとも指摘されている。

　続く法律制定の段階では，正義の二原理のうち，残りの第二原理が考慮の対象となる。その具体的な適用例の一つとしては，『正義論』が出版された当時，大きな論争を引き起こしていた積極的差別是正措置がまず思い浮かぶ。しかし，ロールズはこの問題を論じることを一貫して避けており，むしろ，こうした措置が個人を中心に据える自身の構想と衝突する可能性も示唆していた。

正義にかなった貯蓄原理

ロールズは，第二原理のうちの格差原理に関連して，それが将来の世代への配慮の要請により制約を受けるとも述べている。つまり，各々の世代は，自分が属する世代について正義にかなった分配制度を築き上げるのみならず，将来の世代のためのことも考えて，正義にかなった仕方で資本の蓄積を行う必要があるということである。この要請は，**正義にかなった貯蓄原理**と呼ばれる。

　この原理を導き出すため，ロールズは原初状態の想定に若干の修正を施している。そもそも，無知のヴェールは，各人の所属する世代にかんする情報についても遮断している。各人はそうした状態の下で，家系を代表する者として，子孫たちの境遇にかんする配慮を行うことになる。こうして，原初状態における当事者たちは正義にかなった貯蓄原理を採択することになる──ロールズはこのように論じるのである。

　このようなロールズの議論を出発点とする，正義をめぐる体系的考察に時間軸を追加する議論は，**世代間正義論**と呼ばれる。環境問題や年金問題などについて，正義＝公平性の観点から検討する手がかりとして，今日でも盛んに論じられている。

市民的不服従の位置づ	ところでロールズは，人々は原初状態にお
け	いて，正義に反する状況が社会で発生した
	場合の原理についても定めるものと考えた。

そして，そうした原理が，正当な**市民的不服従**を容認すると主張する。

市民的不服従とは，政府の政策に変化をもたらす目的でなされる公共的，非暴力的，良心的かつ政治的な，法律に違反する行為である。だが，ロールズにあっては，このような行為には正義に適った社会制度を維持，強化する役割を果たす可能性があるとして，積極的な位置づけが与えられる。

ただし，市民的不服従が正当化されるのは，次のような場合であるとロールズは考えていた。正義の二原理から格差原理を差し引いた内容——つまり**自由の平等原理**と**公正な機会均等原理**への違背に対し行われるものであり，その是正のための合法的手段が尽くされており，かつ，類似の場面で同様の行為がなされた場合にもその正当性を認めることができる——そのような場合にのみ市民的不服従は容認されるのである。

Column㉓ 公民権運動と市民的不服従

南北戦争の後，アメリカでは，1865年の憲法第13条修正により奴隷制度が撤廃された。だが，南部諸州を中心に黒人への差別は根強く，その就業や教育の機会は大幅に制限されていた。さらに，連邦最高裁判所は，プレッシー対ファーガソン事件判決（1896年）で，「分離すれども平等」という原則を打ち出し，人種分離を合憲であると認めていた。

しかし，第二次世界大戦後，黒人のあいだで，白人と平等な権利を要求する公民権運動が活発化した。バス運転手の指示に逆らい座席の移動を拒絶した黒人女性が逮捕された事件に端を発するバス・ボイコット運動は象徴的である。このような状況のなか，連邦最高裁判所は，人種による公立学校生徒の振り分けの是非が争われたブラウン対教育委員会事

I ロールズの正義論 **261**

件判決（1954 年）において，アール・ウォーレン首席判事（1891-1974）の指導の下で従来の原則を覆し，人種による振り分け措置を違憲としたのである。

　南部諸州は判決結果に異を唱え，州兵まで動員して判決の実施阻止を企てた。大統領令による連邦軍の動員など事態収拾が計られたが，反対派市民による黒人への抑圧は続いた。これに対して黒人たちは，キング牧師らの指導の下，差別的な取り扱いに対する非暴力的な抗議活動を大規模に展開し始める。人種差別を禁止する新しい公民権法が成立したのは，ジョンソン大統領の政権下，1964 年のことであった。　　　　　（K）

〈参考文献〉ジェームス・M・バーダマン『黒人差別とアメリカ公民権運動——名もなき人々の戦いの記録』水谷八也訳，集英社新書，2007 年

II　リバタリアニズム

リバタリアニズムとは

　第9章でも触れたように，身分制封建社会を打破し，市民の経済的自由と政治的自由の保障をともに実現するものと考えられた近代市民社会は，19世紀に至ると，資本家と労働者の階級闘争におけるこれら2つの自由の分裂を経験した。労働運動におけるストライキは，資本家の所有物である工場の不法占拠として犯罪とされ，過酷な労働条件の向上を図る団体交渉や組合活動は契約の自由の侵害であるとされた。

　この分裂を回避する試みが，20世紀に出現した社会主義国家や福祉国家である。そこでは，国営事業や公共事業などを通じて経済計画を講じ，貧困を解消し，人々の生活を保障する「大きな政府」が求められるようになった。このような変化に対抗し，もう一つの自由社会のあり方を論じたのが**リバタリアニズム**である。「自由尊重主義」ないし「自由至上主義」とも訳されるこの思想は，国防・警

262　第12章　現代正義論の展開

察と私有財産の保護の役割だけに国家の役割を限定する**夜警国家**を唱えた 18 世紀以来の古典的自由主義を受け継ぎつつ，拡大国家に対する警鐘を鳴らした。影響力を持ったリバタリアニズムの論客としては，アメリカで活躍した小説家アイン・ランド（1905-82）や経済学者ミルトン・フリードマン（1912-2006）も重要だが，ここでは代表的な理論家としてフリードリッヒ・A・ハイエクとロバート・ノージックをとりあげよう。

ハイエク『隷従への道』

オーストリア学派の経済学者であったハイエク（1899-1992）は，1944 年に出版された『隷従への道』によって，政治・社会思想の舞台に登場した。当時世界は，ヒトラーの「第三帝国」からナチズムの恐怖を味わい，またスターリンが支配するソヴィエト連邦からは共産主義の台頭に直面していた。ハイエクは，これら左右の全体主義国家は経済統制や中央計画経済により，キリスト教や古代ギリシア・ローマ哲学にまで遡るとされる西洋文明の精華としての個人主義，自由主義を破壊し，それらの現れである市場での自由な商取引を通じた競争社会の多様化と発展を妨げると主張した。

> 競争社会では，ほとんどのものが価格を払えば入手可能である——ただし，しばしばあまりにも高い価格を払わされはするが——ということは，どれほど強調してもしすぎることのない重要な事実である。これに代わる道といえば，代価を払う必要のない完全な自由では決してなく，服従を強要される命令や禁止の体制であり，権力者の好意にすがることが最後の手段となってしまうような体制なのである。（隷従への道・第 7 章）

Ⅱ　リバタリアニズム　　**263**

作られた秩序と自生的秩序

ハイエクは，秩序を二つに分類する。一つは作られた秩序であり，もう一つは自生的に成長した秩序である。作られた秩序は，一定の目的のために設計された秩序，すなわち**組織**である。これに対し，特定の目的を持つことなく人々の相互作用の中から生まれ，成長するのが自生的秩序である。全体主義国家や軍隊は**組織**であるのに対して，市場は「人々の行為の結果ではあるが意図の産物ではない」自生的秩序である。

組織的秩序はその設計された目的に従って，人々を画一的な命令に従わせるが，**自生的秩序**は，人々の多種多様な目的の追求に役立つ場を提供し，その秩序は支配者の意図なしに成長していく。組織的秩序が支配者の強制的権力に仕えるのに対し，**自生的秩序**である市場は，多種多様な商品が生み出され，取引されるルールや条件によって支えられた，自由の秩序である。

市場の擁護

もし，市場が，人々の自由な経済活動の中から自生的に生じ，成長してきた秩序であるならば，その存続をことさら訴えなくても維持されるようにも思われる。しかし，人間は本来，部族共同体的な閉じた社会を好み，同じ価値観や生活様式を有する人々の間で生きることに安心を感じる傾向が強い。そうした中で，異なった価値観や生活様式を有し，相互に異なった物を所有する人々の間で交換が始まり，そこから市場が発展を遂げたことは，人々の自然的感情に反して生じたいわば奇跡であり，これを維持するための努力を続けなければ，画一的な共同体的社会に向かおうとする傾向に容易に押しつぶされてしまう。だからこそ，ハイエクは，従来はファシズムとは異なるものと見なされ，一定の支持を受けてきた社会主義思想の中にも，政府による市場統制という同一の傾向を認め，これに対抗するために自由市場

264　第12章　現代正義論の展開

の擁護を唱えたのである。

> ノージック『アナーキー・国家・ユートピア』

ナチスやソヴィエトの全体主義に対する自由の擁護を唱えたハイエクに対し，戦後アメリカの文脈で福祉国家的リベラリズムの拡がりに対抗しようとしたのが，ノージック（1938-2002）が『アナーキー・国家・ユートピア』（1974 年）の中で説いた**最小国家論**であった。

ハイエクは，自生的秩序である市場に対する設計的秩序の介入，すなわち国家の介入は，失敗に終わるか市場秩序全体の崩壊をもたらすといった，いわば帰結主義的な反対論を唱えていた。それに対しノージックは，**自己所有権**というロック的な自然権（**第 3 章Ⅲ**）を論拠に，これを侵害する国家は正当化できないと主張し，権利論的なリバタリアニズムを展開した。

> 最小国家

ノージックは，国家のない状態から，自己所有権を侵害せずに国家が生じる過程を，仮想理論として説明する。まず，人々は，個別では自己の生命や財産に対する他者からの権利侵害を排除することができないため，家族・親族・部族などの共同体レベルで結束して防衛を図る。しかし，このような集団的な防衛はさまざまな理由で非効率的であるため，しだいに共同体の中で，防衛に携わる専門集団が生じてくる。この専門集団が，より効率的に防衛業務を行うように発達すると，特定の共同体から独立して，他の共同体や他の個々人の防衛も受け持つことができるようになる。この防衛は，契約を通じて行われる。人々は専門集団に保険料を支払って自己の権利を防衛することとなる。こうなると，専門集団は警備サービス提供を行う会社と言える。警備会社は防衛サービスを行う代わりに自力救済を契約で禁止する。

やがて，いくつかの警備会社の間で市場競争が行われるようにな

Ⅱ　リバタリアニズム　**265**

り，その結果，より信頼のおける，より効率の良い会社が生き残る。そして，規模の論理が働く結果，一地方につき一つの警備会社だけが存立することとなる。ノージックはこれを超最小国家と呼んでいる。そして，そこから，貧困のため保険料を支払えず，自力で防衛を行っている人々に対し，「無料で防衛サービスを提供する代わりに自力救済を行わない」とする取引が成立した段階で，**最小国家が**成立するとされるのである。

拡大国家の否定　国家が最小国家にとどまるならば，その段階までは，国家が人々の自然権を侵害することはない。人々は自己の権利防衛のために，自由意志で契約を結び保険料を支払っているからである。保険料を払えない人々について見ても，防衛サービスの無料提供と自力救済禁止の交換によって最小国家の警備範囲に取り込まれたため，そこにも市場原理からの逸脱はないと言える。

しかし，この段階を超えて，国家が貧しい人のために，富んだ人から財を取り上げ，再分配を行うようになると，これを正当化することはできなくなる。たとえ貧者救済が道徳的にはよいことだとしても，再分配政策に基づいた税制によって強制的に財産を取り上げることは，国家による強盗行為にほかならないからである。貧者を救う道徳的義務を果たしたいと思う人は，国家による強制的な税の徴収ではなく，寄付によって自由にそれを行えばよいのである。

ノージックの正義論　ノージックは，最小国家より拡張的な国家はすべて不当であると主張するための，独自の正義論を展開している。彼によれば，社会における分配状況について正義を主張できるのは，次の2つの条件を満たす場合である。第一は，彼の言う**権原理論**を満たしている場合——つまり，ある人の保有物が正しい仕方で取得され，正しい仕方で移転され，そして

266　第12章　現代正義論の展開

侵害があった場合には正しく補償がなされてきた場合にのみ，そうした一連のやり取りの歴史的結果としての分配状況は，正義に適っていると言うことができる。第二に，各人の保有物を何らかのパターン——たとえば，道徳的功績，社会的有用性，必要，IQ 等々——にしたがって無理矢理に移動させるのは，そこに必ず強制がともなう以上，正義に反する。

つまり，ノージックは，誰のものでもないものを獲得し，それを自らの意志で自由に移転し，侵害があった場合は正当にその補償がなされれば，そうした正しい手続の結果として各人の保有物の分配状況にばらつきが生じても正義に反するわけではなく，むしろそうした分配状況の是正と称して介入することこそが正義に反すると主張するのである。このような立場からは，功利主義を論拠とするものであれ，ロールズのように格差原理を論拠とするものであれ，福祉国家的な再配分のすべてが否定される。

リバタリアニズムの現在

ノージックの最小国家論は，先進諸国における福祉国家政策の財政的行きづまりを受けて，1980 年代以降，英米のみならず日本でも一定の政治的影響力を及ぼしてきた。ハイエクやフリードマンの議論とならんで，それは現在の**規制緩和論**や**小さな政府論**を支える理論的支柱の一つともなっている。

現在，リバタリアニズムは，誰もが「自分自身の仕方で地獄に行く権利を持つ」（D. フリードマン『自由のためのメカニズム』初版序文）として，政府の経済規制のみならず，薬物，尊厳死，売春に対する一切の規制に反対する徹底した自由論や，国家それ自体の廃絶を主張する**無政府資本主義**といった立場から，自己所有権の概念をさらに厳密に捉えることを通じ，相続制度の廃止や天然資源の平等割当，さらには，そのための政府による再分配政策をも支持する左派リバ

Ⅱ　リバタリアニズム　　**267**

タリアンといわれる立場まで，幅広い展開を見せている。

III　共同体主義と多文化主義

共同体主義とは　　1980年代に入ると正義をめぐる一連の議論のなかに，**共同体主義**と総称される新たな潮流が現れる。福祉国家の擁護につながるロールズの正義論，所有権の絶対性と市場の優位を説くリバタリアニズム——自由と平等，効用と権利をめぐって両者は大きく対立しているように見えても，実際には，同じ人間像・社会像に立脚する個人主義的リベラリズム内部での論争にすぎない。しかし，そうした個人主義的リベラリズムの人間像・社会像こそ，地域や職場における人間関係の希薄化，家族の解体，教育の崩壊と犯罪の増加といったさまざまな問題をもたらしたのであり，それらを解決するためには，共同体，伝統，そしてそこで育まれる**徳**や**善**の理念へと目を向けなければならない——これが，**共同体主義**と呼ばれる立場に共通する考え方である。

　共同体主義の主唱者としては，『リベラリズムと自由の限界』（1982年）を著したマイケル・サンデル，アリストテレス（**第1章IV**）やトマス・アクィナス（**第2章IV**）の哲学の影響の下『美徳なき時代』（1984年）を執筆したアラスデア・マッキンタイヤ，ラディカルな「草の根民主主義」の論客であり，ロールズとも関係の深い，『正義の諸領域』（1983年）の著者マイケル・ウォルツァー，ヘーゲル研究から出発したチャールズ・テイラーなどが挙げられる。このように理論的・哲学的背景はさまざまだが，個人主義的リベラリズムの人間像と社会像に対する批判では共通するところが大きい。

| リベラリズムの人間像 に対する批判 |

共同体主義のリベラリズム批判は，まずその人間像に向けられる。たとえば，サンデルは，ロールズの『正義論』を批判するにあたり，**無知のヴェール**の下で正義の原理を選択する人々は，個人として生い立ちや，そこで育まれた固有の価値観を一切もたない抽象的な人格，すなわち**負荷なき自己**であると批判している。しかし，実際の人間はそれぞれ固有の家族，共同体，伝統のなかで育まれるがゆえに，そこから固有の考え方——とりわけ**善**や**徳**についての理解を背負わされているはずである。正義＝公平性をめぐって議論が生じるのは，そもそも各人が善や徳にかんする固有の考え方を持つためであり，だとすれば，正義をめぐる理論は，中身のない空虚なボールのような抽象的人格ではなく，豊かな内実を持つ人間主体，すなわち**位置づけられた自己**から出発しなければならない。

| リベラリズムの社会像 に対する批判 |

共同体主義の批判は，個人主義的リベラリズムの社会像，とりわけその基盤にある**善に対する正の優位**という考えにも向けられる。リベラルな社会の下では，各個人は自己にとって「善い生き方」を自由に選択するとされる。だがその一方で，そうした「善き生」の捉え方は一人一人異なるため，それらが互いに衝突するといった場合も想定しておかなければならない。それゆえ，そうした衝突を回避するために，諸個人が考える善（good）よりも尊重されるが，同時に中立的であるような理念として，正義＝公平（just）や正しさ＝権利（right）といった理念が要請される。以上が**善に対する正の優位**という考え方の大まかな説明であるが，共同体主義者は，このような考えが貫徹できない場合は決して珍しくないと主張する。たとえば，人工妊娠中絶や同性愛結婚の是非をめぐり，国民を二分する論争が巻き起こるような場合，当事者たちにとってそれは2つ

Ⅲ　共同体主義と多文化主義　　**269**

の異なる**善**の対立などではなく,「何が正義＝公平か」にかんする真摯な争い以外の何物でもないからである。

共同体主義に対する批判と評価

リベラリズム批判から出発した共同体主義のこのような主張から,いったい何が得られるだろうか。まず,共同体の伝統や徳,あるいはそこで育まれる**共通善**の強調は,政治哲学で言われる**公民的共和主義**に近い立場へと接近する。これは,善き共同体や社会を支えるためには,その担い手となる市民に共通する**善**の意識と**徳**の涵養が重要だとする立場であり,かつてトクヴィル(*Column*⑫)が19世紀のアメリカで観察したような,強靱な民主主義の根幹ともつながってくる。だが,その一方で,日本を含む東アジアやイスラム諸国のような異なった文化的文脈の中へと共同体主義の主張を置き直してみれば,共同体的な善や徳の顕揚が,ただちに安直な復古主義や,抑圧的で不公正な社会秩序の温存へと結びついてしまう危険も思い浮かぶ。

もっとも,論客の一人であるサンデルが主張するように,共同体主義は必ずしもリベラルな民主主義の否定へと直結するわけではないという見解も存在する。アメリカのような多文化社会では,異なる共通善や徳の理解を背負った複数のコミュニティやマイノリティ集団が共存している。だからこそ,はじめから中立的な正義＝公平なるものが現に存在すると決めてかかるのではなく,異なる負荷を背負った異なる人々が互いの考えを率直にぶつけ合い,何が正義＝公平に適っているかを議論することが重要となる。このようなサンデルの主張は,**討議民主主義**ないしは**熟議民主主義**と呼ばれる立場へと接近している。

多文化主義とは

多文化主義とは,異なる文化(言語,宗教,慣習等々)を持つ複数の集団が存在する社

会では，それぞれの文化が等しく尊重されるべきだという考え方を指す。1970 年代にカナダやオーストラリアにおいて政策として採用されたこの考えは，さらに 1990 年代以降，グローバル化の進展にともなう人々の移動の活発化とともに，アメリカやイギリスといった国々でも積極的に語られるようになった。複数の集団を公平に扱うという意味において，多文化主義は正義や法の問題とつながる一方で，これまでと異なる難しい問題も提起している。

多文化主義をめぐる諸問題

まず，民族的なマイノリティ集団の言語や教育の問題がある。たとえば，カナダのフランス語地域，アメリカの先住民，オーストラリアのアボリジニ，イギリスのスコットランドやウェールズ，日本のアイヌといった民族的少数者について，固有の言語を公用語として承認するか否か，また，そうした少数民族の言語を公教育の一環として教えるかどうか，文化の伝承や維持のために必要な財源を公的資金で負担するか，といった事柄である。

　これらは現在では，固有の**言語権**や**文化権**の問題として広く受け入れられるようになってきている。しかし，アフリカの女性性器切除やインドの持参金結婚のように，地域の慣習や文化が**人権**の理念として尊重される諸価値に反する場合にはどうすればよいのかといった課題は今もなお残っている。つまり，文化相対主義の立場からそうした慣習や文化を黙認するのか，あるいは，普遍的人権の立場からそうした慣習や文化を強制的にでもやめさせるべきなのか，といった対立である。

　また，民族的マイノリティの「等しさ」への要求が，徴税や立法にかんする政治的権利の水準にまで及ぶと，問題はますます難しくなる。というのも，それらの要求は，所属する国家からの独立や民族自決の要求へと直結しかねないからである。さらには，その民族

Ⅲ　共同体主義と多文化主義　**271**

的マイノリティが，昔からそこで暮らしてきた先住民族なのか，それとも自らの意思で移民として定着した人々なのかで扱いが変わるような場合もある。他国から移民としてやってきた人々が一地域に集まるようになり，その結果，独自の民族学校を設立して母国の言語や宗教を教えはじめたといった場合，そうした学校の運営資金を公的資金で賄わなければならないのかといった，多くの国で争われている問題もまた，こうした論点と関連する。

多文化主義と法制度　このように多文化主義の問題は，移民や民族的少数集団（マイノリティ）の公平な扱いのためにどのような制度を作るかといった，立法の問題として語られることが多い。しかし，司法や裁判の場でも，多文化主義的な観点が問題となる場合がある。たとえば，母国では当たり前であった文化や慣習が，移住先の国の法律では違法行為として裁かれるような場合である。たとえば，ラオスの少数民族の青年が，移住先のアメリカ西海岸で現地の女性を好きになり，出身部族の文化である「略奪結婚」のしきたりに則って求婚した結果，不法侵入や暴行の罪に問われた事案，また，夫の赴任先のアメリカにおいて幼子を連れて「無理心中」を図ったものの，一人死にきれず生き残った日本人女性が，子どもを殺したということで第一級殺人の罪を問われた事案などである。こうした場合，裁判官はいったいどんな判決を出せばよいのだろう。「略奪結婚」や「無理心中」といった行為を固有の文化と認め，通常の判決を変更すべきだろうか。

　このようなケースでは，共同体主義のところで触れた**善に対する正の優位**という考え方の意味はさらに明確となる。多文化社会では，異なる民族集団がそれぞれ固有の文化，さらにはそれぞれ固有の**善**を尊重しながら，他の集団と共存する。だとすれば，このような社会では，いずれか特定の集団の**善**に偏ることなく，正義＝公平の理

272　第12章　現代正義論の展開

念の具体化たる中立的な法にしたがって裁判を執り行うことがます ます重要となる。つまり、裁判官は文化的背景を考慮するため各種 の工夫を凝らしつつも、自国の法＝正義の枠組みをあくまでも尊重 しなければならないということである。

21世紀に入ってますます加速するグローバル化の進展により、 異なる文化が衝突するといった場面は目に見えて増加しつつある。 それだけにいっそう、多文化主義をめぐる諸課題は、法や正義をめ ぐる制度や思想にとって大きな挑戦であり続けている。

Column ㉔　集団の権利

集団の権利とは、集団を形成する諸個人が有する権利を単に寄せ集め たものでなく、集団それ自体に帰属する権利のことを指す。古いところ では、中世の宗教団体やギルド等の結社が有する権利、市場経済ととも に発展した「法人」の権利、19世紀末から20世紀半ばに活発化した旧 植民地からの独立にあたり唱えられた「民族自決」の権利などが、その ようなものである。

しかし、20世紀の後半以降にこの言葉が強く主張されるようになる のは、いわゆる「第三世代の人権」（ないし「連帯の権利」）の一つとも 言われるようになったからである。とりわけ、集団の権利という概念は、 多文化主義的な状況における少数者（マイノリティ）の権利保護という文脈で重要な意味 を持つ。たとえば、アメリカの先住民やオーストラリアのアボリジニ、 日本のアイヌ民族などに、固有の言語権や文化継承の権利を承認するか、 さらにはそれを超えて徴税権や、独立政府を持つ権利まであたえるか、 といった問題である。

近代法が基本的に個人的権利をもとに構築されていることや、集団的 権利を認めることにより集団の内外で個人の権利が侵害される恐れがあ るといった理由から、集団の権利に対する懐疑論はいまも根強い。それ と同時に、権利の帰属主体としての、個人と集団の境界をめぐる哲学的 議論も続けられている。　　　　　　　　　　　　　　　　　　（N）

〈参考文献〉ウィル・キムリッカ著『多文化時代の市民権——マイノリティ

Ⅲ　共同体主義と多文化主義　　**273**

の権利と自由主義』角田猛之，山﨑康仕，石山文彦監訳，晃洋書房，1998年

Ⅳ　ロールズ以降の平等主義リベラリズム

『正義論』に対する批判

Ⅱ と Ⅲ で概観したリバタリアンや共同体主義者からの批判に対し，ロールズはどのような反応を示しただろうか。ロールズは，リバタリアニズムに対しては「正しい理由による安定性をもたらさない」と素っ気ない態度を示す一方，善の重要性をめぐる共同体主義に対しては，その批判を真剣に受けとめている。また，彼の『正義論』に寄せられた批判は，リバタリアンや共同体主義者からだけにとどまらない。**公正としての正義の第一原理に見られるような自由の優先性**の根拠は何かと問いただすハート（**第 10 章 Ⅱ**）の批判，さらには，ロールズが論じる自由は，ハートの盟友でもあったバーリンの言葉を借りれば**消極的自由**（B. コンスタンの「近代人の自由」）に限定されており，公共的討議に参加するための**積極的自由**（「古代人の自由」）については全く考えられていないとするハーバーマス（**第 11 章 Ⅴ**）からの批判は，ロールズにとってとりわけ重いものであった。

政治的リベラリズム

これらの批判に答えるかたちで，ロールズは 1980 年代辺りから『道徳哲学におけるカント的構成主義』『公正としての正義——形而上学的でなく政治的な』といった転換点となる一連の論文を執筆し，それらはやがて第二の主著『政治的リベラリズム』（1993 年）として結実する。『正義論』で論じられた**公正としての正義**はあくまでも正義をめぐる構

274　第 12 章　現代正義論の展開

想の一つであり，政治的につねに妥当するといった主張ではない。リベラリズムを政治的な次元で捉えれば，正義＝公平にかんする構想は複数存在するため，それら複数の構想のうちの重なる部分として人々が承認するもの，すなわち**重なり合う合意**を通じて正当化された諸原理が，その社会にとっての正義原理とされるのである。

公共的理性と宥和

以上が政治的リベラリズムの基本的な考え方であるが，そこでは公共的討議における善の位置づけもこれまでとは違った姿をとるようになる。宗教的信条や人生観が人それぞれであるように，社会の構成員は，善にかんするそれぞれに異なる考え方を持っている。ロールズはそのような各人の信念を**包括的教説**と呼んでいるが，公共的討議にあっては，各人は自らが信奉する宗教的信念や独自の世界観——すなわち包括的教説の言葉を一先ず「括弧に入れ」，社会の誰もが承認する政治的な言葉，すなわち**公共的理由**に基づいて語らなければならない。ロールズによれば，それは同じ社会の課題を共有する市民としての**礼節の義務**であり，もしそれが蔑ろにされるようなことになれば，原理主義的主張の対立により社会は分断されてしまいかねない。このように，アメリカ社会の多元的状況を目の当たりにした晩年のロールズは，**公共的理性**について論じることにより，正義＝公平をめぐる議論がそもそも可能であるための，社会の宥和の条件について考えをめぐらせたのである。

運平等主義

しかし，福祉国家や富の再配分を支持する，いわゆる平等主義的なリベラルの立場からも，ロールズとはまた異なる正義の理論が展開されるようになる。そうした動きの一つに**運平等主義**と呼ばれる考え方がある。おもな論者としては，まず，R. アーネソン（1945-），そして G. A. コーエン（1941-2009）らが挙げられるが，その主張を単純化すれば次のよ

Ⅳ　ロールズ以降の平等主義リベラリズム　　**275**

うになる。

　人の幸不幸や貧富といったものは「運／不運」により左右される部分が大きいが，そうした「運／不運」には，自らコントロールできるものと，自分ではどうしようもないものがある。前者の例としては「高騰を期待して株になけなしのお金をつぎ込んだものの，直ぐに暴落してしまった」といったことが考えられる。これらは選択された運／不運と呼ばれる。自分ではどうしようもない不運としては，生まれつきの疾患や障害が直ちに思い浮かぶが，それはむきだしの運／不運と呼ばれる。**選択された不運**は自己の責任で選び取ったことの帰結であるので，社会はそれに対し，たとえば損失の補償や富の再分配といった仕方で何らかの配慮を行う義務はない。しかし，**むきだしの不運**がもたらす結果は本人の意志によるもの，つまり本人の責任ではない以上，社会には何らかの配慮——つまり補償や再分配を行う義務を負うと考える十分な理由がある。

　以上が運平等主義に共通する基本的な考え方である。こうした立場からは現在も活発な議論が続けられている。だが，そうした一連の着想にインスピレーションを与えたのは，ドゥオーキンによる「資源の平等」論であった。

ドゥオーキンの
「資源の平等」論

　資源の平等というアイデアは，1980年代に書かれた一連の論文を通じ，「仮想的保険市場」をはじめとする複雑な論証を駆使しながら展開される。しかし，生粋の法学者であるドゥオーキンの議論からエッセンスだけを抽出すれば，必ずしも難しい主張ではない。

　法ないし国家は判決や行政的決定を通じ人々を強制する力を有するが，人々がそれらに従うのは，法や国家が人々を「等しい重みを持つ存在」として扱うからである。すなわち，同じ法の共同体に属する誰に対しても「同じ一つの声で語る」というインテグリティ，

276　第12章　現代正義論の展開

つまり首尾一貫性こそが法や国家が持つ強制力の源泉となるのである。これを別の言葉で言い換えれば，法の共同体，すなわち国家はその成員に対し**平等な尊重と配慮**を示さなければならず，財や機会の分配といった問題が論じられる際は，各人が自由に行った選択についてはこれを尊重しつつも（平等な尊重），本人の選択に基づかない境遇については，「等しい重みを持つ存在」として，何らかの手を差し伸べる必要があるということにほかならない（平等な配慮）。たとえば，自ら進んで行った職業選択の結果，他の人と比べ相対的に少ない所得に甘んじることになったとしても，国や社会はその差額を補償する義務を持たないが，他方，持って生まれたハンディキャップのために同様の境遇に陥った人々に対しては，補償の義務を有しているということである。

| 十分主義 |

平等主義的なリベラリズムに理論的支えを提供する議論として，**十分主義**と呼ばれるもう一つの立場も存在する。十分主義は，財や機会の平等そのものが重要なのではなく，人がそれらを「十分に持つ」ことが重要なのだと主張する。つまり，誰もが同じだけの所得や財産を持たなければならないわけではない，しかし，誰でも十分なだけはそれらを持っていなければならない——このような考え方である。

だが，単純に考えても，このような考え方は，直ちに次の問いに突きあたる。つまり，「何を，どこまで十分に持たなければならないのか」という問題である。たとえば，哲学者のH.フランクファート（1929-）は，それは「各人の基本的目標を実現するために必要となる資源」であると主張するが，「民主的社会の十全な一員として役割を果たすことができる」だけの，さらに手厚い資源まで保障すべきだと主張する論者もいる。いずれにしてもその要求水準が度を超えて高いものとなれば，そもそも実行不可能になってしまうと

Ⅳ　ロールズ以降の平等主義リベラリズム　　**277**

いうのがこの立場に共通する難点であろう。

　その一方，国家レベルの大きな社会を前提とするロールズやドゥオーキンの議論とは異なり，「国」という単位に限定されないため，十分主義的な考えには，ごく小さな社会単位や，国家の枠外にある難民キャンプ等についても適用可能であるという魅力もある。その一つの例が，インド出身の経済学者 A. セン（1933-）とアリストテレス研究者 M. ヌスバウム（1947-）が提唱した潜在能力アプローチである。

潜在能力アプローチ　　セントヌスバウムの主張によれば，最も大切なことは，人として生きるに値するような生を保障することであり，そのために必要となる人間が持つ中心的な働きや機能を十分に満たすことである。センとヌスバウムが潜在能力（ケイパビリティ）と呼ぶのは，人が持つそうした働きや機能のことであり，健康を維持することや，文字を読み，考えをめぐらせること，愛情や友情を育むこと，他者と連帯し社会生活を営むこと，自然を享受し，時として遊ぶこと，政治参加や経済活動を通じて自己の立場を改善すること等がそうしたものとして考えられる。

　人間であれば誰もが有するはずのこうした可能性の実現をどこまで保障すればよいのか——潜在能力アプローチも他の十分主義的理論と同じ難問を抱えている。だが，その一方で，このアプローチは国連や NGO 等の活動を通じ，開発援助の現場で実際に活用されている。1990 年，パキスタンの経済学者 M. ハックとともにセンが提唱し，国連開発計画（UNDP）等で現在も使われている「人間開発指数」（HDI）は，潜在能力アプローチの考えを応用したものである。

*Column*㉕　現代におけるイスラム法

　イスラム法は宗教共同体の法であり，国家の権力機構のための世俗法とは異なった面がある。そのため，イスラム諸国の近代化の過程では，国家システムとの不整合や緊張関係により，イスラム法が行われることは少なくなった。

　他方，現在では，イスラム復興運動の高まりと産油国を中心としたオイル・マネーの増大を背景に，イスラム法の現代化とその運用も進んでいる。ウンマ＝イスラム共同体の思想は，1969 年にモロッコのラバトで行われた第 1 回イスラム首脳会議で創設が決められ，1971 年に発足したイスラム諸国会議機構として現代へと受け継がれた。その後，イスラム協力機構と名を変えて，現在 57 か国が加盟する国際機構となっている。

　また，近年の国際取引で重要となってきているイスラム金融は，「利子の禁止」というイスラムの教えに抵触しないよう考案されたムシャーラカとムダーラバという金融手段を基礎に，それらを現代的に復活させたものである。1975 年のドバイ・イスラーム銀行，1977 年のエジプト・ファイサル・イスラーム銀行の設立に始まり，現在ではヨーロッパ，アメリカを含め約 300 行のイスラム金融機関が存在し，グローバル経済の一翼を担うまでに至っている。　　　　　　　　　　　　　　　　（A）

〈参考文献〉吉田悦章『グローバル・イスラーム金融論』ナカニシヤ出版，2017 年

おわりに　グローバル化のなかの法思想

21世紀とグローバル化

今日までの21世紀を何よりも特徴づけるのは，グローバル化の進展であるとも言われる。ある国で起こった出来事が瞬く間に世界中を駆け巡り，その結果，他の国の多くの人々が大きな影響を受ける――そうしたことが，もはや当たり前となった時代にわれわれは生きている。大規模な社会構造の転換がさまざまな側面でもたらされ，数々の深刻な社会問題も生まれている。そして，これに呼応し，法思想にも新たな動向が見られ始めている。

9.11と「安全対自由」

21世紀の開始早々，2001年9月11日に起こったニューヨーク世界貿易センタービル爆破事件は，ほぼ同時に配信されたまるで映画のような映像とともに，世界中の人々に大きな衝撃をあたえた。同様の大規模な破壊がアメリカ各地で起きていたことから，この一連の出来事は同時多発テロ事件とも呼ばれるが，その背景には世界的なテロリスト組織が存在するとされ，その根絶のためという理由で，アフガニスタンやイラクを舞台に長きに渡る大規模な戦争が継続することとなった（アフガニスタン戦争2001年-，イラク戦争2003-11年）。

アメリカ国内では，次のような大きな変化が現れた。2001年10月には，当時の大統領ジョージ・W・ブッシュの署名により「米国愛国者法」が成立する（第11章Ⅰ）。この法律は安全の確保のために，政府や行政機関による国民監視に対する制限の緩和，つまり市民のプライバシーや自由にかんする厳格な保護の緩和と同時に，外

国人に対する規制強化や，テロへの関与が疑われる者への留置や国外追放の権限を強化するものであった。また，言論界では政府高官や著名な学者たちを交えて，テロリストの疑いがある者への拷問の可否が真剣に議論された。こうした文脈の中で，倫理学者 P. フット（1920-2010）がかつて提起したいわゆる「トロッコ問題」——多数の人々の命を救うため，一人ないしは少数の者を犠牲にすることは許されるか——が脚光を浴びることにもなった。

　こうした議論はアメリカだけにとどまらなかった。ドイツのある刑法学者は，かつての C. シュミットの友敵理論に倣って（**第9章Ⅲ**），市民に対する人権保護重視の刑事手続と，テロリストの疑いがある者への手続を区別する可能性について論じ，これを「友敵」刑法理論と呼んでいる。このように 9.11 以降の世界では，社会の安全と個人の自由や人権との緊張関係をどう捉えるかという問題が，法や国家をめぐる思想の中で再浮上することとなったのである。

> **リスク社会と法の変容**

ドイツの社会学者ウルリッヒ・ベック（1944-2015）は，奇しくもチェルノブイリ原発事故が起きた 1986 年，『リスク社会』と題する本を出版し，それは世界的な評判を呼ぶ。そこで論じられるのは，事故の確率も損害の規模も計算できないといった新たなタイプのリスク，ないし不確実性の問題である。そうしたタイプのリスクは，原発事故，食品汚染やウィルス感染の爆発的拡大，生物多様性や自然環境の破壊など，一つの国にとどまることなく世界中に拡がる性格を持つ。ベックは，このようなリスクに取り巻かれた時代を「リスク社会」と呼んだが，行政的手法による事前規制にも，不法行為法や社会保障制度による事後的救済にも馴染まない，こうした予見不可能なリスクに対して法はどのように対処すればよいのか。環境や健康にかかわる法分野で用いられ始めた**予防原則**（ないし**事前警戒原則**）はその有

281

望な手立ての一つと考えられるが，たとえばアメリカの憲法学者
C. サンスティン（1954-）が批判するように，それが経済や科学技
術の発展の妨げにならないかどうか，さらにはこれから出現する新
たなテクノロジーに対しても有効であり続けるかどうかということ
については，まだ明確な答えは出ていない。

国境を越えた正義の可
能性

グローバル化が生み出した重大な問題は，
テロリズムやリスクの拡散ばかりではない。
そのほかにも，たとえば，温暖化など地球
環境問題をめぐる各国間の温度差，南北間の経済的格差の増大，あ
るいは破綻国家における人道的危機の発生などを挙げることができ
るだろう。

　このような問題に直面して，従来の，国内社会のみを念頭に置い
た正義論のみならず，国境を越えて通用する正義論の必要性が認識
されるようになった。現在では，ロールズ（**第 12 章 I**）による『万
民の法』（1999 年）の刊行を契機として，この**グローバルな正義**をめ
ぐる議論が活況を呈しており，法思想におけるひとつの重要な流れ
を形成している。

　そのなかでも特に際立っているのは，南北格差や貧困にかかわる
経済的正義をめぐる論争である。そこでは，いかなる理由から貧困
に喘ぐ発展途上国の人々に対し財や資源の移転がなされるべきか，
そして，どの程度までそれは行われるべきかについて，正義という
理念の下，さまざまな理論が提示されている。

　加えて，このようなグローバルな正義がそもそも成立するのかと
いうことについても論戦が繰り広げられている。たとえば，分配的
正義の妥当する範囲を同国民（ネーション）に限定されると考える「ナショナリズ
ム」の立場（D. ミラーなど）からは，世界規模の分配的正義の要請
を支持する「コスモポリタニズム」の立場（P. シンガー，T. ポッゲな

282　　おわりに　グローバル化のなかの法思想

ど）に対し批判が投げかけられている。

法圏の解体と法文化の融合

ところで，これまで概観してきた法思想は，いずれも基本的にはそれを育んだ法の制度や文化の個別性を前提とし，その内容を反映させるものであったと言える。しかし，グローバル化という現象は，このような法の制度や文化の個別性を消去する契機を有しているとみることができるだろう。

なにより，国境を越えた経済活動が大規模に展開されるようになり，これまでのような国家ごとに分断された複数の法の並存に代えて，諸国家を横断する統一法の必要性が高まった。ヨーロッパ連合の成立にともなういわゆる EU 法，ユニドロワによる法の統一の試み，とりわけ近年の**国際商事契約原則**の設定などは，この要求に対する応答の顕著な一例である。

そのほかにも，国境を越えた人的交流や情報交換が容易になったことで，各国の法学者や法律家，とりわけ裁判官集団が自律的な知識共同体を構築し，各々の法情報を交換するといった事態も生じている。これにより，法の解釈に対する外国法の影響が次第に大きくなり，法の内容も収斂していく傾向が見られる。

このようにグローバル化には，かつてのヨーロッパに見られたような，しかしその地理的範囲や内容は異にする，いわば新しいタイプの「共通法」の形成を促しているようにも思われる。

法多元主義の再生

国家を越えた**共通法**の形成とは異なり，グローバル化には，多様な非国家的規範の形成を促進する面も見られる。グローバル化により個々の国家による問題処理能力に限界が生じ，その代わりに，国境を越えた活動分野ごとの**非国家法**の重要性がますます高まっている。国家法と非国家法との併存を認めた上で，それらの緊張関係や協働関係に注目する

283

理論として，**法多元主義**がある。

法多元主義は，中世における教会法，領主法，商人法と国家法の多元的併存や，植民地における宗主国法と固有法との多元的併存に注目する法理論として古くから存在してきたが，近年のグローバル化の進展に伴い，新たな角度から注目を集めている。国際商事仲裁や国際金融における自主規制，戦争や災害による傷病者救護活動にかかわるグローバルに活躍する NGO の組織・活動規定，ICANNなどの非営利団体により定められるインターネット法，国際オリンピック委員会の組織・活動規定に代表されるスポーツ法，環境マネージメントに関する国際規格や認証制度，医学研究に関する自主的ガイドラインなど，さまざまな事柄が取りあげられている。

非国家法に焦点を当てる法多元主義からは，国家法の民主的正統性に代わる正統性基盤の追求，非国家法における法とガバナンスの関係，国民国家的なリベラリズムと非国家法の関係などを問い直すことを通じ，法への新しい視点がもたらされる可能性がある。また，西洋近代国家法を念頭に置いた従来の法理論に再考を促すという側面もあるであろう。

グローバル化がもたらす法思想史の視座

ところで，グローバル化を通じてもたらされたものは，大規模な社会構造の変容とそれに伴う新たな社会問題だけではない。それに加え，この世界を全体として捉えるといった，いわば世界の見方それ自体の変容もまた，グローバル化がもたらした重要な帰結であると言える。

世界認識をめぐるこのような変容は，歴史記述のあり方にも影響を与える。すなわち，世界史を西洋中心の視点から描き出すのではなく，地球規模で生じる地域間，集団間の相互連関から捉えようという問題関心が拡がりつつある。たとえば，「グローバル・ヒスト

284　おわりに　グローバル化のなかの法思想

リー」といった歴史学の新たな動きは，そうした問題関心を表現したものにほかならない。

　法思想史の記述も，このような変容の影響を免れえないだろう。法思想史は長らく，西洋世界の内部で生じた法思想の流れを主たる記述対象としてきた。そのため，その外部で生じた独自の思想，あるいはその西洋との交渉の有様を視野の外に置かざるをえないという問題を抱えている。

　本書も一部の*Column*を除けば，基本的に，この伝統的な記述のあり方を踏襲してきた。それゆえ，それに伴う問題もまた引き継いでいる。たしかに，世界全体の法思想を射程に収めた通史を描き出すという試みには，大変な困難が伴うに違いない。しかし，これからの法思想史は，アジア圏やイスラム圏など非西洋の法思想やその西洋との相互関係についても視野に収めた，いわば「グローバルな法思想史」へと一歩ずつ近づいていくものと思われる。

読 書 案 内

● 法思想史全般について

法思想史の通史は，必ずしも多くはない。現在でも入手可能と思われる
ものについては可能な限り参考文献表に列挙しているが，ここではひとま
ず，次の2冊を挙げておく。本書に先行する法思想史テキストである，田
中成明・竹下賢・深田三徳・亀本洋・平野仁彦『法思想史〔第2版〕』（有
斐閣Sシリーズ，1997年），ならびに，本書の執筆陣が，優れた研究書とし
て影響を受けた，三島淑臣『法思想史〔新版〕』（青林書院，1993年）。通常
の法思想史の教科書ではないが，様々な角度から法をめぐる思想を浮かび
上がらせるフリチョフ・ハフト『正義の女神の秤から──ヨーロッパ法二
千年の流れ』（平田公夫訳，木鐸社，1995年）も楽しい。

思想史の方法論については論争もある。その一端に触れるための糸口と
して，Q.スキナー『思想史とはなにか──意味とコンテクスト』（半澤孝
麿・加藤節編訳，岩波書店，1990年）を挙げる。近代における科学や学問観
の根本的な転換を迫る，S.トゥールミン『近代とは何か──その隠され
たアジェンダ』（藤村龍雄・新井浩子訳，法政大学出版局，2001年）も重要であ
る。

● 第1部：古代から中世へ

法思想史を学ぶ上で西洋史の基礎的な知識は欠かせない。古代ギリシア
から中世までを扱う概説書として，服部良久・山辺規子・南川高志編『大
学で学ぶ西洋史〔古代・中世〕』（ミネルヴァ書房，2006年）を挙げておきた
い。

【第1章】

古代ギリシア哲学については数多くの入門書が出版されているが，ソ
フィストについては，最新の研究成果を反映した**納富信留**『ソフィストとは
誰か？』（人文書院，2006年）が重要である。プラトンとアリストテレスの
法思想をより深く知るには，彼らの著作に直に触れてみるのがよいだろう。
参考文献にあるように，本書で取り上げた作品の多くが文庫版で入手可能
なので，ぜひ気軽にチャレンジしてほしい。

287

【第2章】

ローマ法の歴史については，P. スタイン『ローマ法とヨーロッパ』（屋敷二郎監訳，ミネルヴァ書房，2003 年）がコンパクトにまとまっており，便利である。時代と地域を越えてローマ法が伝播していく過程が分かりやすく述べられている。

わが国では中世法思想研究は必ずしも盛んとは言えないが，中世哲学を代表するトマス・アクィナスにかんしては少なからぬ概説書が刊行されている。なかでも，稲垣良典『トマス＝アクィナス〔新装版〕』（清水書院，2016 年）は彼の生涯と思想をバランスよく描き出し，トマス哲学の重要性を教えてくれる。

● 第 2 部：近代法思想の揺籃

中世から近代への移行期にあたるこの時期は，また道徳をめぐる思想が大きく更新された時期でもあった。カントに至るまでのこの時期の道徳哲学の発展を通覧することを試みる J. B. シュナイウィンド『自律の創成——近代道徳哲学史』（田中秀夫監訳，逸見修二訳，法政大学出版局，2011 年）は，この時期の法思想の展開をよりよく理解するための手助けとなるだろう。

【第3章】

自然法論の新たな展開の口火を切った論者の代表格と目されるグロティウスの法思想については，柳原正治『グロティウス』（清水書院，2000 年）がその生涯と業績を概観しており，入門書として非常に優れている。なお，このグロティウスに始まるとされる近代国際法思想の発展については，R. タック『戦争と平和の権利——政治思想と国際秩序：グロティウスからカントまで』（萩原能久監訳，風行社，2015 年）が詳しく検討している。

【第4章】

多様な発展を見せる啓蒙期の法思想のなかでも，ルソーの重要性は誰しもが認めるところであろう。その入門書としては，福田歓一『ルソー』（岩波現代文庫，2012 年）を推薦したい。その数ある著作の中でも，ルソー『社会契約論』（中山元訳，光文社古典新訳文庫，2008 年）は，第 12 章で取り上げられるロールズの正義論に大きな影響を与えたという点に鑑みても，今日で最も再読するに値する作品であるといえるだろう。このルソーを含む当時の社会契約をめぐる代表的な議論を現代のロールズの議論と関連づ

けて再読する興味深い試みである重田園江『社会契約論』（ちくま新書，2013 年）も合わせて読むとよいだろう。

● 第 3 部：近代法思想の展開

【第 5 章】

　法や道徳をめぐる思想の一大転換点となったカント哲学の根本にある考え方を知るには，石川文康『カント入門』（筑摩書房，1995 年）が有益である。また，道徳・法・国家・国際関係に連なるカント哲学の一貫性を明快に論じた試みとして，網谷壮介『カントの政治哲学入門——政治における理念とは何か』（白澤社，2018 年）も強く薦めたい。法や政治を学ぶ者がカント自身の著作に取り組む場合には，当時の時代状況と連動する論考群が収められた，カント『啓蒙とは何か　他四篇』（篠田英雄訳，岩波文庫，1974 年）から始めるとよいだろう。

　ヘーゲル哲学の概説書は少なくないが，「まずはこの一冊」といった優れた入門書として，権左武志『ヘーゲルとその時代』（岩波新書，2013 年）を薦める。本文でも述べたように，ヘーゲルの主著『法哲学綱要』は，今日の表現で言えば，授業参加を念頭においた要点レジュメ集といったものなので，記述も圧縮され，把握は容易ではない。さいわいなことに，当時の学生による講義記録が出版されている。ヘーゲル『法哲学講義』（長谷川宏訳，作品社，2000 年）。わかりやすい訳文の助けもあり，時代状況に対するヘーゲルの批判意識が生き生きと伝わってくる。

【第 6 章】

　ベンサムの入門書では，次の 2 冊が優れている。J. R. ディンウィディ『ベンサム』（永井義雄・近藤加代子訳，日本経済評論社，1993 年），P. スコフィールド『ベンサム——功利主義入門』（川名雄一郎・小畑俊太郎訳，慶應義塾大学出版会，2013 年）。ミルの『自由論』には新訳もあり，読みやすさの点から，そこから始めるのもよいかもしれない。ミル『自由論』（斉藤悦則訳，光文社古典新訳文庫，2012 年）。第 10 章で取りあげるフェミニズムとの関連で，ミル『女性の解放』（大内兵衛・大内節子訳，岩波文庫，1957 年）も併せて読みたい。

【第 7 章】

　アメリカ建国のイメージを法の観点から摑むためには，まずは阿川尚之『憲法で読むアメリカ史』（ちくま学芸文庫，2013 年）がよいだろう。日本人

読書案内　**289**

には実感しにくい，奴隷制をめぐる政治的攻防と南北戦争に至る経過を，憲法解釈の観点から詳しく解き明かしてくれる。H. B. ストウ『アンクル・トムの小屋』や M. ミッチェル『風と共に去りぬ』など，時代の空気を描き出した小説と併せて読めば，奴隷制をめぐる人々の価値観と感覚との違いがさらに身近に感じられるかもしれない。

● 第4部：近代法から現代法へ

【第8章】

第5章で取りあげたサヴィニー，そして彼以降のドイツ法学の展開については，法制史研究者たちによる分厚い研究蓄積が存在する。まず，上山安敏編『近代ヨーロッパ法社会史』（ミネルヴァ書房，1987年）が入口として役に立つ。さらに深く学ぶためには，上山安敏『法社会史』（みすず書房，1966年），同『憲法社会史』（日本評論社，1977年），西村稔『知の社会史——近代ドイツの法学と知識社会』（木鐸社，1987年），同『文士と官僚——ドイツ教養官僚の淵源』（木鐸社，1998年）等に進むとよいだろう。イェーリングについては，さっそく，同『権利のための闘争』（村上淳一訳，岩波文庫，1982年）に取り組んでもよいだろう。また，邦訳者による詳細な読解，村上淳一『「権利のための闘争」を読む〔新装版〕』（岩波書店，2015年）も読み応えがある。

【第9章】

かつてはわが国でも盛んに研究されたマルクス主義法学も，最近ではあまり勢いがない。しかし，20世紀の終わりになってアメリカの「法と経済学」研究者に着目されたように，法と市場経済との密接な関連について鋭い分析を行う，パシュカーニス『法の一般理論とマルクス主義』（稲子恒夫訳，日本評論社，1986年）は，今日でも一読の価値がある。

世紀転換期のアメリカ法学について知るためには，第11章で取りあげる「批判法学」の論客でもあった M. J. ホーウィッツ『現代アメリカ法の歴史』（樋口範雄訳，弘文堂，1996年）を読むのがよい。19世紀後半の自然権論的な所有権論や契約の自由に基づく思考方法が，プラグマティズムの隆盛を通じ徐々に否定されていく経緯が描き出される。併せて，アメリカの経済発展とそれに伴う社会変化を背景とした，代理や法人理論の変遷もわかりやすく説明される。また，L. メナンド『メタフィジカル・クラブ——米国100年の精神史』（野口良平・那須耕介・石井素子訳，みすず書房，

2011 年）は，南北戦争が若き日のホームズをはじめ知識人たちに大きな傷跡を残し，後のアメリカの社会と思想を方向づけたことを教えてくれる。

ウェーバーの思想を理解するには様々な入口が考えられるが，やはりウェーバー『宗教社会学論選〔新装版〕』（大塚久雄・生松敬三訳，みすず書房，2019 年）が，そのエッセンスを纏めた編集書として重要である。ケルゼンの純粋法学については，その実質的な到達点であるケルゼン『純粋法学〔第 2 版〕』（長尾龍一訳，岩波書店，2014 年）が翻訳されたので，そこから入るとよい。しかし，分量こそずっと短いが，時代の緊迫感を反映しているようにも感じられる 1931 年刊行の初版，ケルゼン『純粋法学』（横田喜三郎訳，岩波書店，1935 年）に惹かれる読者も少なくないだろう。文庫となっているその民主主義論，ケルゼン『民主主義の本質と価値　他一編』（長尾龍一・植田俊太郎訳，岩波文庫，2015 年）については，論敵シュミットの議会制批判，シュミット『現代議会主義の精神史的状況　他一篇』（樋口陽一訳，岩波文庫，2015 年）と対比しながら読み進めると有益かもしれない。

● 第 5 部：現代の法理論

【第 10 章】

ラートブルフには翻訳の著作集が存在する。どの巻も重要であるが，ここではラートブルフ『ラートブルフ著作集　第 1 巻　法哲学』（田中耕太郎訳，東京大学出版会，1961 年），同『ラートブルフ著作集　第 3 巻　法学入門』（碧海純一訳，東京大学出版会，1964 年），さらには，本論でも取りあげた重要論文「法規の形をとった不法と法規を越えた法」を収めた同『ラートブルフ著作集　第 4 巻　実定法と自然法』（尾高朝雄・野田良之・阿南成一・村上淳一・小林直樹・常盤敏太訳，東京大学出版会，1961 年）を挙げておきたい。

ハート『法の概念』については，原著第 3 版に基づく素晴らしい新訳が文庫の形で出版されている。ハート『法の概念〔第 3 版〕』（長谷部恭男訳，ちくま学芸文庫，2014 年）。ハート理論の思想史的背景とその意義にかんしては，中山竜一『二十世紀の法思想』（岩波書店，2000 年）も参照されたい。残念なことに，フラーの翻訳書はこれまで 2 冊しか存在しないため，まずは図書館等で，フラー『法と道徳』（稲垣良典訳，有斐閣，1968 年）に当たって欲しい。ハート以降のイギリス分析法理学の展開は，深田三徳『現代法理論論争――R. ドゥオーキン対法実証主義』（ミネルヴァ書房，2004 年），濱真一郎『法実証主義の現代的展開』（成文堂，2014 年）が詳しい。

【第 11 章】

　ドゥオーキンの法理論を深く知るには，ドゥウォーキン『権利論〔増補版〕』（木下毅・小林公・野坂泰司訳，木鐸社，2003 年）と同『法の帝国』（小林公訳，未來社，1995 年）に取り組むとよい。「法と経済学」にかんする現在入手可能な書物では，S. シャベル『法と経済学』（田中亘・飯田高訳，日本経済新聞出版社，2010 年）がベストだろう。批判法学のまとまった翻訳書は，D. ケアリズ編『政治としての法——批判的法学入門』（松浦好治・松井茂記訳，風行社，1991 年）しかないが，その時代的・思想的背景については，前掲の中山竜一『二十世紀の法思想』で詳しく説明されている。フェミニズム法理論では，マッキノン『女の生，男の法　上・下』（森田成也・中里見博・武田万里子訳，岩波書店，2011 年）を挙げおきたい。男女のあるべき協働の姿を描こうとする他のフェミニズム理論とは異なり，法と政治における男性目線を徹底的に批判し尽くしている点で，男性にも女性にも衝撃の一冊となっている。

　ハーバーマス理論の概説書では，中岡成文『増補　ハーバーマス——コミュニケーション的行為』（ちくま学芸文庫，2018 年）がわかりやすい。これを読んだ後に，ハーバマス『コミュニケイション的行為の理論　上・中・下』（河上倫逸・M. フーブリヒトほか訳，未來社，1985-87 年）や『事実性と妥当性——法と民主的法治国家の討議理論にかんする研究』（全 2 巻，河上倫逸・耳野健二訳，未來社，2002 年・2003 年）へと進むとよいだろう。本論でも触れられていたように，ルーマンの理論は難解で知られる。今日ではC. ボルフ『ニクラス・ルーマン入門——社会システム理論とは何か』（庄司信訳，新泉社，2014 年）や G. クニール／A. ナセヒ『ルーマン　社会システム理論』（舘野受男・野崎和義・池田貞夫訳，新泉社，1995 年）といった優れた入門書が出ているので，まずはこれらに取り組んだ後，『手続を通しての正統化』（今井弘道訳，風行社，1990 年）や『法社会学』（村上淳一・六本佳平訳，岩波書店，1977 年）といったルーマン本人の著作に進むとよいだろう。

【第 12 章】

　正義＝公平をめぐる最近の議論展開を追うための最初の一冊としては，やはりサンデル『これからの「正義」の話をしよう——いまを生き延びるための哲学』（鬼澤忍訳，ハヤカワノンフィクション文庫，2011 年）が面白い。ロールズの正義論については，現在ではロールズ『正義論〔改訂版〕』（川本隆史・福間聡・神島裕子訳，紀伊国屋書店，2011 年），同『公正としての正

義』（田中成明編訳，木鐸社，1979 年），同『公正としての正義　再説』（田中成明・亀本洋・平井亮輔訳，岩波書店，2004 年），同『万民の法』（中山竜一訳，岩波書店，2006 年）など，その主著や主要論文の翻訳があるが，難しく感じられた場合には，川本隆史『ロールズ——正義の原理』（講談社，2005 年），仲正昌樹『いまこそロールズに学べ——「正義」とは何か？』（春秋社，2013 年），渡辺幹雄『ロールズ正義論の行方——その全体系の批判的考察〔増補版〕』（春秋社，2012 年）等の概説書から入ってもよいだろう。

　リバタリアニズムについては法哲学者によるコンパクトな概説，森村進『自由はどこまで可能か——リバタリアニズム入門』（講談社現代新書，2001 年）がある。全体主義の脅威を描いたハイエク『隷属への道〔新装版〕』（西山千秋訳，春秋社，2008 年）は，冷戦の終了以降，政治的リアリティを失ったと評価されることもあるが，読み直してみると，現在でも変わらない自由の理念の重要性が味わえる。もっとも，その正義論が展開されるのは，ハイエク『法と立法と自由　II』（篠塚慎吾訳，春秋社，2008 年）なので，彼の正義論に関心がある人はこちらにも取り組む必要があるだろう。ノージックについては，その主著，ノージック『アナーキー・国家・ユートピア』（嶋津格訳，木鐸社，1995 年）を読むのがよい。

　共同体主義，多文化主義との関連では，少なからぬ訳書が出版されている。日本人研究者によるコンパクトな入門書として，菊池理夫『日本を甦らせる政治思想——現代コミュニタリアニズム入門』（講談社現代新書，2007 年）がある。運平等主義や十分主義にインスピレーションを与えた議論としては，それぞれ，ドゥウォーキン『平等とは何か』（小林公・大江洋・高橋秀治・高橋文彦訳，木鐸社，2002 年），セン『不平等の再検討——潜在能力と自由』（池本幸生・野上裕生・佐藤仁訳，岩波現代文庫，2018 年）を挙げる。

引用・参考文献

◎全体を通しての参考文献◎

◆法思想史

石部雅亮・笹倉秀夫『法の歴史と思想——法文化の根底にあるもの』放送大学教育振興会，1995 年

大野達司・森元拓・吉永圭『近代法思想史入門——日本と西洋の交わりから読む』法律文化社，2016 年

加藤新平『新版 法思想史』勁草書房，1973 年

笹倉秀夫『法思想史講義 上・下』東京大学出版会，2007 年

竹下賢・市原靖久・桜井徹・角田猛之編『はじめて学ぶ法哲学・法思想——古典で読み解く 21 のトピック』ミネルヴァ書房，2010 年

田中成明・竹下賢・深田三徳・亀本洋・平野仁彦『法思想史〔第 2 版〕』有斐閣 S シリーズ，1997 年

千葉正士『世界の法思想入門』講談社学術文庫，2007 年

恒藤武二『法思想史』筑摩書房，1977 年

中山竜一『二十世紀の法思想』岩波書店，2000 年

長谷部恭男『増補新版 法とは何か——法思想史入門』河出書房新社，2015 年

深田三徳・濱真一郎編著『よくわかる法哲学・法思想〔第 2 版〕』ミネルヴァ書房，2015 年

三島淑臣『法思想史〔新版〕』青林書院，1993 年

森末伸行『法思想史概説』中央大学出版部，1994 年

森村進編『法思想の水脈』法律文化社，2016 年

ハフト，フリチョフ『正義の女神の秤から——ヨーロッパ法二千年の流れ』平田公夫訳，木鐸社，1995 年

◆道徳思想史・政治思想史・社会思想史

宇野重規『西洋政治思想史』有斐閣アルマ，2013 年

小笠原弘親・小野紀明・藤原保信『政治思想史』有斐閣 S シリーズ，1987 年

小野紀明・川崎修編集代表『岩波講座 政治哲学』全 6 巻，岩波書店，2014 年

坂本達哉『社会思想の歴史——マキアヴェリからロールズまで』名古屋大学出版会，2014 年

堤林剣『政治思想史入門』慶應義塾大学出版会，2016 年

半澤孝麿『ヨーロッパ思想史のなかの自由』創文社，2006 年

福田歓一『政治学史』東京大学出版会，1985 年

藤原保信・飯島昇藏編『西洋政治思想史 I・II』新評論，1995 年

フライシャッカー，サミュエル『分配的正義の歴史』中井大介訳，晃洋書房，2017 年

マッキンタイアー，A.『西洋倫理思想史 上・下』菅豊彦・甲斐博見・岩隈浩子・新

島龍美訳，九州大学出版会，1985 年

ロールズ，ジョン著，ハーマン，バーバラ編『ロールズ　哲学史講義　上・下』坂部恵監訳，みすず書房，2005 年

ロールズ，ジョン著，フリーマン，サミュエル編『ロールズ　政治哲学史講義 I・II』齋藤純一・佐藤正志・山岡龍一・谷澤正嗣・高山裕二・小田川大典訳，岩波書店，2011 年

シュナイウィンド，J.B.『自律の創成——近代道徳哲学史』田中秀夫監訳・逸見修二訳，法政大学出版局，2011 年

スキナー，クエンティン『近代政治思想の基礎——ルネッサンス，宗教改革の時代』門間都喜郎訳，春風社，2009 年

ソーンヒル，クリス『ドイツ政治哲学——法の形而上学』永井健晴・安世舟・安章浩訳，風行社，2012 年

ウォーリン，S.S.『西洋政治思想史』全 5 巻，尾形典夫・福田歓一ほか訳，福村出版，1975-83 年

◆法学史・法制史

碧海純一・伊藤正己・村上淳一編『法学史』東京大学出版会，1976 年

伊藤正己編『法学者　人と作品』日本評論社，1985 年

上山安敏『法社会史』みすず書房，1966 年

上山安敏編『近代ヨーロッパ法社会史』ミネルヴァ書房，1987 年

勝田有恒・森征一・山内進編著『概説　西洋法制史』ミネルヴァ書房，2004 年

勝田有恒・山内進編著『近世・近代ヨーロッパの法学者たち——グラーティアヌスからカール・シュミットまで』ミネルヴァ書房，2008 年

西村稔『知の社会史——近代ドイツの法学と知識社会』木鐸社，1987 年

西村稔『文士と官僚——ドイツ教養官僚の淵源』木鐸社，1998 年

深尾裕造『イングランド法学の形成と展開——コモン・ロー法学史試論』関西学院大学出版会，2017 年

ベイカー，J.H.『イギリス法史入門 I・II〔第 4 版〕』深尾裕造訳，関西学院大学出版会，2014 年

クラインハイヤー，G./シュレーダー，J.『ドイツ法学者辞典』小林孝輔訳，学陽書房，1983 年

マルタン，オリヴィエ『フランス法制史概説』塙浩訳，創文社，1986 年

ミッタイス，ハインリヒ『ドイツ法制史概説〔改訂版〕』世良晃志郎訳，創文社，1971 年

シュトライス，ミヒャエル編『一七・一八世紀の国家思想家たち　帝国公（国）法論・政治学・自然法論』佐々木有司・柳原正治訳，木鐸社，1995 年

ヴィーアッカー，F.『近世私法史——特にドイツにおける発展を顧慮して』鈴木禄弥訳，創文社，1961 年

◎各章ごとの参考文献◎

◆第1章
《原典の翻訳等》

ホメロス『イリアス　上・下』松平千秋訳，岩波文庫，1992年

ホメロス『オデュッセイア　上・下』松平千秋訳，岩波文庫，1994年

ヘシオドス「神統記」「仕事と日」『ヘシオドス全作品』中務哲郎訳，京都大学学術出版会，2013年

クセノポン『ソクラテス言行録1〔＝ソクラテスの思い出〕』内山勝利訳，京都大学学術出版会，2011年

プラトン『テアイテトス』田中美知太郎訳，岩波文庫，1966年

プラトン『ソクラテスの弁明』納富信留訳，光文社古典新訳文庫，2012年

プラトン『クリトン』田中美知太郎訳『プラトン全集1』岩波書店，1975年

プラトン『国家　上・下〔改版〕』藤沢令夫訳，岩波文庫，2008年

プラトン「ポリティコス（政治家）」水野有庸訳『プラトン全集3』岩波書店，1976年

プラトン『法律　上・下』森進一ほか訳，岩波文庫，1993年

アリストテレス「アテナイ人の国制」橋場弦訳，『アリストテレス全集19』岩波書店，2014年

アリストテレス『弁論術』戸塚七郎訳，岩波文庫，1992年

アリストテレス『ニコマコス倫理学』朴一功訳，京都大学学術出版会，2002年

アリストテレス『政治学』牛田徳子訳，京都大学学術出版会，2001年

《二次文献》

内山勝利編『哲学の歴史1　哲学誕生――始まりとしてのギリシア』中央公論新社，2008年

岩田靖夫『アリストテレスの倫理思想』岩波書店，1985年

加来彰俊『プラトンの弁明――ギリシア哲学小論集』岩波書店，2007年

高橋広次『アリストテレスの法思想――その根柢に在るもの』成文堂，2016年

仲手川良雄『古代ギリシアにおける自由と正義――思想・心性のあり方から国制・政治の構造へ』創文社，）1998年

納富信留『ソフィストとは誰か？』人文書院，2006年

ハイニマン，F.『ノモスとピュシス――ギリシア思想におけるその起源と意味』廣川洋一・玉井治・矢内光一訳，みすず書房，1983年

ヒューズ，G./ボウスト，G./オスワルド，M./フォーコッシュ，M.D.『法思想の層位学』森村進・石山文彦訳，平凡社，1986年

セドレー，D.編『古代ギリシア・ローマの哲学――ケンブリッジ・コンパニオン』内山勝利監訳，京都大学学術出版会，2009年

◆第2章
《原典の翻訳等》

リウィウス『ローマ建国以来の歴史2』岩谷智訳，京都大学学術出版会，2016年

ユスティニアヌス帝編『ユースティーニアーヌス帝学説彙纂プロータ』春木一郎訳，有斐閣，1938 年

ゼノン他『初期ストア派断片集 1』中川純男訳，京都大学学術出版会，2000 年

キケロー『キケロー選集 7 修辞学 II──弁論家について』大西英文訳，岩波書店，1999 年

キケロー『キケロー選集 8 哲学 I──国家について，法律について』岡道男訳，岩波書店，1999 年

アウグスティヌス『神の国』全 5 巻，服部英次郎訳，岩波文庫，1982～91 年

アウグスティヌス「自由意志」泉治典訳『アウグスティヌス著作集 3──初期哲学論集（3）』教文館，1989 年

アウグスティヌス『マニ教徒ファウストゥス批判』（未邦訳）

アウグスティヌス『告白』全 3 巻，山田晶訳，中公文庫，2014 年

トマス・アクィナス『神学大全 13』稲垣良典訳，創文社，1977 年

トマス・アクィナス『神学大全 17』大鹿一正・大森正樹・小沢孝訳，創文社，1997 年

トマス・アクィナス『神学大全 20』稲垣良典訳，創文社，1994 年

ソールズベリのジョン『ポリクラティクス』（未邦訳）

スコトゥス『オルディナティオ』（本書での引用箇所は未邦訳）

《二次文献》

内山勝利編『哲学の歴史 2 帝国と賢者』中央公論新社，2008 年

中川純男編『哲学の歴史 3 神との対話』中央公論新社，2008 年

稲垣良典『トマス・アクィナス』講談社学術文庫，1999 年

小林公『ウィリアム・オッカム研究──政治思想と神学思想』勁草書房，2015 年

柴田平三郎『アウグスティヌスの政治思想』未來社，1985 年

柴田平三郎『中世の春 ソールズベリのジョンの思想世界』慶應義塾大学出版会，2002 年

柴田平三郎『トマス・アクィナスの政治思想』岩波書店，2014 年

船田享二「ローマの法思想」尾高朝雄・峯高光郎・加藤新平編『法哲学講座 第 2 巻──法思想の歴史的展開（I）』有斐閣，1956 年

宮谷宣史『アウグスティヌス』講談社学術文庫，2004 年

ダントレーヴ，A.P.『自然法』久保正幡訳，岩波書店，1952 年

ジルソン，エティエンヌ/ベーナー，フィロテウス『アウグスティヌスとトマス・アクィナス〔新装版〕』みすず書房，2017 年

ハスキンズ，Ch.H.『十二世紀のルネサンス──ヨーロッパの目覚め』別宮貞徳・朝倉文市訳，講談社学術文庫，2017 年

リーゼンフーバー，K.『中世思想史』平凡社ライブラリー，2003 年

マンテ，U.『ローマ法の歴史』田中実・瀧澤栄治訳，ミネルヴァ書房，2008 年

マクマライド，A.S.編著『中世の哲学──ケンブリッジ・コンパニオン』川添信介監訳，京都大学学術出版会，2012 年

スタイン，P.『ローマ法とヨーロッパ』屋敷二郎監訳，ミネルヴァ書房，2003 年

シュナイウィンド，J.B.『自律の創成──近代道徳哲学史』田中秀夫監訳，逸見修二訳，法政大学出版局，2011 年

◆第3章

《原典の翻訳等》

マキアヴェッリ『君主論』河島英昭訳，岩波文庫，1998年

マキァヴェッリ『ディスコルシ――「ローマ史」論』永井三明訳，ちくま学芸文庫，2011年

モンテーニュ『エセー』全6巻，原二郎訳，岩波文庫，1965-7年

上智大学中世思想研究所編『中世思想原典集成20　近世のスコラ学』平凡社，2000年

グローティウス「戦争と平和の法・三巻（I）『献辞』および『序論・プロレゴーメナ』」渕倫彦訳，帝京法学26巻2号，2010年

グローティウス「戦争と平和の法・三巻（II・完）」第1巻・第1章および「人名表」帝京法学27巻1号，2011年

ホッブズ『リヴァイアサン』全4巻，水田洋訳，岩波文庫，1982～92年

ホッブズ『哲学者と法学徒との対話――イングランドのコモンローをめぐる』田中浩・重森臣広・新井明訳，岩波文庫，2002年

ロック，ジョン『完訳　統治二論』加藤節訳，岩波文庫，2010年

ロック，ジョン『寛容についての手紙』加藤節・李静和訳，岩波文庫，2016年

《二次文献》

シュナイウィンド，J.B.『自律の創成――近代道徳哲学史』田中秀夫監訳，逸見修二訳，法政大学出版局，2011年

鹿子生浩輝『征服と自由――マキャヴェッリの政治思想とルネサンス・フィレンツェ』風行社，2013年

田上雅徳『入門講義　キリスト教と政治』慶應大学学術出版会，2015年

宇羽野明子『政治的寛容』有斐閣，2014年

マクグラス，A.E.『宗教改革の思想』高柳俊一訳，教文館，2000年

佐々木毅『近代政治思想の誕生――16世紀における「政治」』岩波新書，1981年

筏津安恕『義務の体系のもとでの私法の一般理論の誕生――スアレス・デカルト・グロチウス・プーフェンドルフ』昭和堂，2010年

ホセ・ヨンパルト・桑原武夫『人民主権思想の原点とその展開――スアレスの契約論を中心として』成文堂，1985年

松森奈津子『野蛮から秩序へ――インディアス問題とサラマンカ学派』名古屋大学出版会，2009年

柳原正治『グロティウス』清水書院，2000年

太田義器『グロティウスの国際政治思想――主権国家秩序の形成』ミネルヴァ書房，2003年

戒能通弘『近代英米法思想の展開――ホッブズ＝クック論争からリアリズム法学まで』ミネルヴァ書房，2013年

大澤麦『自然権としてのプロパティ――イングランド革命における急進主義政治思想の展開』成文堂，1995年

梅田百合香『ホッブズ　政治と宗教――「リヴァイアサン」再考』名古屋大学出版会，2005年

下川潔『ジョン・ロックの自由主義政治哲学』名古屋大学出版会，2000年

ダン，ジョン『ジョン・ロック　信仰・哲学・政治』加藤節訳，岩波書店，1987 年

タック，リチャード『トマス・ホッブズ』田中浩・重盛臣広訳，未来社，1995 年

◆第 4 章

《原典の翻訳等》

プーフェンドルフ『自然法にもとづく人間と市民の義務』前田俊文訳，京都大学学術
　　出版会，2016 年

ライプニッツ『ライプニッツ著作集　第 II 期 2　法学・神学・歴史学——共通善を求
　　めて』酒井潔・佐々木能章監修，工作舎，2016 年

ハチスン『道徳哲学序説』田中秀夫・津田耕一訳，京都大学学術出版会，2009 年

ヒューム，ディヴィッド『人間本性論　第 3 巻　道徳について』伊勢俊彦・石川徹・
　　中釜浩一訳，法政大学出版局，2012 年

ヒューム，ディヴィッド『道徳・政治・文学論集〔完訳版〕』田中敏弘訳，名古屋大
　　学出版会，2011 年

スミス，アダム『道徳感情論』高哲男訳，講談社学術文庫，2013 年

スミス，アダム『国富論』全 4 巻，大河内一男監訳，中央公論新社，2010 年

スミス，アダム『法学講義』水田洋訳，岩波文庫，2005 年

スミス，アダム『法学講義　1762〜1763』水田洋・篠原久・只腰親和・前田俊文訳，
　　名古屋大学出版会，2012 年

ヴォルテール『寛容論』斎藤悦則訳，光文社古典新訳文庫，2016 年

ベッカリーア，チェーザレ『犯罪と刑罰』小谷眞男訳，東京大学出版会，2011 年

モンテスキュー『世界の名著 28　モンテスキュー』井上幸治編，中央公論社，1972 年

モンテスキュー『法の精神』全 3 巻，野田良之・稲本洋之助・上原行雄・田中治男・
　　三辺博之・横田地弘訳，岩波文庫，1989 年

ケネー『経済表』平田清明・井上泰夫訳，岩波文庫，2013 年

ディドロ・ダランベール編『百科全書　序論および代表項目』桑原武夫訳編，岩波文
　　庫，1971 年

ルソー『学問芸術論』前川貞次郎訳，岩波文庫，1968 年

ルソー『人間不平等起源論』中山元訳，光文社古典新訳文庫，2008 年

ルソー『社会契約論／ジュネーブ草稿』中山元訳，光文社古典新訳文庫，2008 年

シィエス『第三身分とは何か』稲本洋之助・伊藤洋一・川出良枝・松本英実訳，岩波
　　文庫，2011 年

《二次文献》

シュナイウィンド，J. B.『自律の創成——近代道徳哲学史』田中秀夫監訳，逸見修二
　　訳，法政大学出版局，2011 年

筏津安恕『失われた契約理論——プーフェンドルフ・ルソー・ヘーゲル・ボワソナー
　　ド』昭和堂，1998 年

シュトラス，ミヒャエル編『一七・一八世紀の国家思想家たち　帝国公（国）法論・
　　政治学・自然法論』佐々木有司・柳原正治訳，木鐸社，1995 年

前田俊文『プーフェンドルフの政治思想　比較思想史的研究』成文堂，2004 年

酒井潔『ライプニッツ〔新装版〕』清水書院，2014 年

柘植尚則『良心の興亡——近代イギリス道徳哲学研究』山川出版社，2016 年

田中秀夫『スコットランド啓蒙とは何か——近代社会の原理』ミネルヴァ書房，2014 年

ホーコンセン，クヌート『立法者の科学　デイヴィド・ヒュームとアダム・スミスの自然法学』永井義雄・鈴木信雄・市岡義章訳，ミネルヴァ書房，2001 年

堂目卓生『アダム・スミス——「道徳感情論」と「国富論」の世界』中公新書，2008 年

ラフィル，D.D.『アダム・スミスの道徳哲学——公平な観察者』生越利昭・松本哲人訳，昭和堂，2009 年

クランストン，モーリス『啓蒙の政治哲学者たち』富沢克・山本周次訳，昭和堂，1989 年

押村高『モンテスキューの政治理論——自由の歴史的位相』早稲田大学出版部，1996 年

安藤裕介『商業・専制・世論　フランス啓蒙の「政治経済学」と統治原理の転換』創文社，2014 年

井柳美紀『ディドロ——多様性の政治学』創文社，2011 年

永見文雄『ジャン゠ジャック・ルソー——自己充足の哲学』勁草書房，2012 年

福田歓一『ルソー』岩波現代文庫，2012 年

カッシーラー，E.『ジャン゠ジャック・ルソー問題〔新装版〕』生松敬三訳，みすず書房，2015 年

◆第 5 章
《原典の翻訳等》

カント『実践理性批判』波多野精一・宮本和吉・篠田英夫訳，岩波文庫，1979 年

カント『道徳形而上学の基礎づけ』中山元訳，光文社古典新訳文庫，2012 年

カント「人倫の形而上学・法論」加藤新平・三島淑臣訳『世界の名著 32　カント』中央公論社，1972 年

カント『カント全集 11　人倫の形而上学』坂部恵・有福孝岳・牧野英二編，岩波書店，2002 年

カント『啓蒙とは何か　他四篇』篠田英雄訳，岩波文庫，1974 年

カント『永遠平和のために』宇都宮芳明訳，岩波文庫，1985 年

ヘーゲル『精神現象学　上・下』熊野純彦訳，ちくま学芸文庫，2018 年

ヘーゲル『法の哲学 I・II』藤野渉・赤沢正敏訳，中公クラシックス，2001 年

ヘーゲル『法哲学講義』長谷川宏訳，作品社，2000 年

ヘーゲル『政治論文集　上・下』金子武蔵・上妻精訳，岩波文庫，1967 年

ヘーゲル『ヘーゲル・セレクション』廣松渉・加藤尚武編訳，平凡社ライブラリー，2017 年

サヴィニー『法典論争〔＝立法と法学に対する現代の使命について〕』大串兎代夫訳，世界文学社，1949 年

サヴィニー『現代ローマ法体系』全 8 巻，小橋一郎訳，成文堂，1993-2009 年

《二次文献》

網谷壮介『カントの政治哲学入門——政治における理念とは何か』白澤社，2018 年

筏津安恕『私法理論のパラダイム転換と契約理論の再編——ヴォルフ・カント・サヴ

ィニー』昭和堂，2001 年

池内紀『カント先生の散歩』潮文庫，2016 年

石川文康『カント入門』ちくま新書，1995 年

三島淑臣『理性法思想の成立——カント法哲学とその周辺』成文堂，1998 年

ジェームズ・ボーマン／マティアス・ルッツ＝バッハマン編『カントと永遠平和——
　世界市民という理念について』紺野茂樹・田辺俊明・舟場保之訳，未來社，2006 年

アルセニイ・グリガ『カント——その生涯と思想』西牟田久雄・浜田義文訳，法政大
　学出版局，1983 年

ケアスティング，ヴォルフガング『自由の秩序——カントの法および国家の哲学』舟
　場保之・寺田俊郎監訳，ミネルヴァ書房，2013 年

権左武志『ヘーゲルとその時代』岩波新書，2013 年

ドント，ジャック『ヘーゲル伝』飯塚勝久訳，未來社，2001 年

テイラー，チャールズ『ヘーゲルと近代社会』渡辺義雄訳，岩波書店，2000 年

堅田剛「ドイツ歴史法学」長尾龍一・田中成明編『現代法哲学 2 法思想』東京大学
　出版会，1983 年

耳野健二『サヴィニーの法思考——ドイツ近代法学における体系の概念』未來社，
　1998 年

ラーレンツ，K.『法学方法論』米山隆訳，勁草書房，1991 年

シュレーダー，J.「18 世紀以降のドイツにおける法理論・法律家養成・法実務の関
　係」曽根威彦・樹澤能生編『法実務，法理論，基礎法学の再定位』日本評論社，
　2009 年

ヴィーアッカー，F.『近世私法史——特にドイツにおける発展を顧慮して』鈴木禄弥
　訳，創文社，1961 年

◆第 6 章

《原典の翻訳等》

ベッカリーア，チェーザレ『犯罪と刑罰』小谷眞男訳，東京大学出版会，2011 年

ベンサム，J.『世界の名著 38　ベンサム　J.S. ミル』関嘉彦編，中央公論社，1967 年

ベンタム，J. 著／デュモン，E. 編『民事および刑事立法論』長谷川正安訳，勁草書房，
　1998 年

リカードウ，D.『経済学および課税の原理　上・下』羽鳥卓也・吉沢芳樹訳，岩波文
　庫，1987 年

ミル，J.S.『自由論』斉藤悦則訳，光文社古典新訳文庫，2012 年

ミル，J.S.『自由論』塩尻公明・木村健康訳，岩波文庫，1971 年

ミル，J.S.『功利主義論集』川名雄一郎・山本圭一郎訳，京都大学学術出版会，2010 年

ミル，J.S.『女性の解放』大内兵衛・大内節子訳，岩波文庫，1957 年

ヴィノグラドフ，P.F.『法における常識』末延三次・伊藤正己訳，岩波文庫，1972 年

マリノフスキ，ブラニスワフ『西太平洋の遠洋航海者——メラネシアのニュー・ギニ
　ア諸島における，住民たちの事業と冒険の報告』講談社学術文庫，2010 年

《二次文献》

戒能通弘『世界の立法者，ベンサム——功利主義法思想の再生』日本評論社，2007 年

戒能通弘『近代英米法思想の展開——ホッブズ゠クック論争からリアリズム法学まで』ミネルヴァ書房，2013 年

土屋恵一郎『怪物ベンサム——快楽主義者の予言した社会』講談社学術文庫，2012 年

永井義雄『自由と調和を求めて——ベンサム時代の政治・経済思想』ミネルヴァ書房，2000 年

日本法哲学会編「功利主義ルネッサンス」法哲学年報 2011，有斐閣，2012 年

深貝保則・戒能通弘編『ジェレミー・ベンサムの挑戦』ナカニシヤ出版，2015 年

深田三徳『法実証主義と功利主義——ベンサムとその周辺』木鐸社，1984 年

佐藤遼『法律関係論における権能』成文堂，2018 年

アレヴィ，エリー『哲学的急進主義の成立 I-III』永井義雄・近藤加代子訳，法政大学出版局，2016 年

ディンウィディ，J.R.『ベンサム』永井義雄訳，日本評論社，1993 年

スコフィールド，フィリップ『ベンサム——功利主義入門』川名雄一郎・小畑俊太郎訳，慶應義塾大学出版会，2013 年

◆第 7 章

《原典の翻訳等》

ハミルトン，A./ジェイ，J./マディソン，J.『ザ・フェデラリスト』斎藤眞・中野勝郎編訳，岩波文庫，1999 年

ペイン，トーマス『コモン・センス　他三編』小松春雄訳，岩波文庫，1976 年

高木八尺・末延三次・宮沢俊義編『人権宣言集』岩波文庫，1957 年

《二次文献》

阿川尚之『憲法で読むアメリカ史（全）』ちくま学芸文庫，2013 年

有賀貞・大下尚一・志邨晃佑，平野孝編『アメリカ史 1』山川出版，1994 年

大内孝『アメリカ法制史研究序説』創文社，2008 年

大西直樹『ピルグリム・ファーザーズという神話——作られた「アメリカ建国」』講談社，1998 年

戒能通弘編『法の支配のヒストリー』ナカニシヤ出版，2018 年

斎藤眞『アメリカ革命史研究　自由と統合』東京大学出版会，1992 年

田中秀夫『アメリカ啓蒙の群像』名古屋大学出版会，2012 年

西谷修『アメリカ——異形の制度空間』講談社，2016 年

ギルモア，グラント『アメリカ法の軌跡』望月礼二郎訳，岩波書店，1984 年

◆第 8 章

《原典の翻訳等》

ギールケ『民法典草案とドイツ法』（未邦訳）

キルヒマン「法律学無価値論」『概念法学への挑戦』田村五郎訳，有信堂，1958 年

イェーリング『ローマ法の精神　第 1 巻（1）』原田慶吉訳，有斐閣，1950 年

イェーリング『法学における冗談と真面目——法学書を読む人へのクリスマスプレゼント』眞田芳憲・矢澤久純訳，中央大学出版部，2009 年

イェーリング『ローマ法の精神　第 3 巻』（未邦訳）

イェーリング『法における目的』山口廸彦訳, 信山社, 1997 年

イェーリング『権利のための闘争』村上淳一訳, 岩波文庫, 1982 年

ヴィントシャイト「法律学の使命」(未邦訳)

エールリッヒ『法社会学の基礎理論』河上倫逸・フーブリヒト, M. 訳, みすず書房, 1984 年

エールリッヒ「自由な法発見と自由法学」石川真人訳, 北大法学論集 39 巻 1 号, 1988 年

エールリッヒ『法律的論理』河上倫逸・フーブリヒト, M. 訳, みすず書房, 1987 年

カントロヴィッツ「法学のための戦い」『概念法学への挑戦』田村五郎訳, 有信堂, 1958 年

ヘック「法律解釈と利益法学」津田利治訳, 『利益法学』慶応義塾大学法学研究会, 1985 年

ヘック「抵当権の増額評価に関する大審院判決 1923 年 11 月 28 日と裁判官の権限の限界」(未邦訳)

ゲルバー『公権論』(未邦訳)

ゲルバー『ドイツ国法体系綱要』(未邦訳)

ラーバント『ドイツ帝国国法　第 1 巻〔第 2 版〕』(未邦訳)

イェリネック『一般国家学』芦部信喜・阿部照哉・石村善治・栗城寿夫・小林孝輔・丸山健・宮田豊・室井力・結城光太郎・和田英夫訳, 学陽書房, 1974 年

マイヤー『獨逸行政法』全 4 巻, 美濃部達吉訳, 東京法学院, 1906 年

《二次文献》

赤松秀岳『十九世紀ドイツ私法学の実像』成文堂, 1995 年

赤松秀岳「ベルンハルト・ヴィントシャイト」勝田有恒・山内進編著『近世・近代ヨーロッパの法学者たち——グラーティアヌスからカール・シュミットまで』ミネルヴァ書房, 2008 年

石部雅亮編『ドイツ民法典の編纂と法学』九州大学出版会, 1999 年

伊藤正己編『法学者　人と作品』日本評論社, 1985 年

上山安敏『憲法社会史』日本評論社, 1977 年

海老原明夫「ゲルバーの法理論——倫理的秩序・法・法律」片岡輝夫・栗田伸子・吉村忠典・木庭俊雄・林信夫・ドールス・海老原明夫・村上純一・石井紫郎『古代ローマ法研究と歴史諸科学』創文社, 1986 年

大塚滋『イェーリングの「転向」』成文堂, 2016 年

堅田剛「ドイツ歴史法学」長尾龍一・田中成明編『現代法哲学 2 法思想』東京大学出版会, 1983 年

栗城壽夫『一九世紀ドイツ憲法理論の研究』信山社, 1997 年

塩野宏『オットー・マイヤー行政法学の構造』有斐閣, 1962 年

西村稔『知の社会史——近代ドイツの法学と知識社会』木鐸社, 1987 年

平田公夫「ルードルフ・フォン・イェーリング」勝田有恒・山内進編著『近世・近代ヨーロッパの法学者たち——グラーティアヌスからカール・シュミットまで』ミネルヴァ書房, 2008 年

平野敏彦「自由法運動」長尾龍一・田中成明編『現代法哲学 2 法思想』東京大学出

版会，1983 年

広渡清吾『法律からの自由と逃避——ヴァイマル共和制下の私法学』日本評論社，
1986 年

ラーレンツ，K.『法学方法論』米山隆訳，勁草書房，1991 年

ヴィーアッカー，F.『近世私法史——特にドイツにおける発展を顧慮して』鈴木禄弥
訳，創文社，1961 年

◆第 9 章
《原典の翻訳等》

フーリエ，シャルル『四運動の理論　上・下』巌谷国士訳，現代思潮社・古典文庫，
2002 年

マルクス，カール『ユダヤ人問題によせて　ヘーゲル法哲学批判序説』城塚登訳，岩
波文庫，1974 年

マルクス/エンゲルス『共産党宣言』大内兵衛・向坂逸郎訳，岩波文庫，1971 年

マルクス/エンゲルス『新編輯版　ドイツ・イデオロギー』廣松渉編訳・小林昌人補
訳，岩波文庫，2002 年

マルクス/エンゲルス『資本論』全 9 巻，向坂逸郎訳，岩波文庫，1969 年

エンゲルス，フリードリッヒ『家族・私有財産・国家の起源』戸原四郎訳，岩波文庫，
1965 年

シュティルナー『唯一者とその所有　上・下』現代思潮社・古典文庫，2013 年

プルードン，P.-J.『貧困の哲学　上・下』斎藤悦則訳，平凡社ライブラリー，2014 年

プルードン，P.-J.『プルードン・セレクション』河野健二編，平凡社ライブラリー，
2009 年

バクーニン，ミハイル『国家制度とアナーキー』左近毅訳，白水社，1999 年

パシュカーニス『法の一般理論とマルクス主義』稲子恒夫訳，日本評論社，1986 年

カードーゾ，ベンジャミン『司法過程の性質』守屋善輝訳，中央大学出版部，1966 年

フランク，ジェローム『法と現代精神』棚瀬孝雄・棚瀬一代訳，弘文堂，1974 年

パウンド，ロスコー『社会学的法学』細野武男訳，法律文化社，1957 年

パウンド，ロスコー『法哲学入門』恒藤武二訳，ミネルヴァ書房，1957 年

オリィヴェクローナ，カール『事実としての法』碧海純一・太田知行・佐藤節子訳，
勁草書房，1969 年

ウェーバー，マックス『宗教社会学論選〔新装版〕』大塚久雄・生松敬三訳，みすず
書房，2019 年

ウェーバー，マックス『プロテスタンティズムの倫理と資本主義の精神』大塚久雄訳，
岩波文庫，1989 年

ウェーバー，マックス『法社会学』世良晃志郎訳，創文社，1974 年

ウェーバー，マックス『支配の社会学　I・II』世良晃志郎訳，創文社，1960 年・
1962 年

ウェーバー，マックス『古代ユダヤ教　上・中・下』内田芳明訳，岩波文庫，1996 年

ウェーバー，マックス『職業としての政治』脇圭平訳，岩波文庫，1980 年

ウェーバー，マックス『職業としての学問』尾高邦雄訳，岩波文庫，1936 年

ケルゼン，ハンス『純粋法学〔第2版〕』長尾龍一訳，岩波書店，2014年

ケルゼン，ハンス『純粋法学』横田喜三郎訳，岩波書店，1935年・2003年再版

ケルゼン，ハンス『法と国家の一般理論』尾吹善人訳，木鐸社，1991年

ケルゼン，ハンス『社会学的国家概念と法学的国家概念』法思想21研究会訳，晃洋書房，2001年

ケルゼン，ハンス『ハンス・ケルゼン著作集III　自然法論と法実証主義』黒田覚・宮崎繁樹・上原行雄・長尾龍一訳，慈学社，2010年

ケルゼン，ハンス『民主主義の本質と価値　他一編』長尾龍一・植田俊太郎訳，岩波文庫，2015年

シュミット，カール『カール・シュミット著作集』全2巻，長尾龍一編，慈学社，2007年

《二次文献》

住吉雅美『哄笑するエゴイスト——マックス・シュティルナーの近代合理主義批判』風行社，1997年

勝田吉太郎『人類の知的遺産49　バクーニン』講談社，1979年

藤田勇『ソビエト法理論史研究1917-1938——ロシア革命とマルクス主義法学方法論』岩波書店，1968年

阿川尚之『憲法で読むアメリカ史（全）』ちくま学芸文庫，2013年

伊藤正己・木下毅『アメリカ法入門〔第5版〕』日本評論社，2012年

大内孝『アメリカ法制史研究序説』創文社，2008年

戒能通弘『近代英米法思想の展開——ホッブズ=クック論争からリアリズム法学まで』ミネルヴァ書房，2013年

金井光生『裁判官ホームズとプラグマティズム——〈思想の自由市場〉論における調和の霊感』風行社，2006年

ボーエン，C.D.『判事ホームズ物語　上・下』鵜飼信成・井上庚二郎・宇佐美珍彦・福間豊吉訳，法政大学出版局，1977-8年

ギルモア，グラント『アメリカ法の軌跡』望月礼二郎訳，岩波書店，1984年

ホーウィッツ，モートン，J.『現代アメリカ法の歴史』樋口範雄訳，弘文堂，1996年

メナンド，ルイ『メタフィジカル・クラブ　米国100年の精神史』野口良平・那須耕介・石井素子訳，みすず書房，2011年

佐藤節子『権利義務・法の拘束力』成文堂，1997年

上山安敏『ウェーバーとその社会——知識社会と権力』ミネルヴァ書房，1978年

仲正昌樹『マックス・ウェーバーを読む』講談社現代新書，2014年

山之内靖『マックス・ヴェーバー入門』岩波新書，1997年

鵜飼信成・長尾龍一編『ハンス・ケルゼン』東京大学出版会，1974年

長尾龍一『ケルゼン研究I』信山社叢書，1999年

西村稔『知の社会史——近代ドイツの法学と知識社会』木鐸社，1987年

ゾントハイマー，K.『ワイマール共和国の政治思想』川島幸夫・脇圭平訳，ミネルヴァ書房，1976年

ロットロイトナー，H.編『法，法哲学とナチズム』ナチス法理論研究会訳，みすず書房，1987年

◆第 10 章

《原典の翻訳等》

ラートブルフ, グスタフ『ラートブルフ著作集　第 1 巻　法哲学』田中耕太郎訳, 東京大学出版会, 1961 年

ラートブルフ, グスタフ『ラートブルフ著作集　第 4 巻　実定法と自然法』小林直樹・尾高朝雄・野田良之・阿南成一・村上淳一・常盤敏太訳, 東京大学出版会, 1961 年

ロンメン, H.『自然法の歴史と理論』阿南成一訳, 有斐閣, 1956 年

フェルドロース, A.『自然法』原秀男・栗田陸雄訳, 成文堂, 1974 年

メスナー, ヨハネス『自然法—社会・国家・経済の倫理』水波朗・栗城壽夫・野尻武敏訳, 創文社, 1995 年

マリタン, J.『人間と国家』久保正幡・稲垣良典訳, 創文社, 1962 年

ダバン, J.『法の一般理論』水波朗訳, 創文社, 1976 年

ダントレーブ, A. P.『自然法』久保正幡訳, 岩波書店, 1952 年

ハート, H. L. A.『法の概念〔第 3 版〕』長谷部恭男訳, ちくま学芸文庫, 2014 年

ハート, H. L. A.『法の概念』矢崎光圀監訳, みすず書房, 1976 年

ハート, H. L. A.『法学・哲学論集』矢崎光圀・松浦好治ほか訳, みすず書房, 1990 年

ハート, H. L. A.『権利・功利・自由』小林公・森村進訳, 木鐸社, 1987 年

フラー, L. L.『法と道徳』稲垣良典訳, 有斐閣, 1968 年

フラー, L. L.『法と人間生活——現代法理論の常識』藤倉皓一郎訳, エンサイクロペディアブリタニカ日本支社, 1968 年

マコーミック, ニール『判決理由の法理論』亀本洋・角田猛之・井上匡子・石前禎幸・濱真一郎訳, 成文堂, 2009 年

ラズ, ジョセフ『法体系の概念——法体系論序説〔第 2 版〕』松尾弘訳, 慶應義塾大学出版会, 2011 年

ラズ, ジョセフ『権威としての法——法理学論集』深田三徳監訳, 勁草書房, 1994 年

《二次文献》

中山竜一『二十世紀の法思想』岩波書店, 2000 年

カウフマン, アルトゥール『グスタフ・ラートブルフ』中義勝・山中敬一訳, 成文堂, 1992 年

濱真一郎『法実証主義の現代的展開』成文堂, 2014 年

深田三徳『現代法理論論争——R. ドゥオーキン対法実証主義』ミネルヴァ書房, 2004 年

マコーミック, ニール『ハート法理学の全体像』角田猛之編訳, 晃洋書房, 1996 年

◆第 11 章

《原典の翻訳等》

ドゥウォーキン, ロナルド『権利論〔増補版〕』木下毅・小林公・野坂泰司訳, 木鐸社, 2003 年

ドゥオーキン, ロナルド『原理の問題』森村進・鳥澤円訳, 岩波書店, 2012 年

ドゥウォーキン，ロナルド『法の帝国』小林公訳，未來社，1995 年

ドゥウォーキン，ロナルド『裁判の正義』宇佐美誠訳，木鐸社，2009 年

コース，ロナルド．H.『企業・市場・法』宮沢健一・後藤晃・藤垣芳文訳，東洋経済新報社，1992 年

カラブレイジ，グイド『事故の費用——法と経済学による分析』小林秀文訳，信山社，1993 年

コース，ロナルド．H.／カラブレイジィ，グイド／ミシャン，E.J.『「法と経済学」の原点』松浦好治編訳，木鐸社，1994 年

ポズナー，リチャード．A.『正義の経済学——規範的法律学への挑戦』馬場孝一・國武輝久監訳，木鐸社，1991 年

ケアリズ，D. 編『政治としての法——批判的法学入門』松浦好治・松井茂記訳，風行社，1991 年

グージュ，オランプ．ド.「女性の権利宣言」辻村みよ子『ジェンダーと人権——歴史と理論から学ぶ』日本評論社，2008 年

ウルストンクラーフト，メアリ『女性の権利の擁護——政治および道徳問題の批判をこめて』白井堯子訳，未來社，1980 年

J.S. ミル『女性の解放』大内兵衛・大内節子訳，岩波文庫，1957 年

フリーダン，ベティ『新しい女性の創造』三浦冨美子訳，大和書房，2004 年

マッキノン，キャサリン『女の生，男の法　上・下』森田成也・中里見博・武田万里子訳，岩波書店，2011 年

ギリガン，キャロル『もうひとつの声——男女の道徳観のちがいと女性のアイデンティティ』岩男寿美子監訳，川島書店，1986 年

ヤング，アイリス．マリオン．『正義への責任』岡野八代・池田直子訳，岩波書店，2014 年

コーネル，ドゥルシラ『イマジナリーな領域——中絶，ポルノグラフィ，セクシュアル・ハラスメント』仲正昌樹監訳，御茶の水書房，2006 年

カウフマン，A.『法哲学〔第 2 版〕』上田健二訳，ミネルヴァ書房，2006 年

フィーヴェク，テオドール『トピクと法律学——法学的基礎研究への一試論』植松秀雄訳，木鐸社，1980 年

ハフト，F.『法律家のレトリック』植松秀雄訳，木鐸社，1992 年

ペレルマン，カイム『法律家の論理——新しいレトリック』江口三角訳，木鐸社，2004 年

ペレルマン，カイム『説得の論理学——新しいレトリック』三輪正訳，理想社，1980 年

ルーマン，ニクラス『法社会学』村上淳一・六本佳平訳，岩波書店，1977 年

ルーマン，ニクラス『手続を通しての正統化〔新装版〕』今井弘道訳，風行社，2003 年

ルーマン，ニクラス『社会の法』全 2 巻，馬場靖雄・上村隆広・江口厚仁訳，法政大学出版局，2003 年

ハーバーマス，ユルゲン／ルーマン，ニクラス『批判理論と社会システム理論——ハーバーマス＝ルーマン論争』佐藤嘉一・山口節郎・藤沢賢一郎訳，木鐸社，1987 年

ハーバーマス，ユルゲン『コミュニケイション的行為の理論　上・中・下』河上倫逸・フーブリヒト，M. ほか訳，未來社，1985-87 年

引用・参考文献　　**307**

ハーバーマス，ユルゲン『事実性と妥当性――法と民主的法治国家の討議理論にかんする研究』全2巻，河上倫逸・耳野健二訳，未來社，2002・2003年
トイプナー，グンター『オートポイエーシス・システムとしての法』土方透・野崎和義訳，未來社，1994年

《二次文献》

宇佐美誠・濱真一郎編著『ドゥオーキン――法哲学と政治哲学』勁草書房，2011年
小泉良幸『リベラルな共同体――ドゥオーキンの政治・道徳理論』勁草書房，2002年
中山竜一『二十世紀の法思想』岩波書店，2000年
深田三徳『法実証主義論争――司法的裁量論批判』法律文化社，1983年
ワックス，レイモンド『法哲学』中山竜一・橋本祐子・松島裕一訳，岩波書店，2011年
青井秀夫『法理学概説』有斐閣，2007年
亀本洋『法的思考』有斐閣，2006年
中岡成文『増補 ハーバーマス――コミュニケーション的行為』ちくま学芸文庫，2018年
福井康太『法理論のルーマン』勁草書房，2002年
ドイツ憲法判例研究会編『ドイツの憲法判例Ⅲ』信山社，2008年
ノイマン，U.『法的議論の理論』亀本洋・山本顯治・服部高宏・平井亮輔訳，法律文化社，1997年
ミュラー，J-W.『憲法パトリオティズム』斎藤一久・田畑真一・小池洋平監訳，法政大学出版局，2017年
伊藤正己・木下毅『アメリカ法入門〔第5版〕』日本評論社，2012年
船越資晶『批判法学の構図―ダンカン・ケネディのアイロニカル・リベラル・リーガリズム』勁草書房，2011年
岡野八代『フェミニズムの政治学――ケアの倫理をグローバルな社会へ』みすず書房，2012年
辻村みよ子『ジェンダーと人権――歴史と理論から学ぶ』日本評論社，2008年

◆第12章

《原典の翻訳等》

ロールズ，ジョン『正義論〔改訂版〕』川本隆史・福間聡・神島裕子訳，紀伊国屋書店，2011年
ロールズ，ジョン『公正としての正義』田中成明編訳，木鐸社，1979年
ロールズ，ジョン著，ケリー，エレン編『公正としての正義 再説』田中成明・亀本洋・平井亮輔訳，岩波書店，2004年
ロールズ，ジョン『万民の法』中山竜一訳，岩波書店，2006年
フリードマン，ミルトン『選択の自由――自立社会への挑戦〔新装版〕』西山千明訳，日本経済新聞出版社，2012年
ハイエク，F.A.『隷属への道〔新装版〕』西山千秋訳，春秋社，2008年
ハイエク，F.A.『自由の条件 Ⅰ-Ⅱ〔新版〕』気賀健三・古賀勝次郎訳，春秋社，2007年
ハイエク，F.A.『法と立法と自由 Ⅱ〔新版〕』篠塚慎吾訳，春秋社，2008年

ノージック，ロバート『アナーキー・国家・ユートピア——国家の正当性とその限界』嶋津格訳，木鐸社，1995 年

フリードマン，ディヴィド『自由のためのメカニズム——アナルコ・キャピタリズムへの道案内』森村進・関良徳・高津融男・橋本祐子訳，勁草書房，2003 年

ロスバード，マリー『自由の倫理学——リバタリアニズムの理論体系』森村進・森村たまき・鳥澤円訳，勁草書房，2003 年

スタイナー，ヒレル『権利論——レフト・リバタリアニズム宣言』浅野幸治訳，新教出版社，2016 年

サンデル，M. J.『リベラリズムと正義の限界』菊池理夫訳，勁草書房，2009 年

サンデル，マイケル『これからの「正義」の話をしよう——いまを生き延びるための哲学』鬼澤忍訳，ハヤカワノンフィクション文庫，2011 年

マッキンタイア，アラスデア『美徳なき時代』篠崎栄訳，みすず書房，1993 年

ウォルツァー，M『正義の領分——多元性と平等の擁護』山口晃訳，而立書房，1999 年

テイラー，チャールズ『自我の源泉——近代的アイデンティティの形成』下川潔・桜井直徹・田中智彦訳，名古屋大学出版会，2010 年

テイラー，チャールズ/ハーバーマス，ユルゲン/ガットマン，エイミー/ウルフ，スーザン/ロックフェラー，スティーブン．C./ウォルツァー，マイケル/アッピア，アンソニー『マルチカルチュラリズム』佐々木毅・辻康夫・向山恭一訳，岩波書店，1996 年

キムリッカ，ウィル『多文化時代の市民権——マイノリティの権利と自由主義』角田猛之・石山文彦・山崎康仕監訳，晃洋書房，1998 年

コーエン，G. A.『あなたが平等主義者なら，どうしてそんなにお金持ちなのですか』渡辺雅男・佐山圭司訳，こぶし書房，2006 年

ドゥウォーキン，ロナルド『平等とは何か』小林公・大江洋・高橋秀治・高橋文彦訳，木鐸社，2002 年

フランクファート，ハリー．G.『不平等論——格差は悪なのか？』山形浩生訳・解説，筑摩書房，2016 年

セン，アマルティア『不平等の再検討——潜在能力と自由』池本幸生・野上裕生・佐藤仁訳，岩波現代文庫，2018 年

《二次文献》

井上彰編『ロールズを読む』ナカニシヤ出版，2018 年

川本隆史『ロールズ——正義の原理』講談社，2005 年

仲正昌樹『いまこそロールズに学べ——「正義」とは何か？』春秋社，2013 年

渡辺幹雄『ロールズ正義論の行方——その全体系の批判的考察〔増補版〕』春秋社，2012 年

嶋津格『自生的秩序——F. A. ハイエクの法理論とその基礎』木鐸社，1985 年

森村進『自由はどこまで可能か——リバタリアニズム入門』講談社現代新書，2001 年

ウルフ，ジョナサン『ノージック——所有・正義・最小国家』森村進・森村たまき訳，勁草書房，1994 年

宇佐美誠・児玉聡・井上彰・松元雅和『正義論——ベーシックスからフロンティアまで』法律文化社，2019 年

神島裕子『正義とは何か——現代政治哲学の6つの視点』中公新書，2018年

平井亮輔編『正義——現代社会の公共哲学を求めて』嵯峨野書院，2004年

馬渕浩二『貧困の倫理学』平凡社新書，2015年

◆おわりに

ベック，ウルリヒ『危険社会——新しい近代への道』東廉・伊藤美登里訳，法政大学出版局，1998年

サンスティーン，キャス『恐怖の法則——予防原則を超えて』角松生史・内野美穂監訳，勁草書房，2015年

日本法哲学会編「リスク社会と法」法哲学年報2009，有斐閣，2010年

ロールズ，ジョン『万民の法』中山竜一訳，岩波書店，2006年

ミラー，デイヴィッド『国際正義とは何か——グローバル化とネーションとしての責任』富沢克・伊藤恭彦・長谷川一年・施光恒・竹島博之訳，風行社，2011年

シンガー，ピーター『グローバリゼーションの倫理学』山内友三郎・樫則章監訳，昭和堂，2005年

ポッゲ，トマス『なぜ遠くの貧しい人への義務があるのか——世界的貧困と人権』立岩真也監訳，生活書院，2010年

井上達夫『世界正義論』筑摩書房，2012年

日本法哲学会編「国境を越える正義——その原理と制度」法哲学年報2012，有斐閣，2013年

浅野有紀『法多元主義——交錯する国家法と非国家法』弘文堂，2018年

日本法哲学会編「法多元主義——グローバル化の中の法」法哲学年報2018，有斐閣，2019年

事項索引

●あ　行

アカデメイア …………………10, 14-15, 33
悪法（邪悪な法）
　…9-10, 40, 210, 212-213, 216-217, 223
アメリカ独立宣言 ………………140, 241
在るべき法 …………122, 127, 132, 227
イエズス会……………………………52
イェーナ大学（イエナ大学）……70, 105
生ける法 ……………………………167
意志（意思）
　………42-43, 57, 62-63, 65, 97, 104-105,
　　　　107-108, 165, 169, 176, 185-186,
　　　　197, 211, 224, 226, 267, 272, 276
　――法……………………………………57
　一般…………………………86, 88-89
　神の――…31, 43, 53, 56-57, 65, 70
　恒常不断の――…………………………26
　自由（自由な）――…88, 107-109, 266
　主権者の――……………64, 124-125
　善――……………………………………97
　選択――…………………………99, 108
イスラム …38, 44, 196, 270, 278-279, 285
一次的ルール，二次的ルール …221-223
一般条項 …………………172, 206, 233
イデア……………………11-13, 16, 202
イマジナリーな領域 ………………246
インスティトゥツィオーネン方式……29
インディオ（インディアス）
　………………………21, 50-51, 53-54
インテグリティ …………234-236, 276
ヴィクトリア朝 ………………128, 131
ウィーン大学 …………167, 178, 198-199
ウェストファリア条約 ……………58, 69
ウォルフェンデン報告 ……………224
動いている法 law in action，紙の上の
　法 law in books ……………………192
ウーマン・リブ ……………………243

永遠法　lex aeterna ………31-32, 40, 53
　時間的な法　lex temporalis ………31
永久平和 ……………………………101-102
王権神授説…………………………59, 64-65
王　政 ………………………………20, 64
大きな政府 …………………………262
オーストリア一般民法典 …………113
オックスフォード
　……61, 121, 132, 135, 152, 218, 232, 256
オートポイエーシス ………………250
穏和の精神 ……………………………84-85

●か　行

懐疑主義………………………7, 54-55, 78
　事実―― ……………………………191
　ルール―― …………………………190
外的視点 …………………219-220, 225
　解釈学的視点，距離を置いた視点…225
　内的視点 …………219-220, 222, 225
解答権（ユス・レスポンデンディ）
　…………………………………25, 29
科学学派………………………………167-168
科学革命………………………………61
科学としての法 …………149-151, 188
格差原理 …………258, 260-261, 267
学説彙纂　Digesta
　………33-34, 37, 117, 157-158, 161
過　失…………………………56, 238
仮　象…………………………95, 108
寡頭制 …………………………18, 20
カトリック …47, 49-50, 52, 54-55, 64, 83
カノン法（教会法）…………36-37, 152, 284
家父長制………………………74, 198, 244
カリスマ的支配，合法的支配，伝統的
　支配………………………………198
慣習法……………………23, 118, 136, 158
感　性…………………………………96
完全法典（パノミオン）……124-126, 134

観念論……………………94, 103
寛　容……………60, 67, 203, 212, 248
官僚制……………………49, 198
危害原理……………………131, 224
議会派……………………60, 64
幾何学……………56, 70, 74, 115
貴族制……………………18, 20, 101
基本権……………………206-207
基本財……………………258
義　務
　……………10, 41, 44, 65, 71-72, 74, 80, 97-
　　98, 100, 102, 108, 111, 124-125,
　　129, 134, 165-166, 185, 194, 200,
　　210, 221, 228, 256, 266, 275-277
　　自然的——……………74
共　感……………………78-81
共産主義……112, 180, 182, 232, 253, 263
行政法……………177-178, 198, 237
共通善……………21, 39-41, 47, 270
共同体主義
　……21, 112, 214, 255, 268-270, 272, 274
共和主義……47, 101-102, 105, 142
　公民的——……………270
共和政（制）
　……………23-25, 28, 47, 85, 102, 140, 143
極東国際軍事裁判……………210
キリスト教
　……………23, 27, 30-33, 36, 39, 42-43, 46-
　　47, 50-51, 263
緊急事態……………206, 232, 236
クイア……………………246
グラスゴー大学……………76, 78
グラティアヌス教令集……………36-37
グローバル・ヒストリー………284-285
君主制……………74, 82, 86, 126
ケ　ア……………………245-246
経験論……………64, 75-76, 78, 123
計算可能性……………………196
形式主義
　……………148, 151-152, 188, 190, 196, 229
刑　法……………124-125, 185, 248, 281

啓　蒙
　……69-70, 73-77, 82-84, 86-87, 91, 103
　——主義……………………74-75
　——専制君主……………………75
契　約
　………19, 58, 71-72, 79, 89, 100, 103,
　　108, 136, 150-152, 187, 189, 229,
　　238, 265-266, 283
　——法……………149-150, 226-227, 237
ケーニヒスベルク大学…………94, 175
ゲーム理論……………230, 257
ゲルマニステン……………158-160, 173
ゲルマン……………27, 34, 158-159, 173
限界効用理論……………………52, 161
欠　缺……35, 162, 164, 168-169, 171, 197
権原理論……………………266
言語ゲーム……………220, 240
言語行為……………………219
言語論的転回　Linguistic Turn
　……………………218-219
元首政（プリンキパトゥス）…………25
原初状態……………257, 259-261
現に存在する法………122, 127, 133, 227
ケンブリッジ……………132, 135, 152
憲　法
　……125, 138, 141, 144, 146-147, 156,
　　172, 174, 177-178, 187, 193-194,
　　198-199, 201-202, 206-207, 215,
　　233, 237, 248, 252-254, 259, 261,
　　282
　——制定権力……………………89
　——パトリオティズム……………254
　合衆国——
　　……141-142, 144, 148, 187, 214
　明治——……………178
　ワイマール——
　　……197-198, 204, 206-207
権　利
　……100, 104, 107-111, 124, 130, 133-
　　134, 140, 165, 166, 176, 183-185,
　　187, 194, 200, 203, 214-216, 232-

312

233, 235-236, 238, 240, 242-243,
256, 258, 261, 265-269, 271, 273
——意思説 ……………………………165
——テーゼ ……………………………235
——利益説 ……………………………165
集団の—— ……………………………273
権利章典……………………………………64
権利請願……………………………………60
賢慮（フロネーシス）………………17, 26
権力分立………………………66, 85, 89, 206
原理論法，政策論法 ………………235-236
合　意
………52-53, 57, 71, 79, 86, 100, 151,
251, 257
重なり合う—— ………………………275
公共の福祉 …………………………71-72
公　正
………19, 138, 169, 187, 235, 239, 257-
258, 270
——な機会均等の原理 ………258, 261
衡　平 ………………………………………18
——法（エクイティ）………………136
公平な観察者……………………………81
公　法
……24, 81, 100, 102, 156, 172-175, 178
合法性……………………………………99, 108
公民（シトワイヤン）…………………109
公民権運動 …………232, 240, 255, 261
公民権法 …………………………240, 262
合目的性 ………………………………213
功利主義
………78, 97, 121, 127, 129, 131, 145,
214, 236, 255, 259, 267
合理主義……………………………76, 95-96
合理性 …………196-197, 203, 230, 237
功利の原理 …………121, 123-124, 133-134
国王派 …………………………………60, 64
国際法
……55, 58, 100, 102, 111, 133, 135,
198, 201-202, 210, 216, 230
国民国家　nation-state ……103-104, 284

国　連 ……………………………102, 215, 278
個人主義 ……157, 160, 206, 263, 268-269
コースの定理 ………………………………238
悟　性 ……………………………………………96
国家法人説 ……………………………176, 178
国教会 …………………………………………59, 61
コペルニクス的転回……………………………96
コミュニケーション的行為 …………251
コモン・ロー
………59-60, 76-77, 121-122, 134-135,
139, 144-146, 148, 150, 152, 189,
226, 237, 239
固有権（プロパティ）…………………65-67
コーラン ……………………………………………44
根源契約 ………………………………………100
コンベンショナリズム …………234, 236
根本規範 ………………………………200-201

●さ　行

裁決のルール ………………………221-222
債　権 …………………………100, 157, 171
最高裁判所 …143-144, 171, 187, 193, 261
最小国家 ………………………………265-267
最大多数の最大幸福…………77, 124, 214
裁判官
………6, 59, 77, 113, 134, 139, 145-146,
151, 164, 166-172, 187-188, 191,
197, 221-224, 226, 229, 233-235,
238-239, 248, 272-273, 283
裁　量 …………………………172, 222, 233
サビヌス派…………………………………………26
サラマンカ学派…………………41, 51-54
三月革命 …………………………………156, 159
産業革命 …76, 94, 121, 125, 128, 151, 179
三十年戦争 …………………………55, 58, 69
参政権 …………………………4, 131, 242-243
三段論法 …………………………15, 248, 253
慈　愛 ……………………………………………81
シーア派，スンニ派……………………44
自己保存 …………………………61-66, 71, 73
事実の規範力 …………………………176

市　場
　　………82, 110-111, 180, 183, 185, 193,
　　　　239, 245, 263-266, 268, 273, 276
システム理論 …………………………249-250
自生的秩序 …………………………264-265
自然権
　　………46, 59-60, 62, 67, 71, 74, 86, 140,
　　　　214, 265-266
自然状態
　　…59, 61-63, 65, 71, 74, 87-89, 100, 257
自然奴隷説 ………………………………21, 51
視線の往復 ………………………………248
自然法
　　………14, 20, 25, 27-32, 40-41, 43, 46,
　　　　50, 53, 55-57, 59-60, 62-63,
　　　　65-66, 70-78, 81, 85-86, 88, 94,
　　　　100-101, 107-108, 113, 119-120,
　　　　122, 139-140, 157, 162, 202-203,
　　　　213, 216-217, 225, 227-228, 230,
　　　　247
　　──の最小限の内容 …………224-225
　　──の再生（再生自然法論）
　　　　…………………………213-216, 227
　　実体的，手続的── ………………228
思想の自由市場 ……………………………188
執行権 …………………65-66, 101-102, 111
実証主義 ……………………………227, 233
　　排除的── …………………………225
　　包摂的── …………………………225
執政官（コンスル）………………………28
実践哲学の復権 …………………………249
実定道徳 …………………………………133
実定法
　　………14, 35, 119, 133, 134, 162, 175,
　　　　199, 201-202, 213, 216, 223, 227
事物の本性…………………………………84, 247
司法審査制度 ……………………………144
資本主義…75, 168, 180, 184, 195-196, 232
　　無政府── …………………………267
市民革命 ………………………59, 75, 214
市民社会 …………………109-111, 183, 262

市民的不服従 …………………………232, 261
市民法　jus civile…………………24-25, 86
市民法大全　Corpus Juris Civilis
　　………………………………33, 37, 117, 159
社会学
　　………84, 176-177, 180, 192, 194, 196,
　　　　199, 204, 215, 230, 249, 281
社会契約
　　………46, 59, 63, 65-67, 71, 74, 79, 81,
　　　　88-89, 100, 107, 122, 147, 183,
　　　　257
社会権 ……………………………………197
社会主義
　　………112, 161, 179-180, 184-185, 192,
　　　　262, 264
　　国家── …………………………183, 205
　　西欧── ……………………………185
　　フェビアン── …………………………184
社会的動物…………………………………61
社会法 …………………………………160, 197
社交性…………………………………………71
主意主義，主知主義…………………………42-43
自　由
　　………7, 18, 43, 47, 55, 58, 60-63, 65-67,
　　　　71, 82, 85-86, 88-89, 94, 98-105,
　　　　107, 109-110, 112, 128, 130, 138,
　　　　140, 147, 152, 168-169, 171, 174,
　　　　182-183, 187, 203, 215, 218, 224,
　　　　232, 236, 241-243, 245-246, 251,
　　　　255, 258-259, 262-269, 274, 277,
　　　　280-281
　　──主義
　　………47, 83, 111, 128, 157, 159, 184,
　　　　197, 205-206, 224, 263
　　──な法発見 ……………168, 169-170
　　──の平等原理 …………………258, 261
　　──の理念 ………………98-99, 109-111
　　──法運動 ……161, 166-167, 169-170
　　──放任主義（レッセ・フェール）
　　………………………………152, 186, 192
　　価値── ……………………………197

契約の―― ·················187, 262
言論の―― ·····················7, 60
思想・良心の―― ···············258
実質的―― ·······················184
信仰の―― ·························48
人身の―― ·······················206
積極的，消極的―― ···············274
表現の―― ··········188, 206, 244, 258
新――主義 ···················184, 239
宗教改革······44, 47-48, 50, 52, 54, 59, 138
宗教戦争 ························54-55
十字軍 ····························38
重商主義 ·····················49, 82
十二表法 ···················23-24, 136
重農主義 ·······················85-86
十分主義 ····················277-278
儒　家 ···························22
熟慮された判断 ···················259
主　権
　·········49-50, 72-73, 78, 89, 111, 122,
　　202, 204-205
　――国家··················58, 111
　――者
　··49, 63-64, 89, 102, 124, 134, 147, 204
　――者命令説 ···········124, 133-134
　国民―― ··················102, 202
　人民―― ···················50, 53
シュトラスブルク大学 ·········175, 177
純粋法学 ················199, 202, 204
商業社会 ···············76, 81-82, 85
承認のルール ············221-222, 225
商　法 ·········119, 174, 189, 195
助言学派·························36
所　有
　·········56, 58, 61, 65, 71, 76, 79, 88, 103,
　　108-110, 181, 262, 264
　――権
　·········86, 100, 108, 152, 189, 243, 265,
　　267-268
自　律 ··········98-101, 119, 182, 283
仁　愛 ··························77

神意法，人意法·····················57
神　学
　·········23, 27, 34-36, 38-39, 44, 56, 70,
　　72, 105, 112
　――者 ·············31, 39, 42, 52
進化論 ·······················135-137
新カント学派 ··············177, 199, 211
信義誠実 ···············171-172, 197
人　権 ···210, 214-216, 242, 271, 273, 281
　――宣言 ···········140, 214-216, 241
信　仰
　·········3-4, 43, 47-49, 51, 54, 84, 114, 138
神聖ローマ帝国
　·········27, 55, 58, 69, 72-73, 105, 117
信　託 ···············66, 78, 189
新勅法彙纂　Novellae ··············33
人定法 ············31-32, 40, 53, 133
人文主義 ·········37, 46, 48, 54-55
神法（神の法） ··········40, 50, 70, 133
信　約··························63
人　倫 ··········107, 109-110, 115
水平派（レヴェラーズ） ···············60
スコラ学 ·························35
ストア派 ···············20, 25, 27-28
正　義
　·········2-5, 7-9, 11-14, 17-19, 26-27, 31,
　　41-42, 56, 61, 73, 79-82, 86, 99-
　　100, 103, 150, 166, 184, 188, 202,
　　213, 230, 235, 237-238, 245-246,
　　254-261, 266-273, 275, 282
　――にかなった貯蓄原理 ··········260
　一般的―― ···············17, 19
　帰属的，補完的―― ··············56
　匡正的（矯正的） ···········18-19, 56
　グローバルな―― ·················282
　交換的（交換の）―― ···15, 19, 81, 100
　公正としての―― ·················274
　自然的―― ·········19-20, 139, 146
　実質的―― ·······················197
　遵法的―― ···················9, 17
　人為的―― ···················19-20

事項索引　315

世代間―― ……………………260
手続的 ……………………258
特殊的―― ……………17-19, 26
分配的（配分的，分配の）――
　………18-19, 56, 81, 100, 282
保護の―― ……………………100
清教徒 ………………59, 60, 138
政教分離 ……………………67
政治社会 ……………………64-66, 78
政治的なもの ……………………204
精神分析 ……………186, 240, 246
正戦論 ……………41, 46, 50-51, 54, 57
制定法
　………5, 107, 118, 168-171, 189, 211,
　213, 216, 223, 252
正統性 ……………………100, 284
正当性
　…20, 42, 51, 54, 100, 176, 200, 235, 261
制度的想像力 ……………………240
西南ドイツ学派 ……………………211
成文法 ……………………4-5, 23-24
世界市民 ……………100, 102-103
　――主義（コスモポリタニズム）
　………………………28, 282
積極的是正措置（アファーマティブ・
アクション）………………232, 260
節　制 ……………………11-12
絶対主義 ………49-50, 59, 69, 75, 82
絶対精神 ……………………107, 183
摂　理 ……………………40
全権委任法 ……………………207
潜在能力（ケイパビリティ）………278
僭主制 ……………………20
専　制
　………27, 69, 75, 78, 85-87, 101-102,
　227
　多数者の―― ……………130, 224
戦争における法 ……………42, 57, 58
戦争への法 ……………………42, 57
全体主義………13, 112, 205-206, 263-265
選択された運／不運，むきだしの運／

不運 ……………………276
善に対する正の優位 …………269, 272
先例拘束性 ……………………122
相対主義 ……………202-203, 211-212
　価値―― ……………………212
　文化―― ……………………214, 271
ソフィスト………………5, 7-8, 20
存在　Sein ……………………177, 211

●た　行

第一インターナショナル ……………183
第一次世界大戦 …170, 192, 195, 215, 242
体系思考，問題思考 ……………………249
大航海時代 ……………………21, 30
第三インターナショナル ……………185
第三の道 ……………216, 247-248
大正デモクラシー ……………178, 242
第二次世界大戦
　………210, 215, 218, 226, 238, 243, 251,
　256, 261
脱構築 ……………………246
妥当性
　………196, 200-202, 212-213, 217, 221,
　223, 251-252
多文化主義 ……………268, 270-273
魂の知性的部分，気概的部分，欲望的
　部分 ……………………11-12
小さな政府 ……………………267
知識学 ……………………104
中央集権 ……………54, 75, 141, 185
註解学派（コメンタトレス）…35-36, 169
註釈学派（グロッサトレス）………34-35
註釈学派（19世紀フランス）…167-168
忠　誠……………………80
中　庸 ……………………17, 202
勅法彙纂　Codex ……………………33
ディケー ……………………3-4, 26
定言命法 ……………97-102, 203
抵抗権………………41, 66, 72, 78, 86, 101
帝国主義 ……………121, 128, 135
適正手続（デュー・プロセス）…148, 187

テスモス thesmos ……………………5
哲　学
　………2, 5-6, 10, 12-13, 21, 23, 25-28,
　　　30, 33, 35, 38, 42-43, 70, 73-76,
　　　78, 94-96, 103-104, 106-107,
　　　111-112, 123, 128, 173, 175, 180-
　　　181, 183, 214-215, 218-219, 223,
　　　230, 263, 268, 273
　――者
　………6, 12-14, 27, 29, 39, 42, 61, 64, 80,
　　　94, 105, 112, 116, 126, 130, 145,
　　　177, 180, 183, 188, 195, 218-219,
　　　230, 249, 251-252, 256, 277
　自然―― ……………………………6, 106
　政治―― …………28, 215, 255-256, 270
　精神―― ……………………………106-107
　道徳――
　…………76, 80-81, 96-98, 103, 215, 256
　日常言語の―― ………………218-219
　法――
　………2, 9, 28, 112, 173, 180, 211-212,
　　　214, 216-217, 227, 229, 232, 247-
　　　249, 252, 256
哲人王 ………………………………12-14
テミス ………………………………………3
デルポイの神託 ………………………8
天皇機関説 …………………………178
当為 Sollen ……………177, 211, 213
同時多発テロ …………………232, 280
道徳感覚………………………77-78, 80
道徳性…………………99, 108, 217, 230
徳
　………11, 17-19, 47, 70, 73, 77-79, 81,
　　　85, 99, 143, 245, 256, 268-270
　悪―― ………………………87-88, 224
独裁制 …………………………………101
独断のまどろみ………………………95
独立戦争 …………138-139, 141, 145
独立派…………………………………60
都市国家（ポリス）……2, 7, 17, 19, 23, 28
トピク …………………………………249

トマス主義………………………………52
ドミニコ会 ………………………39, 52
友　敵 ……………………………205, 281
奴隷制 …………………8, 142, 147-148, 261

●な　行

ナショナリズム …………………………282
ナチス（ナチズム）
　………171-172, 177, 204-207, 210, 212,
　　　215, 217, 223, 226, 248, 254, 263,
　　　265
南北戦争
　…142, 146-148, 152-153, 188-189, 261
ニューディール政策 ……………192-193
ニュルンベルグ軍事裁判 …………210
人間開発指数 …………………………278
人間性 …………………97-98, 102, 245
人間の尊厳 ………………130, 214-215
人間本性（人間の本性）……29, 52, 56, 88
ノモス nomos …………………3, 8-9, 20, 28

●は　行

陪審員 …………………………6, 9, 139, 147
ハイデルベルク大学
　…………70, 106, 113, 176-177, 195, 212
ハーヴァード
　………145, 149, 187, 216-217, 226-227,
　　　229, 240, 256
バシリカ法典………………………………34
ハディース…………………………………44
ハード・ケース（難事案）………222, 233
パノプティコン …………………………125
ハプスブルク家……………………………55
パリ条約 …………………………………141
パリ大学 ……………………………34, 39
ハレ大学 ……………………………73-74
パレート効率性 ………………………238
ハンザ同盟……………………………94
反証可能性 ……………………………172
汎神論………………………………………67
反省的均衡 ……………………………259

事項索引　317

パンデクテン ……117, 157-158, 160, 173
　——の現代的慣用……………………36, 117
　——法学　……………36, 156-166, 173
　——方式………………………………30
万人司祭説………………………………48
万民法　jus gentium
　…………24-25, 29-30, 46, 50, 53-54, 57
判例法 …………………………………145-146
ビアー（暴力，力）……………………3-5
比較法……………………………………84, 135
東インド会社……………………55, 131, 135
人の支配 …………………………………122
批判的人種理論　Critical Race Theory
　………………………………………241
批判法学　Critical Legal Studies
　………………………………236-237, 239-241
百科全書派………………………………86
ピュシス　physis …………………8, 20, 28
平　等
　………7-8, 18, 65, 71, 88-89, 110, 125,
　　　126, 138, 140, 147, 179, 184-185,
　　　213, 215, 235-236, 241, 246, 255,
　　　257-259, 261, 267-268, 277
　——主義 ……………8, 184, 275, 277
　——な尊重と配慮 ………………277
　運——主義 ………………………275-276
　算術的—— ………………………19
　資源の—— ………………………276
　発言の—— ………………………7
　比例的—— ………………………18-19
ピルグリム・ファーザーズ …………138
比例代表制 ……………………………203
フェビアン協会 ………………………184
フェミニズム ……………241-243, 245
　カルチュラル—— ………………244
　第一波—— ………………………242-243
　第三波—— ………………………246
　第二波—— ………………………243, 246
　ポストモダン—— ………………246
　ラディカル—— …………………244
負荷なき自己 …………………………269

福祉国家
　………218, 256, 262, 265, 267-268, 275
父権的支配（パターナリズム）………101
部族法典…………………………………34
普通選挙………………60, 126, 183-184
普通法 ……………36, 44, 117, 157, 197
物　権 ……………………………100, 157
普仏戦争 ………………………………156, 175
不文法 …………………………………5, 136
不変で一般的な観点 …………………78-79
不法行為法 ………………149, 237, 281
ブラウン判決 ……………238, 240, 261
プラグマティズム ………188, 234, 236
フランクフルト学派 …………186, 251
フランス革命
　………82, 87, 89, 102-103, 105, 121, 140,
　　　214
フランス人権宣言 ……………………140
フランス民法典（ナポレオン法典）
　………………………30, 113, 126, 242
フランチェスコ会 ………………39, 42
プロイセン
　…………75, 94, 107, 111, 118, 156, 174
　——一般ラント法典…………75, 113
プロクルス派 …………………………26
プロセス学派 ……………226, 229, 237
プロテスタント
　………………47-48, 50, 54-55, 105, 195
プロレタリア ……………183-184, 186
文明社会 …………………………87-88, 130
分離すれども平等 ……………………261
米国愛国者法　USA PATRIOT Act
　………………………………236, 280
平和連合 ………………………………102
ヘーゲル学派 …………………………111
ペリパトス派……………………………15
ヘルメノイティク ………248-249, 252
ベルリン大学
　………107, 112-113, 116, 119, 158, 160,
　　　162, 178, 180, 195, 204
ベルリンの壁 ……232, 241, 247, 253

ヘレニズム ……………………………28
変更のルール ………………………221-222
弁護士…………55, 121, 167, 187, 218
弁証法 …………………………106-107, 109
弁論術（レトリック）
　………………7, 15-16, 28, 249, 252
法　家…………………………………22
法解釈論争 ………………………………172
法　学
　………19, 23, 25-27, 31, 33-38, 44, 56,
　　　70, 72-73, 81, 83, 94, 107, 112-
　　　115, 118-121, 132, 135-136, 148-
　　　150, 156-159, 161-167, 169-170,
　　　172-173, 175-177, 180, 188-190,
　　　192-200, 204, 211, 227, 229, 237,
　　　239, 249, 253
　——者
　………6, 25, 29, 30, 33-36, 57, 76, 94,
　　　113, 116-117, 126, 135, 157-158,
　　　161-164, 167, 169, 173, 175, 177,
　　　190, 192, 198, 204, 206, 211, 252,
　　　276, 283
　アメリカ—— …189-190, 229, 237, 239
　イギリス—— …………………120, 135
　概念——
　　…115, 161, 164-166, 168, 170, 173, 197
　国—— ………………176-177, 199, 205
　私——…58, 156, 159, 161, 167, 172-173
　哲学的—— …………………………107
　ドイツ——
　………36, 94, 113-114, 117, 119, 132,
　　　156, 167, 211
　批判——　Critical Legal Studies
　…………………236-237, 239-241
　目的—— ……………………………165
　利益—— …………………166, 170-171
　歴史——
　………112-113, 116-117, 119-120, 131,
　　　135-136, 156-159
　ローマ——
　…23, 25-27, 31, 33, 36-37, 113, 157, 170

法学提要　Institutiones ………29, 33, 53
包括的教説 …………………………………275
暴君放伐論…………………………………41
法実証主義
　………124, 127, 133-134, 202, 211-213,
　　　216-217, 225, 227, 230, 233, 236,
　　　247
　規範的—— ……………………………225
　公—— …………………172-176, 178, 199
　制定—— ………………………………170
法社会学 ……………167, 172, 194, 196
法人類学 ………………………………137
法曹学院（インズ・オブ・コート）
　……………………………………134, 152
法創造
　…145-146, 164, 166, 168, 170, 172, 197
法多元主義 …………………………283-284
法治国家………………………………………13
法的安定性 …………………………168, 213
法的議論 ………………………………253
法的構成 …………………………163, 166, 174
法典編纂
　………33, 75, 114-115, 120, 126, 132,
　　　134, 137, 145, 156, 160
法典論争 ……110, 113, 116, 119-120, 156
法と開発 ……………………………237, 239
法と経済学　Law and Economics
　…………………………………236-238
法と心理 ………………………………237
法と文学 ………………………………237
法の支配………………………13, 101, 217
法の内在道徳 ………………217, 227-228
方法二元論 ……………………………211
法務官（プラエトル）……………………25
法予測説 ………………………………188
法理学 ………131-133, 218, 226, 231-232
　一般的—— …………………132-133
　説明的—— …………………127, 131
　特殊的—— …………………………132
　批判的—— …………………………127
　分析—— ………131-132, 216, 231

事項索引　319

法律性　legality ……………………227
ポエニ戦争……………………………24
保守主義………………………………90
ポストモダン法理論 …………………241
ボローニャ……………………………34, 36

●ま　行

マイノリティ……………………246, 270-272
マキシミン・ルール …………………257
マグナ・カルタ………………………60
マニ教…………………………………31
マルクス主義
　………………179, 182, 186, 195, 199, 241
マールブルク学派 ……………………211
身分から契約へ ………………………136
民　会………………………………6-7
民主主義 …………197, 203, 205, 212, 270
　喝采── ……………………………205
　議会制── ……183-184, 203, 205-206
　草の根── …………………………268
　指導者──…………………………19
　社会── ……………………………183, 198
　熟議（討議）── …………………270
　代議制──…………………………126, 130
　直接──……………………………205
民主政
　……2, 6-7, 12, 18, 20-21, 101, 131, 147
民族精神 …………………118, 136, 156, 159
民　法
　………118-120, 125, 156-157, 160-161,
　　　　167-168, 172, 233, 248
無神論…………………………………67, 133
無政府主義（アナーキズム）
　…………………………112, 182-183, 214
無知のヴェール …………………257, 260, 269
無知の知 ………………………………8
名誉革命………………………………59, 64
メタ倫理学 ……………………………255
物自体…………………………………95, 105
問答法（ディアレクティケー）……8, 13

●や　行

夜警国家 ………………………………186, 263
唯一の正しい解答 ……222, 233, 235-236
唯物論 …………………………………123
　史的── ……………………………181, 183
勇　気…………………………………11-12, 103
有産者（ブルジョワ）………109, 182, 215
友　敵…………………………………204, 281
ユグノー………………………………54, 83
ユスティティア………………………26
ユスティニアヌス法典…24, 32-34, 36-37
ユダヤ……………67, 167, 170, 198, 206, 218
欲求の体系……………………………109-110
予定説…………………………………48
予防原則 ………………………………281

●ら・わ　行

ラートブルフ定式 ……………………254
リアリズム
　…………186, 188-190, 192-193, 226-227,
　　　　229, 237, 239-240
利益衡量 ………………………………171-172
リスク社会 ……………………………281
理　性
　…………5-6, 28-29, 39-40, 42-43, 52-53,
　　　　55-56, 60, 62-63, 67, 70, 83, 86,
　　　　87, 95-98, 100-104, 110, 119, 227,
　　　　229, 238
　──の公共的／私的使用 …………103
　書かれた── ………………………35
　技術的な── ………………………60, 64
　現実化された── …………………104
　公共的── …………………………275
　実践／理論── ……………………96
　神的（神の）── …………………31, 72
理想国家 ………………………………11-13
理想的発話状況 ………………………251-252
立憲主義………………………………89, 101
立法権 …………………50, 66, 101-102, 111

320

立法者
　　………64, 84, 99-100, 114, 123-124, 126,
　　　162, 168, 170-171, 228, 233
理念型 …………………………………197
リバタリアニズム
　　……82, 255, 262-263, 265, 267-268, 274
リベラリズム
　　………192, 218, 224, 232, 240, 255-256,
　　　265, 268-270, 275, 277, 284
　政治的── ……………………112, 275
ルソー体験……………………………97
ルネサンス ………………37-38, 44, 46
例外状態 ………………………204-205
礼法二分………………………………22
歴史主義 ……………………………214

連合権……………………………………66
連邦主義 …………………………141-142
連邦制……………………………………50
ロシア革命 …………179, 182, 184, 187
ロースクール
　　………147, 149-150, 152, 187, 189, 226,
　　　238, 240-241, 244
ロマニステン（ロマニスト）
　　…………………………156-159, 161, 163
ローマ法大全 …………………………33, 53
ロマン主義 …………………………105
ロンドン大学 ………………127-128, 132
論理学 …………………15-16, 38, 94, 106
ワイマール …………………171, 177, 194

事項索引　**321**

人名索引

●ア　行

アイスキュロス（Aischylos）…………14

アウグスティヌス（Aurelius
Augustinus）　…………31-32, 38, 40

アウグストゥス（Augustus）…………25

アーゾ（Azo）……………………34-35

アダムス（John Adams）……………143

アックルシウス（Accursius）……35, 37

アドルノ（Theodor Wiesengrund
Adorno）　…………………186, 251

アーネソン（Richard Arneson）
　…………………………………275

アリストテレス（Aristotelēs）
　………14-22, 26, 28, 38-40, 51, 56, 61,
　　81, 97, 202, 249, 268, 278

アルキダマス（Alkidamas）…………8

アルチャート（Andrea Alciato）……37

アルテンシュタイン（Karl Sigmund
Franz Freiherr von Stein zum
Altenstein）………………………107

アルトゥジウス（Johannes Althusius）
　…………………………………50

アレクサンデル6世（Alexander VI）
　…………………………………51

アレクサンドル1世（Aleksandr I
Pavlovich Romanov）……………126

アレクサンドロス大王（Aleksandros）
　……………………………15, 21, 28

アレクシー（Robert Alexy）…252-253

アンガー（Roberto Unger）……240-241

アンティポン（Antiphōn）…………8

アンリ4世（Henri IV）……………55

イエス（Jesus Christ）…………30, 202

イェリネック（Georg Jellinek）
　………………175-178, 194-195, 211

イェーリング（Rudolf von Jhering）
　…………………161-166, 170, 173

イザイ（Hermann Isay）……………170

石垣綾子……………………………245

市川房枝……………………………243

伊藤博文……………………………178

イブン＝シーナー（アヴィケンナ）
（Ibn Sina（Avicenna））…………38

イブン＝ルシュド（アヴェロエス）
（Ibn Rushd（Averroes））………38

イルネリウス（Irnerius）…………34

インノケンティウス3世（Innocentius
III）………………………………39

インノケンティウス4世（Innocentius
IV）………………………………36

ヴァレ（José Cecilio del Valle）……126

ヴィクトリア女王（Victoria）………128

ウィクリフ（John Wycliffe）…………44

ヴィシンスキー（Anndrei
Yanuarievich Vyshinskii）…………186

ウィトゲンシュタイン（Ludwig
Wittgenstein）…………219-220, 240

ヴィノグラドフ（Paul Gavrilovich
Vinogradoff）……………………137

ヴィレー（Michel Villey）……………213

ヴィンデルバント（Wilhelm
Windelband）……………………177

ヴィントシャイト（Bernhard
Windscheid）………160-161, 164, 166

ウェクスラー（Herbert Wechsler）
　…………………………………237

ウェッブ，シドニー（Sidney James
Webb）……………………………184

ウェッブ，ベアトリス（Beatrice
Webb）……………………………184

ウェーバー（Max Weber）
　…………………167, 194-198, 211, 215

ヴェルツェル（Hans Welzel）………247

ウォルツァー（Michael Walzer）…268

ヴォルテール（François Marie

Arouet de Voltaire）⋯⋯⋯⋯69, 75, 83
ウォルドロン（Jeremy Waldron）⋯225
ヴォルフ（Christian Wolff）
⋯⋯⋯⋯⋯⋯⋯⋯⋯74, 91, 95, 101
ウォーレン（Earl Warren）⋯⋯261-262
梅謙次郎 ⋯⋯⋯⋯⋯⋯⋯⋯⋯⋯⋯120
ウルストンクラフト（Mary
Wollstonecraft）⋯⋯⋯⋯⋯241-242
ウルピアヌス（Domitius Ulpianus）
⋯⋯⋯⋯⋯⋯⋯⋯⋯⋯26, 30, 33
エッサー（Josef Esser）⋯⋯⋯⋯248
エドワード 1 世（Edward I）⋯⋯⋯152
エラスムス（Desiderius Erasmus）⋯48
エルヴェシウス（Claude Adrein
Helvétius）⋯⋯⋯⋯⋯⋯⋯⋯123
エールリッヒ（Eugen Ehrlich）
⋯⋯⋯⋯⋯⋯⋯⋯⋯166-170, 194
エンギッシュ（Karl Engisch）⋯⋯⋯248
エンゲルス（Friedrich Engels）
⋯⋯⋯⋯⋯⋯⋯⋯⋯⋯180, 182
オーウェン（Robert Owen）⋯179-180
岡野八代 ⋯⋯⋯⋯⋯⋯⋯⋯⋯⋯246
奥むめお ⋯⋯⋯⋯⋯⋯⋯⋯⋯⋯243
オースティン，J. L.（John Langshaw
Austin）⋯⋯⋯⋯⋯⋯⋯⋯⋯219
オースティン，サラ（Sarah Austin）
⋯⋯⋯⋯⋯⋯⋯⋯⋯⋯⋯⋯132
オースティン，ジョン（John Austin）
⋯⋯⋯⋯⋯127, 131-135, 216-217
オッカム（William of Ockham）⋯42-44
オリヴェクローナ（Karl Olivecrona）
⋯⋯⋯⋯⋯⋯⋯⋯⋯⋯⋯⋯194

●カ　行

ガイウス（Gaius）⋯⋯⋯⋯⋯29-30, 33
カウツキー（Karl Johann Kautsky）
⋯⋯⋯⋯⋯⋯⋯⋯⋯⋯184-185
カウフマン，アルトゥール（Arthur
Kaufmann）⋯⋯⋯⋯⋯⋯247-248
カウフマン，エリッヒ（Erich
Kaufmann）⋯⋯⋯⋯⋯⋯⋯204

カエサル（Gaius Julius Caesar）⋯⋯28
ガダマー（Hans-Georg Gadamer）⋯248
加藤一郎 ⋯⋯⋯⋯⋯⋯⋯⋯⋯⋯172
カードーゾ（Benjamin Nathan
Cardozo）⋯⋯⋯⋯⋯⋯⋯189-190
カーマイケル（Gershom Carmichael）
⋯⋯⋯⋯⋯⋯⋯⋯⋯⋯⋯⋯76
カラブレイジ（Guido Calabresi）⋯238
カリクレス（Kallikles）⋯⋯⋯⋯⋯8
ガリレイ（Galileo Galilei）⋯⋯⋯⋯61
カルヴァン（Jean Calvin）⋯⋯⋯48-49
カール大帝（Karl der Grosse）⋯⋯⋯38
川島武宜 ⋯⋯⋯⋯⋯⋯⋯⋯⋯⋯172
カント（Immanuel Kant）
⋯⋯⋯91, 94-105, 107-108, 111, 177,
199, 203, 211, 257
カントロヴィッツ（Hermann
Kantorowicz）⋯⋯⋯⋯⋯166, 169-170
韓非子⋯⋯⋯⋯⋯⋯⋯⋯⋯⋯⋯⋯22
キケロ（Marcus Tullius Cicero）⋯27-29
キャンベル（Tom Campbell）⋯⋯⋯225
キュジャス（Jacques Cujas）⋯⋯⋯⋯37
ギリガン（Carol Gilligan）⋯⋯⋯⋯245
ギールケ（Otto von Gierke）
⋯⋯⋯⋯⋯⋯⋯⋯⋯160-161, 175
キルヒマン（Julius Hermann von
Kirchmann）⋯⋯⋯⋯⋯⋯⋯⋯162
キング（Martin Luther King, Jr.）⋯262
グージュ（Olympe de Gouges）⋯⋯241
クセノパネス（Xenophanēs）⋯⋯⋯⋯6
クセノポン（Xenophōn）⋯⋯⋯⋯8-9
クック（Edward Coke）⋯⋯⋯59-60, 64
グナイスト（Rudolf von Gneist）⋯⋯178
グラティアヌス（Flavius Gratianus）
⋯⋯⋯⋯⋯⋯⋯⋯⋯⋯⋯36-37
グラムシ（Antonio Gramsci）⋯186, 240
グリム，ヴィルヘルム（Wilhelm Carl
Grimm）⋯⋯⋯⋯⋯⋯⋯⋯⋯158
グリム，ヤーコプ（Jacob Ludwig
Carl Grimm）⋯⋯⋯⋯⋯158-159
クリーレ（Martin Kriele）⋯⋯⋯⋯248

来栖三郎 ……………………………172
クレイステネス（Kleisthenēs）………6
グロティウス（Hugo Grotius）
　……………………41-42, 55-58, 70, 91
クロムウェル（Oliver Cromwell）
　………………………………………60, 64
ケネー（François Quesnay）…85-86, 91
ケネディ（Duncan Kennedy）…240-241
ケルスス（Publius Juventius Celsus）
　………………………………………26, 33
ケルゼン（Hans Kelsen）
　………………177, 198-206, 211, 226
ゲルバー（Carl Friedrich Wilhelm
　von Gerber）…173-174, 176, 178, 199
ケント（James Kent）…………145-146
孔 子………………………………………22
コーエン（Gerald Allan Cohen）……275
コース（Ronald Harry Coase）
　………………………………………237-238
ゴッフマン（Erving Goffman）……230
コーネル（Drucilla Cornell）………246
ゴルギアス（Gorgias）………………7
コールマン（Jules Coleman）………225
コロンブス（Christopher Columbus）
　………………………………………51, 138
コンスタン（Henri-Benjamin
　Constant de Rebecque）…………274
コンスタンティヌス（Constantinus）
　………………………………………30
コント（Auguste Comte）…………180

●サ　行

サヴィニー（Friedrich Karl von
　Savigny）
　…110, 112-119, 136-137, 157-158, 161
サックス（Albert Sacks）………229, 237
サーモンド（John William Salmond）
　………………………………………135
サレイユ（Sébastien Felix Raymond
　Saleilles）………………………167

サン＝シモン（Claude-Henri de
　Rouvoy, Comte de Saint-Simon）…180
サンスティン（Cass R. Sunstein）…282
サンデル（Michael Sandel）……268-270
シィエス（Emmanuel Joseph Sieyès）
　………………………………………89
ジェイ（John Jay）…………………142
ジェニー（François Gény）……167-169
ジェファーソン（Thomas Jefferson）
　………………………………140, 143, 146
ジェームズ１世（James I）…………59
シェリング（Friedrich Wilhelm
　Joseph von Schelling）…………105
シジウィック（Henry Sidgwick）
　………………………………………127, 131
シャフツベリ伯（Anthony Ashley
　Cooper, 1st Earl of Shaftesbury）…64
シャルル・フーリエ（Charles-Fourier）
　………………………………………180
シュタイン（Lorenz von Stein）……178
シュタムラー（Rudolf Stammler）…211
シュティルナー（Max Stirner）
　………………………………112, 182-183
シュトラウス（David Friedrich
　Strauss）………………………111
シュミット（Carl Schmitt）
　………………………………204-206, 281
荀 子………………………………………22
ジョンソン（Andrew Johnson）……262
シンガー（Peter Singer）……………282
スアレス（Francisco Suáres）
　………………………………………52-53, 57
スコトゥス（Duns Scotus）………42-43
スターリン（Iosif Vissarionovich Stalin）
　………………………………………185, 263
スチュアート（James Denham Steuart）
　………………………………………110
ステア子爵（James Dalrymple, 1st
　Viscount of Stair）………………77
ストーリー，ウィリアム（William
　Wetmore Story）……………150-151

324

ストーリー，ジョセフ（Joseph Story）
　　……………………………145-146, 151
スピノザ（Baruch de Spinoza）…67-68
スペンサー（Herbert Spencer）……137
スミス，アダム（Adam Smith）
　　……………………80-82, 91, 110, 181
スミス，トマス・サウスウッド
　（Thomas Southwood Smith）……129
スメント（Rudolf Smend）…………204
セイ（Jean-Baptiste Say）……………127
セネカ（Lucius Annaeus Seneca）…29
ゼノン（Zenon ho Kypros）…………28
セン（Amartya Sen）…………………278
ソクラテス（Sōkratēs）……5-11, 17, 149
ソト（Domingo de Soto）……………52
ソポクレス（Sophoklēs）………………14
ソールズベリのジョン（John of
　Salisbury）……………………………41
ソロン（Solōn）……………………4-6, 23
ゾンバルト（Werner Sombart）……195

●タ　行

ダーウィン（Charles Robert Darwin）
　　………………………………………137
タキトゥス（Publius Cornelius Tacitus）
　　………………………………………159
武田京子…………………………………245
ダバン（Jean Dabin）…………………213
ダランベール（Jean Le Rond
　d'Alembert）…………………………86
タレス（Thalēs）…………………………6
タロック（Gordon Tullock）…………230
ダンテ（Dante Alighieri）……………44
ダントレーブ（Alessandro Passerin
　d'Entrèves）…………………………213
チャドウィック（Edwin Chadwick）
　　………………………………128-129
チャールズ1世（Charles I）…………59
チャールズ2世（Charles II）…………64
ディオクレティアヌス（Gaius Aurelius
　Valerius Diocletianus）………………27

ディドロ（Denis Diderot）
　　………………………………86-87, 91
ティボー（Anton Friedrich Justus
　Thibaut）………110, 113-114, 116, 119
テイラー（Charles Taylor）…………268
デヴリン（Patrick Devlin）…………224
テオドシウス（Theodosius）…27, 30-31
デカルト（René Descartes）……61, 70
デュモン（Étienne Dumont）………126
デュルケーム（Émile Durkheim）…215
デリダ（Jacques Derrida）……240, 246
トイプナー（Gunther Teubner）……250
ドゥオーキン（Ronald Dworkin）
　　……………225, 231-237, 276-278
トゥールミン（Stephen Toulmin）…252
トクヴィル（Alexis de Tocqueville）
　　………………………………131, 147, 270
トマジウス（Christian Thomasius）
　　………………………………………73-74, 91
トマス・アクィナス（Thomas
　Aquinas）……21, 32, 37-44, 53, 57, 268
富井政章…………………………………120
ドラコン（Drakōn）……………………4-5
トリボリアヌス（Tribonianus）………33
トレルチ（Ernst Troeltsch）………195

●ナ　行

ナポレオン（Napoléon I）
　　………………30, 104-105, 113, 126, 156
ヌスバウム（Martha Nussbaum）…278
ノージック（Robert Nozick）
　　………………………………263, 265-267

●ハ　行

ハイエク（Friedrich August von
　Hayek）……………82, 263-265, 267
ハイデガー（Martin Heidegger）…248
バウアー（Otto Bauer）……………198
パウンド（Roscoe Pound）……148, 192
バーク（Edmund Burke）……89-90, 214
バクーニン（Mikhail Aleksandrovich

人名索引　　**325**

Bakunin) ……………………183

パシュカーニス（Evgenii Bronislavovich Pashukanis）
……………………182, 185-186

パース（Charles Standers Pierce）…188

パーソンズ（Talcott Parsons）……249

ハチスン（Francis Hutcheson）
……………………76-78, 80, 91

ハック（Mahbub ul Haq）……………278

ハート, H. L. A.（Herbert Lionel Adolphus Hart）
………127, 135, 216-227, 229-233, 236, 256, 274

ハート, ヘンリー（Henry M. Hart, Jr.）
……………………229, 237

ハドリアヌス（Publius Aelius Hadrianus）……………………33

ハーバーマス（Jürgen Habermas）
……………………249, 251-254, 274

ハフト（Fritjof Haft）……………………249

ハミルトン（Alexander Hamilton）
……………………142

バーリン（Isaiah Berlin）………256, 274

バルドゥス（Baldus de Ubaldis）
……………………35-36

バルトルス（Bartolus de Saxoferrato）
……………………35, 169

ビスマルク（Otto Eduard Leopold Fürst von Bismarck）…156, 174-175

ヒトラー（Adolf Hitler）…205-206, 263

ビトリア（Francisco de Vitoria）
……………………52-54

ヒューム（David Hume）
……………………78-81, 91, 95, 97, 123

平井宜雄……………………172

平塚らいてう……………242-243, 245

フィーヴェク（Theodor Viehweg）…249

フィヒテ（Johann Gottlieb Fichte）
……………………103-105, 107

フィルマー（Robert Filmer）…………64

フェアドロス（Alfred Verdross）
……………………198, 213

フォイエルバッハ（Ludwig Andreas Feuerbach）……………………112

ブキャナン（James McGill Buchanan）
……………………230

フーゴー（Hugo de Porta Ravennate）
……………………34

フーコー（Michel Foucault）………240

フス（Jan Hus）……………………44

フックス（Ernst Fuchs）……………170

ブッシュ（George W. Bush）………280

フット（Philippa Ruth Foot）………281

プーフェンドルフ（Samuel von Pufendorf）…70-73, 76-78, 88, 91, 108

プフタ（Georg Friedrich Puchta）
……………………158, 161-162, 164, 173

フラー（Lon Luvois Fuller）
……………………217, 225-231, 237

ブラックストン（William Blackstone）
……………………121-122, 146, 150

プラトン（Platōn）……8-17, 20, 28, 202

フランク（Jerome New Frank）
……………………191-192

フランクファート（Harry G. Frankfurt）……………………277

フランクリン（Benjamin Franklin）
……………………140-141

フリーダン（Betty Naomi Goldstein Friedan）……………………243

フリードマン, デイヴィッド（David D. Friedman）……………………267

フリードマン, ミルトン（Milton Friedman）……………………263, 267

フリードリヒ大王（Friedrich der Grosse（Friedrich II））………75, 113

ブルガルス（Bulgarus de Bulgarinis）
……………………34

プルードン（Pierre Joseph Proudhon）
……………………182-183

ブレナン（William J. Brennan, Jr.）
……………………238

フロイト（Sigmund Freud）
　………………………186, 191, 240
プロタゴラス（Prōtagoras）……………7
ブロッホ（Ernst Bloch）……………195
フンボルト（Karl Wilhelm von
　Humboldt）………………………113, 130
ペイン（Thomas Paine）………139-140
ヘーガーシュトレーム（Axel
　Hägerström）……………………………194
ペカム（Rufus W. Peckham）………187
ヘーゲル（Georg Wilhelm Friedrich
　Hegel）
　………91, 104-112, 115-116, 158, 173,
　180, 183, 268
ヘシオドス（Hēsiodos）………………3-5
ベーゼラー（Georg Beseler）…159-160
ベッカリーア（Ceasre Bonesana
　Beccaria）………………………………83, 123
ベック（Ulrich Beck）……………281
ヘック（Philipp von Heck）……169-172
ヘラー（Hermann Heller）…………204
ペリクレス（Periklēs）………………6-7
ヘルダーリン（Friedrich Hölderlin）
　………………………………………………105
ベルンシュタイン（Eduard Bernstein）
　………………………………………………184
ペレルマン（Chaïm Perelman）……249
ベンサム（Jeremy Bentham）
　………78, 91, 121-134, 145, 214, 216
星野英一………………………………………172
ポズナー（Richard Allen Posner）
　………………………………………238-239
ボダン（Jean Bodin）………49-50, 72-73
ボッカチオ（Giovanni Boccaccio）…44
ポッゲ（Thomas Pogge）……………282
ボッティチェリ（Sandro Botticelli）…46
ホッブズ（Thomas Hobbes）
　…60-67, 70-71, 73, 88, 91, 100, 134, 214
穂積陳重……………………………………119-120
ポパー（Karl Popper）…………112, 172
ホブハウス（Leonard Trelawney

Hobhouse）……………………………184
ホームズ（Oliver Wendell Holmes, Jr.）
　………146, 186-188, 190, 192
ホメロス（Homēros）………………2-4
ホランド（Thomas Erskine Holland）
　………………………………………………135
ポランニー（Michael Polanyi）……230
ホルクハイマー（Max Horkheimer）
　………………………………………186, 251
ポロック（Frederick Pollok）………137

●マ　行

マイホーファー（Werner Maihofer）
　………………………………………………247
マイヤー（Otto Mayer）………177-178
マキァヴェリ（Niccolò Machiavelli）
　………………………………………………47
マコーミック（Neil MacCormick）
　………………………………………225, 231
マーシャル，サーグッド（Thurgood
　Marshall）………………………………238
マーシャル，ジョン（John Marshall）
　………………………………………144, 146
マッキノン（Catharine Mackinnon）
　………………………………………………244
マッキンタイヤ（Alasdair MacIntyre）
　………………………………………………268
マディソン（James Madison）
　………………………………126, 142-143, 145
マーベリー（William Marbury）……143
マリタン（Jacques Maritain）………213
マリノフスキー（Bronislaw Kaspar
　Malinowski）……………………………137
マルクス（Karl Marx）
　………112, 179-186, 195, 199, 215, 241
マルクーゼ（Herbert Marcuse）
　………………………………………186, 240
マルティヌス（Martinus Gosia）……34
マンスフィールド卿（William Murray,
　1st Earl of Mansfield）……………146
ミケランジェロ（Michelangelo

Buonarroti) ……………………46

美濃部達吉 ………………………178

ミラー（David Miller）……………282

ミル，ジェイムズ（James Mill）
………………………127, 129, 132

ミル，ジョン・スチュアート（John Stuart Mill）……127-132, 184, 224, 242

ムハンマド（Muḥammad）……………44

メイトランド（Frederic William Maitland）………………………137

メイン（Henry James Sumner Maine）
………………………135-137

メスナー（Johannes Messner）……213

メルクル（Adolf Julius Merkl）……198

メンガー，アントン（Anton Menger）
………………………160-161

メンガー，カール（Carl Menger）…161

モムゼン（Theodor Mommsen）……117

モリナ（Luis de Molina）……………52

モンテスキュー（Charles-Louis de Secondat, Baron de La Brède et de Montesquieu）……………83-86, 89, 91

モンテーニュ（Michel Eyquem de Montaigne）………………………54-55

●ヤ　行

ヤコブス（Jacobus de Boragine）……34

ヤスパース（Karl Jaspers）…………195

ユスティニアヌス（Justinianus）
………………………24, 32-37

与謝野晶子 ……………242-243, 245

与謝野鉄幹 ………………………242

●ラ・ワ　行

ライプニッツ（Gottfried Wilhelm Leibniz）………………72-74, 91, 95

ライル（Gilbert Ryle）………………218

ラカン（Jacques Lacan）……………246

ラズ（Joseph Raz）……………225, 231

ラス・カサス（Bartolomé de Las Casas）………………………51-52

ラスク（Emil Lask）……………………211

ラッサール（Ferdinand Lassalle）
………………………183-184

ラドクリフ＝ブラウン（Alfred Reginald Radcliffe-Brown）……137

ラートブルフ（Gustav Radbruch）
………………210-214, 216-217, 247, 254

ラーバント（Paul Laband）
………………………174-178, 199

ラブレー（François Rabelais）………37

ラングデル（Christopher Columbus Langdell）………148-153, 188-189, 191

ランド（Ayn Rand）…………………263

リウィウス（Titus Livius Patavinus）
………………………24, 47

リヴィエール（Pierre-Paul Lemercier de La Rivière de Saint-Médard）…85

リカード（David Ricard）……127, 181

ルイ14世（Louis XIV）………………82

ルウェリン（Karl Llwellyn）
………………………146, 148, 190-191

ルカーチ（Lukács György）…………195

ルクセンブルク（Rosa Luxemburg）
………………………184-185

ルーズベルト（Franklin Delano Roosevelt）………………192-193

ルソー（Jean-Jacques Rousseau）
………87-89, 91, 95, 97, 105, 147, 183, 205, 214, 257

ルター（Martin Luther）…………43, 48

ルナン（Joseph Ernest Renan）……104

ルーマン（Niklas Luhmann）…249-251

レオ10世（Leo X）……………………48

レオナルド・ダ・ヴィンチ（Leonardo da Vinci）………………………46

レーニン（Vladimir Illyich Lenin）
………………………182, 184-185

レプゴウ（Eike von Repgow）………159

レンナー（Karl Renner）……198-199

ロス（Alf Ross）………………………194

ロック（John Locke）

328

………41, 64-67, 71-72, 75-76, 78, 83, 91, 100, 214, 257, 265
ロックナー（Joseph Lochner）
…………………………………186-188
ロールズ（John Rawls）

………17, 112, 245, 255-261, 267-269, 274-275, 278, 282
ロンメン（Heinrich Albert Rommen）
……………………………………213
ワシントン（George Washington）…141

法思想史
A History of Legal Thought

有斐閣アルマ

2019 年 12 月 25 日　初版第 1 刷発行

著　者	中　山　竜　一
	浅　野　有　紀
	松　島　裕　一
	近　藤　圭　介
発行者	江　草　貞　治
発行所	株式会社 有　斐　閣

郵便番号 101-0051
東京都千代田区神田神保町 2-17
電話　(03)3264-1314〔編集〕
　　　(03)3265-6811〔営業〕
http://www.yuhikaku.co.jp/

印刷・株式会社精興社／製本・大口製本印刷株式会社
© 2019, R. Nakayama, Y. Asano, Y. Matsushima, K. Kondo. Printed in Japan
落丁・乱丁本はお取替えいたします。

★定価はカバーに表示してあります
ISBN 978-4-641-22133-8

JCOPY　本書の無断複写(コピー)は、著作権法上での例外を除き、禁じられています。複写される場合は、そのつど事前に(一社)出版者著作権管理機構(電話03-5244-5088, FAX03-5244-5089, e-mail:info@jcopy.or.jp)の許諾を得てください。

本書のコピー，スキャン，デジタル化等の無断複製は著作権法上での例外を除き禁じられています。本書を代行業者等の第三者に依頼してスキャンやデジタル化することは，たとえ個人や家庭内での利用でも著作権法違反です。